U0645146

【德】贡特·霍夫曼 著

李莉娜 译

Richard von Weizsäcker — Ein deutsches Leben

里夏德·冯·魏茨泽克传
——契合德国人特质的一生

人民东方出版传媒

东方出版社

献　给

伊达（Ida）和康斯坦丁（Konstantin）

目 录

一、前　言

他究竟乃何许人？魏茨泽克本人喜欢说，他是报纸的读者，而不是应当在发生重大冲突时作出决定并为自己的国家确立发展方向的政府首脑。不过，在他当选总统前有个短暂的插曲是个例外，那就是在舍嫩贝格（Schöneberg）市政厅任西柏林市长的那段日子。那除此之外呢？他喜欢在清晨一边阅读报纸一边同他的夫人聊一聊世界上引人注目的事情。或者，他暂不发表评论，只表示愤怒，觉得这事真是不可思议。

里夏德·冯·魏茨泽克和他的世界：这位前总统卸任三年后曾兴致勃勃地坦率表示，他发现《国际先驱论坛报》[1]的每日社论"比我们政党政治的权力中心发表的意见"包含更多有构想性的思想。他自然因此又一次激怒"权力中心"[2]。它们认为这样的批评是狂妄之词。不管怎样，我是这样理解里夏德·冯·魏茨泽克的：他在回首往事的时候，追述的并不是一位典型的职业政治家的生活。那么他的经验和经历可以成为一本书的素材吗？

他说，他不是施密特！魏茨泽克在青少年时代就很尊敬施密特，但是他谨言慎行，使自己不把施密特简单地描述成典型的、理想的德国总理，就像如今有人这样干巴巴地形容施密特的那样：他"完全懂得如何好好治理国家"。此外，反过来：赫尔穆特·施密特（Helmut Schmidt）任部长期间就倾听这个新鲜的声音，注意这位1969年进入联邦议院的教会宗教会议主席，但是施密特把自己的关注掩藏起来，却倨傲地评说这位男爵虔敬的闲谈。要是施密特公开表示他把魏茨泽克看作最优秀的德国总统，这无论如何是让人难以想象的事情。可现在施密特是这样做的——毫无保留地。

他并非握有国家行政大权吧？我们这些年轻的记者作为新一辈的波恩人，和他同一时间迈开新的步伐，而把我们与魏茨泽克在1969年底在政治舞台的首次亮相胶着在一起的，恰恰是另一面：即政治是怎样地还被那些虽不操控国家机关、不利用权力杠杆却完全有发言权和权威的人所影响。他属于反对派，但是他请人们认真监督。维利·勃兰特（Willy Brandt）上任伊始的热情激昂固然不可超越。如果某人对政治开始参与开放讨论，那么这更是非凡之举，尽管此人所属的基督教民主联盟党是自1949年便对入主波恩总统府稳操胜券并自认为理所当然的执政党、却深感失望的阵营。人们不由地开始赋予那些由于自己独立的评论而超乎党派成规的人以特别的地位。许多人都不是这样的人。里夏德·冯·魏茨泽克则属于这些人中的一个。

《德国历史在继续》，这本讲话及论文集的书名一直是他的思想纲领。他时常说，不存在客观上"正确的"历史看法，他也不认为自己有这样的看法。此外：他也一定不想让人这样理解他在1985年5月8日发表的讲话。他的这个讲话有着不可比拟的影响，它的影响远远超出了国界。[3] 但是：历史并不是在其他重点之外的一个孤零零的重点。更确切地说，不以史为鉴，不从历史经验里吸取教训，根本无法确定主次轻重。他接着说："而且我不能给我自己写传记。"只是非常困扰他的是，"有些人愿意把政治进行有趣的划分，一边是道德，另一边是利益。那么我应当是管道德的。"[4]

魏茨泽克的名字总是以独特的方式与权力和道德的关系联系在一起。虽然他不愿意这样，但是他当然也清楚，这无异于"走钢丝的表演"，因为他和他的家人的诸多细节备受关注，他们犹如被放在显微镜下打量。他们怎样做了哪些事情或怎样正在做着哪些事情，对于考察政治思维风貌的许多人来说一直是吸引力所在，可是这也诱导旁观者在自己的行为不符合心理投射时（并无害处地）以"魏茨泽克氏"为样板。魏茨泽克氏一方面作为潜在的"承载德国本性的思想"；另一方面作为容易受到许多考察者干扰的"德国人的纠结所在"而受到重视。

显而易见，这种过分的要求从不令他适意，德国很少有其他"家庭"像魏茨泽克家族一样为一种传奇色彩所萦绕，人们循着魏茨泽克氏的道路，学会看透这个国家的灵魂。我们不能用同样的标准衡量"魏茨泽克家族"的生活经历，并拼合成对魏茨泽克氏的总看法，他如今还在为人们所谈论。就此而言，这也一定是可以理解的。然而：里夏德和比他年长8岁的卡尔·弗里德里希·冯·魏茨泽克当然也欢迎人们参与他们二人作为"公众人物"的学习过程。他们根本无法回避，我想他们也不想回避。我们可以说，他们想参与具有某种公民性[5]的自我了解过程，他们想参与，在思想认识的意义上参与。

总的来说，尽管有各种个体化的差别，这里毕竟把注意力放到一个"家族"身上，即使这可能看来是不公平的。此外，魏茨泽克氏的家族史和德国历史显然是交汇在一起的。他在1985年5月8日第二次世界大战结束40年时发表的演说表明二者的结合，这也正藏有演说产生广泛影响的秘密。当他谈起这一天是否是德国人的解放日，人们不由自主地一道品读着，这一天是否也是他的解放日；当他说，每个人都知道犹太人被政治隔离的事件，人们也一道品读出，他自己也了解这些事件；当他警醒说，只有诚实的回忆才有助于熟悉现状并适应当前形势，人们会思考着，他自己在多大程度上做到了这一点。不光是魏茨泽克氏的历史，首先是大多数德国人的历史成为他谈话的主题，而这一主题在他的家族那里获得戏剧化的凝练。

这兄弟二人自己无论如何都不承认公民和民主、私人化的东西和政治之间存在分界线。如果说市民阶级的作用在魏玛共和国时期失灵，如果说退缩到内心的斗室中招致如此灾难性的后果，那么魏茨泽克兄弟二人做出另外的示范。里夏德·冯·魏茨泽克一定不赞同约阿西姆·费斯特（Joachim Fest）这样的评价：德国市民阶级的伟大成就"是在私人化的世界里取得的"，这个世界至少和政治世界一样重要。因为费斯特认为，"民主在魏玛共和国时期没有发挥作用"，资产阶级政党为此负有"很大责任"。[6]

弗赖堡历史学家托马斯·劳（Thomas Lau）在一本肖像式家庭小传中总结说："几乎没有任何一个德国家庭像魏茨泽克家族的人那样在1945年以后反思自己在第三帝国时期的立场"。他接着说："几乎没有任何一个家族像魏茨泽克家族的人那样争取阐释自己历史的主权并同时根本影响了关于德国的精英在国家社会主义中的角色的讨论，他们极其成功地做到这些并引起公众的巨大反响。"[7] 兄弟二人尽管在联邦共和国的核心问题上倾向于谨慎对待，却也各自立场鲜明。正是这位卸任总统也像政治舞台上为数不多的人一样——直至今日不断地——关注思想政治的话语。他作为学习者想成为共和国的一员，但这里重要的是共和国也应当倾听魏茨泽克氏的声音。本书就着眼于这种交互作用。

直到今天，魏茨泽克对公共事务和国际进程的可操作性、可塑造性始终抱有信心。历史是人类创造的。这使我想起魏茨泽克的两个同路人，赫尔穆特·施密特和马里昂·登霍夫（Marion Dönhoff），当然还有弗里茨·施泰恩（Fritz Stern）。是的，历史并非受命于天。它有各种可能的道路，而不受黑格尔宇宙精神的支配。这个基本动因使《时代》周报的这两位出版者在探讨国家状况的会议上——好似腓力门（Philemon）和博西斯（Baucis）[8]——常常结成盟友。我常常不禁有这样的感觉：这个联盟缺少第三者——里夏德·冯·魏茨泽克。马里昂·登霍夫或许会加上一句，不要忘了埃贡·巴尔（Egon Bahr）。我想象着，此后施密特和魏茨泽克又会友好地点头示意。

魏茨泽克认为，欧洲的欧洲化是可能的，世界需要一个更强有力的联合国，这不是海市蜃楼——不过人们必须有这样的愿望，必须有这样的构想和规划并且坚持不懈地追求它。即便有较年轻的发问者想诱导他质疑跨国机构，他愉快而明朗地回答他们，那是"真正的听天由命表现，我过去和将来都不会赞同这样"[9]。

我愿意与这位永远满怀信心的、孜孜不倦的"读报者"交谈，我愿意聆听他的声音。

二、老施瓦本人，新普鲁士人

他想讲述一些东西，然后再对他的家族追根溯源，回顾魏茨泽克家族是怎样发展演变成今天的什么样子。里夏德·冯·魏茨泽克明确认为，实现"善治"的独一无二的黄金时代是老弗里茨时代（1712—1786 年）。他最近到哈维尔（Havel）的国家做短暂访问时又表示这样的想法。这位普鲁士国王结束了七年战争。而这位精明睿智、闭关排外的极权君主，这位有着哲学头脑的人物，偏偏将就着接受"他的国家的死亡舞蹈"[10]。在他的帝国，许多人不得不付出高昂的代价。

老弗里茨把普鲁士牢牢抓在手中，他不信任市民阶级。因此，军官和官员从贵族中产生，市民阶级的活动领域停留在商贸行业，而不能参与国家事务。他欢迎从境外移民，命人几乎在一夜间建造起无数村庄。他组织政府，招募农民入伍，他下令报纸负责传播消息，"无法看出国王关心人们宗教方面的事情——有可能他会说，如果能成功地使这个国家成为安居之所，那么每个人在死后都能获得安乐"。魏茨泽克难道是想借此说，这位普鲁士国王偏偏是被正确理解的"公民性"的载体吗？

里夏德·冯·魏茨泽克手里刚好藏有"普鲁士国王老沙多

夫·冯·弗里德里希二世"的一小幅肖像画。他说，当自己注目观察这幅画的时候，可以"获得对世界的可预见性的信心"，这话听上去有些夸大却并不做作。我不是第一次从他那里听出这样的意思：政治和普鲁士、至少和它被启蒙的一面有关。例如和普鲁士改革，和"施泰因的民主概念和洪堡的教育概念"相关。他在和塞巴斯蒂安·哈夫讷（Sebastian Haffner）谈话时曾说过，普鲁士是一件艺术品，是的，魏茨泽克现在还是这样看。他愿意承认，他自己的生活经历把他打造成"半个普鲁士人"。普鲁士对他来说意味着"政治和启蒙"，与之相反，他由施瓦本而联想起的是"精神和思想"。这听来出奇地狂傲，"但是我该怎么办？"。他刻画出普鲁士和施瓦本最好的一面：这显然发展成一种公民性的形象，虽然他明明清楚公民性这个东西实际上从未有过。看来人到了 90 岁还是有梦想的。

然而，魏茨泽克氏的家族史并不是以精神和思想为开端的。这个家族的族徽上饰有三株麦穗，让人想到它的职业出身。魏茨泽克氏的祖先最早是磨坊主，后来做牧师，此后才在科学界和政界占据越来越显要的地位，可以说这个家族是"出自乡下的资产者"，这和曼海姆的法米利埃·巴塞曼（Familie Bassermann）氏完全相似，巴塞曼家族的发展脉络也可一直追溯到 17 世纪中叶。洛塔尔·加尔（Lothar Gall）在他对"德国市民阶级"的研究中把巴塞曼家族的上升、在政治生活中逐渐确立自己的位置、它在 20 世纪初出现的危机以及最终的衰败作为重点。里夏德·冯·魏茨泽克显然从中重新发觉也可以描述自己家族的许多东西：因为魏茨泽克氏属于干出来的精英，而不属于生就的精英。"吗哪雨"[11] 是不会从天而降的。

魏茨泽克氏最初居住在巴伐利亚地区，后在霍恩洛厄(Hohelohe) 侯国落户，1806 年霍恩洛厄被划给符腾堡州。魏茨泽克觉得这是他的"家乡"吗？不，他没有作为固定地方的家乡。先前如果有人问起家乡他也许会回答，是斯图加特的索利图德宫 (Solitude)，但这是很久以前的事情。有一次，他对刨根问底想弄清自己祖居地的好奇者坦言：那座不大的阵亡将士公墓倒是在他心里占据了重要地位。这座公墓是在 1870 年战争后修建的，他的双亲和弟弟亨利希就葬在此处，因此这里对于他是一个"很个人化的地方"。

但是家乡嘛？他坦言自己没有把乡情和斯图加特联系在一起，就像对其他地方的感情一样淡薄。生活状况过于动荡不安，父亲身为外交官有时在海牙工作，有时在伯尔尼或哥本哈根工作。他觉得这是种损失，是的。作为家乡留在心中的东西，在他那里"实在太匮乏了"。如果对他来说可以剥离出一个关联点，那就是柏林了。虽然他归根到底"可以说是流亡中的施瓦本人"[12]。家庭已经成了他的家乡。伦理的种种尺度来自这个内部世界，而不是外部——其他的那些东西，简而言之，源自席勒的叙事诗。[13]

魏茨泽克家族从霍恩洛厄这片土地上吸收到它特殊的公民性。魏茨泽克坚持说，那时家族的所有人都不得不为自己重新占位子，因为没有可以继承的头衔、庄园、财产。他们必须努力苦干以求上升。追求并维护自主权，"这是他们在职场的生存原则"。他们不想做客体，而想做主体，"但是实现自由并保持自由的状态必然意味着，不是从社会事务中抽身，而是创造市民社会的公共性并一道负责任地落实它"[14]。

魏茨泽克的高祖父是神学家和教会慈善会的传道士。1848年，他和其他人共同反叛传奇式的蒂宾根慈善会，蒂宾根慈善会曾深深影响德国的哲学、唯心论和思想史，如今也已经拥护"整个德国的统一和共和"。

而这位高祖父的长子，魏茨泽克的曾祖父卡尔·亨利希·魏茨泽克成为有名望的教廷史学家，里夏德·冯·魏茨泽克谈起曾祖父时曾提到，后者翻译过《新约》，"这个译本如今仍拥有不少读者"。曾祖父担任过蒂宾根大学校长和符腾堡州议会议员。作为兼具非正统、独立、自由和保守这些特征的一个教派教界的先行者，人们可以觉察出，这位著作家自然不仅仅描述先辈，而且刻画自己本人的根本特征。他的儿子、卡尔·胡戈（1853—1926年）是位法学家，1906年被擢升为符腾堡王国的首相，直到第一次世界大战结束，符腾堡王国灭亡。卡尔·胡戈·魏茨泽克（Karl Hugo Weizsäcker）育有二子，其中的一个——维克多大学时期攻读医学和神经病学专业，被人们奉为心身医学的奠基人。

这里讲到德意志帝国在1880年到1900年间短暂的繁荣时期，魏茨泽克氏也为此出过力。里夏德·冯·魏茨泽克说，他的母亲"根本不是政治家"。真正的政治家是他的祖父卡尔，——"然后才又是我"。祖父总是"疏远官僚机构和政党派别，他终其一生都忠于他的国王"。他是一位和蔼友善、热情奔放的外交家，"裹在丝绒手套里的是一副铁拳"[15]。人们读到这里又会思考，这句话究竟暗含多少对自己性格特征的描述。是的，魏茨泽克乐意用隐喻的手法描写祖父，这一点可以觉察到。

魏茨泽克的母亲热爱生活，是一家之主。她是家庭的定位点。她的四个孩子（左起）：亨利希、里夏德、阿德尔海特（Adelheid）和卡尔·弗里德里希。摄于 1927 年。

　　魏茨泽克说：政治清醒的"市民阶级"的时代在这个阶段——继世纪之交并最终在魏玛共和国时期——已经再次走上了穷途末路，魏茨泽克氏成为"有产市民"，他们尽管如愿以偿地上升，却感到难以使自己适应新的时代。他们越来越甘愿蜷缩于自己的世界捍卫已经实现的一切。不只是君主制，市民社会的繁荣期也由此一去不返。像他所表述的那样，"在社会意义上的"一个市民阶级在这时发展起来。

　　可是他并没有把自己的祖先列入这些惊慌失措的有产市民中去。在他关于"战前时期繁荣的帝国"的回忆录中，母亲第一次出现。这个叫玛丽安妮·冯·格莱维尼茨（Marianne von Graevenitz）的女人是一个"坚强的人"，她生于 1889 年，身上带有"令人惊异的意志"。人们从没有听到过他用这样的或类似这样的语句来形容父亲。

　　这个坚强的人，这个"家庭的中心"，越发强烈地觉察到不断增加的财富和日益加深的贫困之间的鸿沟。她私下里（但几乎不是真的偷偷地）读了莉莉·布劳恩（Lily Braun）的《一个女社会主义者的日记》（*Tagebücher einer Sozialistin*），因此她一定不敢"和她自己的世界彻底断绝关系"。

　　父亲则不同！据我回忆，父亲恩斯特·冯·魏茨泽克（Ernst von Weizsäcker）第一次出现在谈话中是魏茨泽克捎带说起的。只是因为父亲当时受任驻梵蒂冈大使而不能从那里被叫去问话，所以没有遭到逮捕，这一点和属于外交部内"反叛派"的父亲的朋友阿尔布莱希特·冯·凯瑟尔（Albrecht von Kessel）相似。魏茨泽克某个时候在概述自己的家史时曾插叙上述内容。然而父亲总是被编织在背景之中，他是一直在场的，这

1927 年摄于柏林—威尔莫斯道夫（Berlin-Wilmersdorf）那赫奥德街（Nachodstraße）小学，后排右边的三个人中间的是里夏德。

一点我是逐渐才明白的。但是他不得不在其位、谋其政，缠身于重大的冲突，所以很少在家。

魏茨泽克的父亲出生于 1882 年，18 岁入伍参加海军。他想在那里当军官，度过一生，而这个想法随着普鲁士在第一次世界大战中的失败也成为泡影。这里先只是用下述关键词说明父亲接下来所走的道路：外交官，1937 年任外交部政治司司长，1938 年任里宾特洛甫（Ribbentrop）的国务秘书。

里夏德·冯·魏茨泽克对父亲没有说过尖刻的、批评的言辞。即使有些话透露出彼此间无比的亲密，他在谈起父亲时也"惜言如金"，这不同于谈起热爱生活并"寻求挑战"的母亲。他对父亲经历的讲述是从使其不安宁的政务开始的。海军对父亲来说是"帝国统一的象征"，对此他可以坦白承认，而不会"被自己施瓦本人的出身弄糊涂"。提尔皮茨的大洋舰队政策、第一次世界大战的爆发、无限制潜艇战和父亲曾参加的斯卡格拉克（Skagerrak）海峡战役——魏茨泽克把这些点串成线，来概述父亲青年时代的生活。他觉得兴登堡非常有责任心，鲁登道夫这个人他不喜欢，而他对"刀刺在背传说"[16]则评价不高。

回忆录作者里夏德·冯·魏茨泽克曾这样记录道：如果说母亲"早就"察觉到"革命的深刻社会根源"，那么在另一方面使父亲忧虑重重的是"年轻的帝国暴发户般地试图在对抗英国的过程中篡夺其世界地位，却并不篡夺其保障大陆安全的责任，帝国在国际舞台露面时极度缺乏更为明智的态度或答复"。[17]他早就清楚，自己的三个儿子，卡尔·弗里德里希、亨利希和里夏德也都面临"必须投身战争并决战到底"的命运。女儿阿德尔海特还没有出嫁。

这并不是要研究恩斯特·冯·魏茨泽克（Ernst von Weizsäcker）这个人。只不过不理解这种父子关系，也就是说，不设法近距离地研究魏茨泽克的父亲及其身为第三帝国外交官的作用，[18]就难以正确评价里夏德·冯·魏茨泽克这个政治人物及其对联邦德国的意义。

父亲为人所普遍接受的是一个什么样的形象，这对里夏德·冯·魏茨泽克和对他的兄长卡尔·弗里德里希来说一样始终是非常重要的。为父亲在纽伦堡进行辩护时，这一点就发挥着作用。里夏德·冯·魏茨泽克总是很严肃地看待研究里宾特洛甫的这位国务秘书的书籍和刊物，他同其进行内部的或公开化的论争。对他们被如何看待的问题表现出这样的兴趣，也是可想而知且合理的。他们不想丧失关于自己家庭被如何评价的阐释的自主权，这关系到父亲，但也因此一并牵涉到儿子。

里夏德·冯·魏茨泽克曾多次在谈话中强调说，父亲把《慕尼黑协定》视为他的个人胜利——而这"并不取决于日后这个协定是如何被评价的"。不管怎样，魏茨泽克的父亲认为，1938 年，自己"作为外交官的活动达到了顶峰"。希特勒打算 9 月底立刻进驻（原料储藏量丰富的）苏台德区，却想掩盖这件事情。而魏茨泽克的父亲和自己的亲密朋友意大利公使贝尔纳多·阿托利克（Bernardo Attolico）走出一招妙棋，联合罗马的元首订立妥协的建议。其实希特勒认为，这样一来自己照计划立即瓜分捷克斯洛伐克的行动就受到阻碍。因此，他不久后就斥责他的调停人恩斯特·冯·魏茨泽克是"一个地地道道的草包"，他直到最后都为参与这次妥协而后悔不迭。

事情的反面：魏茨泽克促成了这个协定，但也因此间接地阻挠了路德维希·贝克（Ludwig Beck）、威廉·卡纳里斯（Wilhelm Canaris）和弗兰茨·哈尔德（Franz Halder）这些高级军事将领预谋反抗纳粹集权的政变。然而魏茨泽克对他们是同情的。[19] 因为反对派将领们作为战争发动者此刻再不能命人逮捕希特勒，他们吓得朝后退，尽管一切都已经做好了周密部署。

引人注意的是，恩斯特·冯·魏茨泽克曾多么频繁地处身极端之间的某个地方，既不站在纳粹集权一边，也不站在坚定不移的反对派一边。他所担负的里宾特洛甫得力助手的角色就意味着，他参与处理很多事务，尽管这同时或许与他的上级抱有不同的目的。比如，他参与了自苏联在柏林威廉大街的试探行动初期进行的签署希特勒–斯大林密约的准备工作。这就是说：他认为完全有望实现与莫斯科发展更友好的关系，而公开地宣讲使他感到不便启齿，因为那样就好像是说，一种"布尔什维克主义浪潮"注定要扼杀德国。不过，恩斯特·冯·魏茨泽克乐意向西方表明，德国人在种种质疑声中也能同斯大林联手共谋。对于他来说，签署这份条约自然是一个战术和策略上的阴谋诡计，里宾特洛甫和希特勒却一竿子插到底：他们签署了《德苏互不侵犯条约》，约定在击溃波兰之后坐地分赃。条约签订整整四个月后，不出所料地对波兰发起突然袭击。

这位国务秘书不断地犯类似的、后果严重的错误。

人们是否由此看到了那个在社会上站稳了脚跟的、颇受人景仰的资产者阶层？——它无意间将希特勒合法化，完全是因为它整个地被卷进去并想以官场的团体精神反叛新主人，还是因为它的内部并不真的具备疏远纳粹集权的力量，也唯恐出现严重的关系破裂的局面？马丁·魏恩（Martin Wein），细致全面的（但未经授权的）魏茨泽克家族传记的作者，援引恩斯特·冯·魏茨泽克在小学时代就已掌握的一个根本原则，即"心若存疑则自制（In dubio abstine）"。假如你对某事心有疑虑，那就克制自己不要做。

第一次世界大战后，恩斯特·冯·魏茨泽克蛰伏于柏林，他不得不为自己寻找一个新的职业。1919年6月28日签订《凡尔赛条约》之时，恩斯特·冯·魏茨泽克已经担任驻海牙使馆的海军参赞。这样他将来至少能够养家糊口。[20]1920年3月，他的任期已满。外交部向他许诺由其接任领事部门的工作，但是欧洲处于动荡不安的状态，安排回国的事情是不可想象的。他的夫人即将分娩，他们在一艘莱茵汽船（"金德代克号"）上幸运地得到了位子，还是回到了曼海姆。不久后，在斯图加特格莱维尼茨氏的一间宽敞的阁楼里，里夏德·冯·魏茨泽克降生到这个世界。但是，父亲很快又动身去柏林，他想利用这个机会，开始领事工作的生涯。他是这一行的新手，这位退役的皇家海军少校没有纳粹党党籍。过了不到几个月，他被调到巴塞尔领事馆。

在那里，在坐落于上莱茵河岸的这座城市，魏茨泽克的父亲结识了影响力很大的制药业企业主罗伯特·勃林格（Robert Boehringer）。后者的堂兄，恩斯特·勃林格（Ernst Boehringer）日后也将帮助前者的儿子迈出职业生涯中的最初几步。为了理解这个市民世界的心态和思维方式，必须考察它的环境：罗伯特·勃林格受过高等教育，里夏德·冯·魏茨泽克把他看作除了父母之外自己心目中"最重要的成人"，他是诗人施特凡·格奥尔格（Stefan George）的密友和继承人。里夏德在他的《回忆录》中写道，在他 11 岁的时候，有一次勃林格带着魏茨泽克家的孩子们到一处高耸的带阁楼的寓所里待了一个小时。在那里，他坐在一位老先生身旁，这位老先生"用他那强劲的手搂着我的肩膀，以至于我产生错觉，以为那只手直到今天还放在那里"。

1965 年，魏茨泽克在写给罗伯特·勃林格的一封信中以令人诧异的精雕细琢的手法刻画道，"这只手传达的掌控力，这个姿势表达的不可抵御的友善，那种无法回避的包容"一直"恒久不变地铭刻在记忆里"。[21] 很久以后他才得知，是格奥尔格当初把手搭在自己的肩膀上。[22]

然而魏茨泽克并非格奥尔格的一个崇拜者。毕竟这对于他来说是昨日的世界。当时是一位 31 岁的外交官的恩斯特·冯·魏茨泽克在滞留巴塞尔期间，与后来担任但泽国际联盟特派员的史学家卡尔·雅克布·布尔克哈德（Carl Jacob Burckhardt）相互之间培养起一种友好的关系。[23] 这是一种开花结果的友好关系：出身于一个颇有影响力的瑞士家庭的布尔克哈德，在恩斯特·冯·魏茨泽克遭受纽伦堡审判时站出来作了有利于恩斯特的证明，证实恩斯特1938年曾参与密谋，试图争取意大利元首和平解决苏台德问题。这位生于1891年的历史学家和比他小18岁的马里昂·登霍夫伯爵夫人在后者于瑞士求学年间培养起一种密切的信任关系，他们毕生坚守这种信任关系。卡尔·雅各布·布尔克哈德成为马里昂·登霍夫较年长的、里夏德·冯·魏茨泽克则成为后者较年轻的思想同路人。

在这里提到这一切，就是因为它描绘出里夏德"吸入"的思想和道德的"大气"。如果说布尔克哈德"对时代充满疑虑"，那么这同样刻画出他那几乎年长10岁的德国朋友恩斯特·冯·魏茨泽克的精神状态。走向衰败的预感折磨着这个"富裕市民阶级"的世界，这个世界里夏德·冯·魏茨泽克还在上小学时就先接触到了。第一次世界大战已经过去，正面临一次新的战争。

父亲和兄长也许就成为了"护栏"，可是他们充分给予了支撑吗？里夏德·冯·魏茨泽克的成长历程中拥有一位很少在场的父亲——父亲让人毫不怀疑，他虽然参与了魏玛共和国的建设，但是却疑虑重重。就他看来，最理想的国家形式是"君主官制"。他对政党政治并不了解。他怀着强烈的民族感思考，他是否像有些人背后议论他的那样渴盼大德意志到来，这一点可能无法给以定论，但是不管怎样他盼望"权力和声望"回归自己的国度。他的信条是，这没有大不列颠便办不到。但是他想——至少在 1933 年初——"支撑新的纪元"[24]。

1936 年底，布尔克哈德和恩斯特·冯·魏茨泽克进行了一场谈话，这次谈话或许恰如其分地反思了外交工作范围内的时代精神。"**魏茨泽克**：有善意的男人们必须竭尽全力阻止正在逼近的第二次世界大战。**布尔克哈德**：世界两大阵营内的一切机动因素都奋力投身战争，此外战火在西班牙已经点燃，而且将无法熄灭。**魏茨泽克**：战火必须被扑灭。如果普遍的战争爆发，那将会策动多么可怕的罪行，以致任何时候的胜利都无法补救之后发生的事情。我们必须争取时间，必须使这一点高于一切。"[25]

尽管新的当权者们令这位高级外交官非常厌恶，他与他们的意识形态的思维世界却并非格格不入。恩斯特·冯·魏茨泽克也预言将必然出现"世界上犹太民族的支离破碎"。他的传记作者试图借此解释，这个用语就是为掩盖他想协助在德国受到威胁的犹太人出境这一意图。他也尝试着这样做，有这方面的证据材料，这一点即使在批判者那里也是无可辩驳的。1937年 11 月 5 日，希特勒在国会内阁就已当着当时的外交部长康斯坦丁·冯·诺伊拉特（Constantin von Neurath）男爵的面威胁说，要解决德国问题只有"暴力的道路"可走，此事却有意对恩斯特隐瞒。不久，外交部长一职由里宾特洛甫接替，他在1938 年 3 月 19 日任命恩斯特·冯·魏茨泽克为国务秘书。4月 1 日，里宾特洛甫被吸收加入德国国家社会主义工人党。[26]新任的外交部长终于使希特勒身边有了好战的臣仆和成事的帮手。1938 年，这位行事泼辣的里宾特洛甫宣告，"元首"的政策方针急需一把"剑"。而魏茨泽克却还一直认为里宾特洛甫"是可施加影响和可产生改变的"[27]一个因子。他这样说的依据是什么？这种信任又从哪里来？今天看来——这是一个谜。

里夏德 · 冯 · 魏茨泽克在他的《回忆录》中写道，父亲在东部战役打响时"被重重地击倒"。他在政治上再次遭受挫败，一个儿子——亨利希在战争打响后的第二天就牺牲了，留下的另一个参战的儿子里夏德，正在边境的比亚韦斯托克（Bialystok）作战。他在 3 月还到波兰去看望过他的父亲。

然而他也希望，如同在大规模进军法国期间那样，对手将由于自己的"娜美西丝"[28]而受到惩罚并在很短的过程内被击败。只是他建议，希特勒应当在被占领区以解放者而不是征服者的姿态出现。1941 年底希特勒宣战后，他或许最终明白，对他所理解的一种传统的外交政策再也不能有所期待。

还有一点：这点回忆和记录确实是有意义的，因为它关系到那不得不上战场的儿子得到的后果。他了解父亲多少？父亲了解他多少？他们相互之间有着怎样的交谈？里夏德那时是在东部前线作战的一位年轻人，他或许曾思考过，父亲是如何评价出征过程的，父亲对里宾特洛甫和希特勒究竟有着怎样的影响。恩斯特 · 冯 · 魏茨泽克长期继续这样更换着岗位，正如他所学会的那样：怀着理智的动机一定会获得共鸣，这始终是他的基本态度，他想必恪守此道。他花费很长时间才理解，这对于纳粹分子来说并不适用。作为后辈人，人们不禁从局外思考，恩斯特 · 冯 · 魏茨泽克是否可以和儿子就此开诚布公地谈一谈呢？他们之间在交谈时可能出现明确提出质疑、出现心生绝望的时刻吗？

*****

里夏德·冯·魏茨泽克在谈话中提醒人们思考，"我的先辈在1810—1811年还受到拿破仑的胁迫随同他进军莫斯科。""然后梅特涅的时代到来。它至少推动了和平。很快就表明，像符腾堡这样一个州一点儿也不像其他城邦尤其是普鲁士和奥地利那样强烈地急需实行改革。普鲁士需要的是哈登堡式的改革，它是幸运的，因为有一位权倾一时的首相能够把这些改革举措贯彻到底。"

这个属于正在崛起的市民阶级的家族，昔日曾是磨坊主，而在帝国摇身一变成为贵族。这对里夏德·冯·魏茨泽克意味着什么？男爵，这有什么样的价值？里夏德时而这样说来取笑兄长卡尔·弗里德里希：卡尔不是真正的"男爵"；魏茨泽克氏在1916年才在符腾堡州被加封世袭男爵爵位，那时魏茨泽克的祖父出任巴登－符腾堡州总理，哥哥卡尔已经4岁了，里夏德则是1920年生人，他是新的族系里第一个承袭男爵头衔的人。可是两年之后，符腾堡王国就变成了一个共和国。1918年11月30日，末代君主威廉二世在斯图加特真正和平地退位。

他要说的是，这仅仅是对哥哥卡尔说的嘲弄的话，其实冠以"冯"或者"男爵"这件事对于他来说从来不是非常重要的事情。而它在20世纪50年代和60年代对于其他人——既有那些在基督新教教会、也有那些在基督教民主联盟（CDU）努力参与工作的人——是颇有意义的，这一点也绝不因此被否认。在斯图加特大教堂旁很醒目的位置有一块牌匾，上面的记录提醒着人们：里夏德·冯·魏茨泽克于4月15日在此地出生。

魏茨泽克一家（1920年）在斯图加特索利图德宫。左起：父亲恩斯特、姐姐阿德尔海特、里夏德、母亲玛丽安妮以及哥哥亨利希和卡尔·弗里德里希。

回到起点：1918年把贵族重新变成市民阶级。现在他们又是平等的了。有没有头衔无关紧要——重要的是，他们是否愿意巩固和维护新的民主。市民阶级在魏玛发挥怎样的作用，同时魏茨泽克氏的位置又在哪里？

他回答说，他无论如何"偏偏不是"有人所理解的受过教育的中产阶级的"好榜样"。少年时代的他"比起读书来更喜欢踢足球"。但是，的确——他知道，魏茨泽克氏自18世纪以来被看作"市民阶级的"家族。一个赢得声望、想在政治生活中一道进言献策的家族，它的足迹遍布厄林根、蒂宾根、斯图加特，而且超出了斯图加特地区。

在此期间，魏茨泽克家族的根基已经稳固：此时此刻，魏茨泽克家族早就再也不必为上升而争斗，它属于市民阶级的精

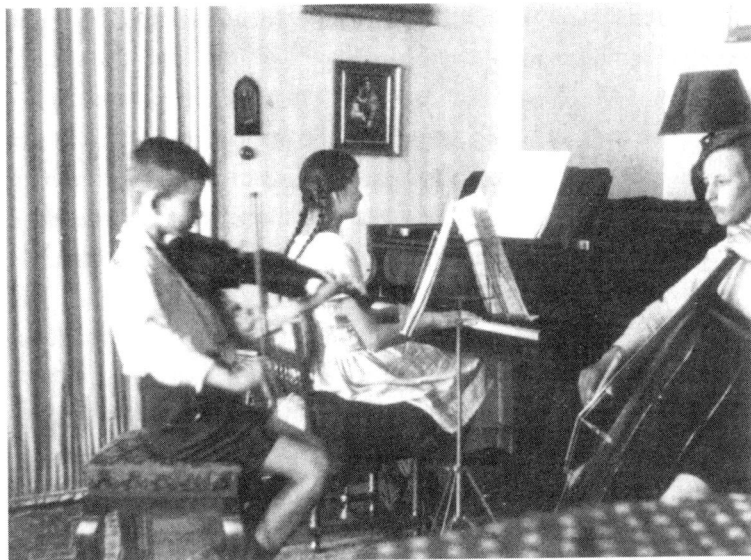

被呵护的世界：1928 年柏林雉鸡大街（Fasanenstraße）的家庭音乐会。
左起：里夏德、阿德尔海特和亨利希。

英。但是职业生涯的道路并不是一片坦途，在本国任何事物都不是保险箱，可是也不存在一落千丈般的危急凶险。市民阶级的价值世界会发生什么，从一定程度上还算牢固的秩序中就要产生什么，这些谜团逐渐地显现出答案：1933 年 4 月 1 日，魏茨泽克的父亲在阿尔托纳（Altona）第一次看到犹太人店铺的窗玻璃被打碎，他"怀着深深的愤怒"把这事讲述给孩子们听。他还注意到，柏林动物园的一个教堂庆祝节日时在神坛旁插上纳粹旗。《授权法案》已经发布，"帝国大主教"米勒（Müller）领导基督新教教会，皈依教会对此争相反对，教士尼莫勒（Niemöller）被逮捕。

然而，如同他所描述的那样，当时非常深刻地影响魏茨泽克自己的并不是外部世界，而是他在家里所听闻的东西。这可以算做他整个的世界观。他是一个四处漂游的孩子，除了在部队服役期间，从纳粹时代开始直到战争爆发都很少在德国，但是他一直处身家庭的圈子之中。一家人随同父亲到瑞士滞留三年。他或许想要说，这是一种非典型的生活，它以某种方式摆脱简单的寻根求源。他觉得那毕竟是一个"快乐的"青年时代。

在人们的想象中，直到那时魏茨泽克的这个活动空间想必是呵护备至的。就连结交朋友也只能在家庭的影响下、在家庭的庇护下发生。母亲在家庭之中处于十足的主导地位，在魏茨泽克离开父母身边以后例如尤其是在他参军期间也是这样的情形。小学时代的他缺少朋友，因为孩子们太过频繁地转学，到过丹麦、柏林、挪威，又短暂逗留柏林，最后是伯尔尼。

1937年，魏茨泽克不得不离开伯尔尼文科中学，转学就读柏林俾斯麦文科中学。八年级的学生们被勒令提前参加中学毕业考试，因为德国国防军需要招募青壮年男子迅速扩充新兵。他享受到罕见的特权，可以在牛津和格勒诺布尔（Grenoble）再学两个学期的英语和法语，但是他在没有参加工作或服兵役之前，不得在完成上述学业后继续就读大学。魏茨泽克言简意赅地这样说道，"于是我穿上军装。直到我又脱下它应该是过了七年"[29]。

魏茨泽克的兄长卡尔·弗里德里希被视为年轻的天才，他深得父母的宠爱，已经发挥一种全然独立的作用；里夏德·冯·魏茨泽克回忆道，他在22岁那年才同卡尔"第一次郑重其事地"进行了"一场谈话"。这位兄长喜欢研究自己关注的问题，尤其是数学方面的问题，母亲对他庇护有加。

或许正因为孩子们置身这种呵护备至的环境，才使我们感受到下述引人注目的情况：我们倾听或者阅读《回忆录》（Erinnerungen）中的语句时几乎从中觉察不到晦暗不明、紧张不安、威胁凶险这些元素。这和例如 1938 年流亡国外的新闻评论家和史学家塞巴斯蒂安·哈夫讷（Sebastian Haffner）的情况完全不同，他的父亲同样地欢庆自己的成功——慕尼黑协定，而里夏德·冯·魏茨泽克当时 18 岁。他们这时更加经常地在家谈起英国，谈起没有英国就什么事都不能顺利推进，迫切需要英国作为盟友，并且为了遏制希特勒也需要英国。他们察觉到欧洲的混乱无序却一筹莫展，并且有些东西偏离了正常轨道。可当他开始理解和把握的时候，很多事情其实已经是不可逆转的了。

***

塞巴斯蒂安·哈夫讷 1907 年生人，日后属于这样的著名作家之一：他们作出的关于 20 世纪上半叶德国历史的评价获得里夏德·冯·魏茨泽克的高度重视。这位获得魏茨泽克激赏的哈夫讷在讲述自己的青年时代时谈到，他加入了一个政党，而这并没有保护他免于成为纳粹分子，"保护我的是——我的鼻子"。他拥有一份相当突出的"精神嗅觉，或者换个说法，一种能够嗅出人文的、道德的、政治的态度或信念究竟有无美学价值的感觉"。哈夫讷在对自己的人生经历进行回顾时感到惊异，青年时代的他竟好似能以剧作家的视角来审视纳粹革命的初期态势，虽然同一类的这些东西应当"彻底灭绝"。更加令人称奇的是，欧洲后来抱有同样一种消遣取乐不作为的看客态度，"而另一方面，纳粹分子们早已蠢蠢欲动，四处煽风点火"[30]。

塞巴斯蒂安·哈夫讷以精当而敏锐的笔触描绘了"愚蠢和邪恶"，这即使是在里夏德·冯·魏茨泽克所著的《回忆录》中也没有出现过。魏茨泽克受到他的家庭和成长环境的庇护。哈夫讷则与之相反，他在1938年预感到并目睹了柏林有些令人高度警戒的情况——空气在他看来突然变得"更加令人窒息，更加让人难以呼吸"。他讲述"那使得起煽动作用的卑微的信徒逐渐膨胀为魔鬼"的野蛮的狂妄，讲起"驯魔人"反应迟钝，总是晚一刻才领会那魔鬼原本刚说或刚做的事情，讲起恢复"1914—1918年大规模军事演习"并且这次把它归为一次掳掠的允诺。[31]哈夫讷流亡国外。他代表着敢于明确划清分界线的那个德意志少数派，这一点与秘密从事地下活动的维利·勃兰特相似。里夏德·冯·魏茨泽克对哈夫讷始终怀有崇高的敬意。

这里举出哈夫讷的例子只是想说明，公民性的哪些形式在德国已经存在，它们是怎样被区别开来，后来又是怎样碰撞而相互融合的。哈夫讷代表着一种别样的"公民性"，一种彻底远离希特勒的公民性，一种第一时刻显现的国民性。哈夫讷好似一个代号：经常涌现出像他这样的共和国的批判思想家们，他们对希特勒的地位出现势不可挡之上升趋势这个现象进行激烈思考，从而使里夏德·冯·魏茨泽克为之着迷，乐意参加到他们的行列中去。

他不会从一开始就对他人的看法抱有成见，这样他能从许多人那里学到东西，他乐意听取所有人的意见，在这方面他做到了率先垂范。左还是右，这对于里夏德·冯·魏茨泽克来说并不是至关重要的，在他看来更重要的是，如何认真看待各种声音。在亨利希·海涅（Heinrich Heine）和老弗里茨、尤尔根·哈贝马斯（Jürgen Habermas）和道尔夫·斯坦贝格（Dolf Sternberger）、亨利希·奥古斯特·温克勒（Heinrich August Winkler）和沃尔弗·约布斯特·基德勒（Wolf Jobst Siedler）、弗里茨·施泰恩和塞巴斯蒂安·哈夫讷之间，坐落着形形色色的思想圈子，而魏茨泽克怀着一种对倡导自由主义的批判思想家们与日俱增的无限好感也在那里落脚。

美国历史学家弗里茨·施泰恩出生于布雷斯劳，他对魏茨泽克来说代表着欧洲启蒙思想和那种使人轻松自在如处家中般的环境的最优良的传统。二者又把马里昂·登霍夫视为他们的——更确切地说是普鲁士的——女家庭教师。图为给施泰恩致颂词的魏茨泽克为其颁发2009年登霍夫奖。

***

政治在魏茨泽克氏家族当中并没有扮演着重要的角色。魏茨泽克几乎怯于说，"祖父们并不因此就无所作为"。

谁选择政治作为职业，谁就不是为了承担或效劳于"面向全体的责任"而这样做。那也不是人们浮想出的普鲁士那里的情景。不，那是一种从"人们能利用自己的专业做到的事情"中产生的结果。他们把自己看作搞政治的专家。政治关乎在这一特殊领域内所具备的能力、经验和知识的问题。在魏茨泽克父亲那里情形就是如此，不是吗？父亲起初走上另一条道路，职业军官的道路，它已经引领其靠近政治的道路。出于政治方面的考虑，父亲也已经选定这个特殊的轨道："他加入海军，这与符腾堡人比巴伐利亚人更为忠诚这一点有关系。"

他想要协助压制"《凡尔赛条约》提出的苛刻条件"。他认为魏玛政府过于软弱，而民主继续削弱它的力量，帝国时代的国旗、黑白红三色旗在他看来始终有效，他自然想为实现德国在权力、疆域和威望上的复兴而贡献自己的力量。他过去是、现在也始终是保守派，他有一次曾这样描述自己说，他是家里"最落后的那一个"。总之，有一点是显而易见的：自 1933年起他想"支撑新的纪元"。在阅读《我的奋斗》(Mein Kampf)一书后，他在长达三年的岁月里把希特勒看作问题的解决，而不是问题本身，直到对非军事化的莱茵地区实施占领行动才使他如梦方醒，顿生惊疑。[32]

里夏德·冯·魏茨泽克说，1937年，即使当年他为了参加中学毕业考试不得不从伯尔尼转学到柏林，他仍然认为这个世界看来还算是完好无缺的。有的人处境却和他截然不同，例如马塞尔·莱希－拉尼茨基（Marcel Reich-Ranicki），魏茨泽克观看过描述后者生活的影片。在距离魏茨泽克氏不太远的柏林"市民社会"的环境之下，孩子们被打上犹太人的烙印而遭受侮辱，拉尼茨基就忍受了这样的遭排斥的痛苦。魏茨泽克回忆道，当时自己身边的情况则相反，约有半数的同学是犹太人，但是教师们站到这些同学的前面保护他们。所有人无一例外地从德国逃了出来。18 岁的他才触目惊心地发现：他那时一同目睹了，暴徒们在纪念教堂周围如何狂暴地对抗被认定为犹太人的那些人。没过多久，他就穿上戎装。

1939 年 8 月 23 日，外交部长约阿西姆·冯·里宾特洛甫（Joachim von Ribbentrop）和他的莫斯科同仁维亚切斯拉夫·莫洛托夫（Wjatscheslaw Molotow）签署了互不侵犯协议。虽然该事件自戈尔巴乔夫时代起也为俄方所证实，但当时并没有公开这样一个事实：希特勒和斯大林在一份秘密签订的补充协定书中约定，共同瓜分波兰和波罗的海三国。是的，恩斯特·冯·魏茨泽克——毕竟是外交部的"第二号人物"——在多大范围内了解这一肆无忌惮的权力政治，或者他对此有怎样的预知，这是经常被详加讨论的问题。现在不再关乎"窗玻璃被打碎"的问题，而是牵涉到 1938 年 11 月 9 日的大屠杀，牵涉到陆续零星发生的政治谋杀案。

在波兰问题上，恩斯特·冯·魏茨泽克抱有几个月前在"捷克问题"上的相似的思考：他对解决掉捷克斯洛伐克并非抱定彻底反对的态度，他只是想和平地实现这一点，或者用他的话说，以"化学的"方式实现之。这两次决定都是在有利于"机械"行动的前提下作出的，也就是说为了运用军事暴力。[33] 政治大多只是为实现"较卑微的醒醒勾当"，这个论点成为恩斯特·冯·魏茨泽克所著的《回忆录》一书的主题思想。他是何等高估了这些尝试可能带来的结果，他的这些尝试又是多么经常地误入歧途！

里夏德·冯·魏茨泽克在谈话中再次回到他的家庭出身：符腾堡州的这个近乎于农民阶层的市民阶级，它难道没有自身的魅力吗？施瓦本哈尔、绍恩多夫、厄林根、布拉肯多夫，出身于这片地区、出身于这个特殊环境的名流有后来同魏茨泽克在德国基督新教教会有过密切合作的艾哈德·艾普勒（Erhard Eppler），以及泰奥多尔·豪斯（Theodor Heuss）和赖恩霍尔德·迈尔（Reinhold Maier）。与这种自由主义思想相匹配的是"不在权力政治方面肆意放纵，而在自身内部安然有序的氛围"，这种自由主义思想有着自身的公民性特征，它开放、宽容，犹如品酌上好的葡萄酒般有味。人们不像巴伐利亚人那样妄自尊大，也不像较快确立民主的巴登人那般忙乱不安，它纯然是一个自为的小岛。

魏茨泽克谈到父亲说，"他在巴登－符腾堡的家乡具有我所理解的那种'自由思想'"，尤其在符腾堡更是如此，这不足为奇。情形难道不是始终如此吗？不妨列出几个名字加以说明：蒂宾根的神学家埃伯哈德·云格尔（Eberhard Jüngel），他现在像昔日的魏茨泽克的祖父——致力于教派和睦的先行者——卡尔·魏茨泽克（Carl Weizsäcker）（1822—1899 年）一样领导教会慈善会，还有文坛伉俪英格及瓦尔特·耶恩斯（Inge/Walter Jens）、在宗教之间铺路架桥的汉斯·昆（Hans

Küng），此人总是觉得自己原本应当作罗马教皇。而在魏玛时期拥有马克斯及阿尔弗雷德·韦伯（Max/Alfred Weber）的思想智囊中心海德堡，还拥有魏茨泽克的叔父维克多·冯·魏茨泽克（Viktor von Weizsäcker）这样的人物，他把弗洛伊德的体系和一种整体的自然概念引入神经病学——魏茨泽克认为这是特有的德国公民性在鼎盛时期收获的特别贡献。一种"以理智的自由主义作为恰当的执政形式"的基本原则，与其说在信奉基督新教的施瓦本、倒不如说在天主教势力强大的地区落地开花。

谈话中的里夏德·冯·魏茨泽克，这时一反常态的情绪高涨起来：斯图加特的罗伯特·博世（Robert Bosch）白手起家创立了一家世界公司，这也实在是一个"施瓦本式的现象"。他在反抗希特勒的斗争中几乎牺牲了生命，这并不是偶然的。这些身为企业家或发明家的活跃的杰出人物，头脑中一定并非有明确的政治思维，但是他们拥有自己的标准。当魏茨泽克这位流亡中的施瓦本人让这一切又在脑子里过一遍的时候，这听上去几乎像是患了怀乡病，然后他突然吟诵道："那位席勒和那位黑格尔，成为我们的惯例；那位乌兰特和那位豪夫，丝毫不引人注意。"

我们蓦然明白：魏茨泽克除了看重老弗里茨和那个在他眼里以老弗里茨为象征体的普鲁士，还牢牢握住另一颗恒星。我们可以说，在描绘这颗熠熠生辉的恒星的同时好似看到蒂宾根教会慈善会及其特有的光辉：年轻的黑格尔和荷尔德林，以及带有魏茨泽克家族姓氏的那些人。

如果我们理解得正确，普鲁士和施瓦本在魏茨泽克的私人圣坛上和谐地交汇在一起。这升华为一种公民性，而它在德国的现实世界中从未出现过。

***

魏茨泽克又想起马里昂·登霍夫，他感觉自己和马里昂如此志趣相投，而马里昂又如此赏识他，人们不禁会问究其根源在哪里。登霍夫家族并不是在帝国覆灭前最后一刻受封的贵族，而是一个古老世居的、殷实富足的东普鲁士家族。人们在品读马里昂·登霍夫的文章时浮现在眼前的不是绵延狭长的内卡河河谷和蒂宾根教会慈善会的尖塔，而是秋日里东普鲁士森林那牧歌式的、田园诗般的、闪着奇妙微光的景象，人们将会读到她那位于柯尼斯堡附近的家乡，读到她和出身于亨蒂希（Hentig）和雷恩道夫（Lehndorff）家族的以及其他许多贵族家庭的人为邻并与其结交。

她这样写道，她的东普鲁士保留着一个"早已过时的时期"，有时候她把目光定格在"柏林的袅袅炊烟"中那亲密的圈子内，继续对她来说非常重要的谈话。她回忆中的时代看来是这样的，"其中的一切秩序都土崩瓦解，一切已成长起来的概念都消融解体"。[34] 她在东普鲁士时经常思考"在这个已变得如此陌生的德国外部的喧嚣时代"，想到"那翻腾往复的各种政府和制度"。那是一个岛屿，它会被"时代的躁动和人们的忙乱冲走"，无视法律和骄横跋扈的行径面临的危险就是摧毁"这最后一个恬静安详的庇护所"。[35] 她用点睛之笔概括道，生活从来没有像这样"关乎生存"过。如果人们在《时代》（Die

Zeit）周报的会议上领略过她的风采，目睹过她是那样贴近当下而没有怀乡愁绪，那样虔诚热心地投身工作，那么人们可能就不会相信，她是多么眷恋这种种往昔。

当魏茨泽克把自己的家庭出身同登霍夫伯爵夫人进行比较的时候，就会发现魏茨泽克氏一定不是如此远远地脱离时代。斯图加特不是柯尼斯堡。他们的施瓦本王国也并非坐落在柏林的大门之前，但是——它也是属于这个世界的。魏茨泽克家族的人使自己投身周围的环境，而几乎毫不存在作茧自缚之举。如果理解正确的话，这个"茧"是在边缘状态下形成的。

不过，魏茨泽克的父亲也畏惧"秩序"出现土崩瓦解。是的，田园风光的一缕气息，马里昂·登霍夫就是这样把田园生活和她的家乡联系在一起的，魏茨泽克氏想必也有过同样的享受。但那不是在厄林根或蒂宾根，也不是在斯图加特大宫殿，魏茨泽克家族的人大概更多地把他们的牧歌式生活迁移到内部，收藏在自己的家族中。家庭是始终完好无缺的核心。这样一来，撇开其他的一切动机不谈，我们还必须解释，这个身为人子的魏茨泽克在几十年间以何等坚定不移地甚至有时全然是强硬的态度保护着父亲。

古斯塔夫·塞伯特（Gustav Seibt）就《一个德国家族的世纪：魏茨泽克氏》（*Eine deutsche Familie in ihrem Jahrhundert: Die Weizsäckers*）所提出的假想显然是指向魏茨泽克的。他在备受推崇的、倡导自由主义思想的《南德意志报》（*Süddeutsche Zeitung*）上也作出过这样的推想。那是该报刊载的出自这位著名的记者笔下的一篇文章，题为《险路》（*Wege in der Gefahr*）。

塞伯特提出一些假想，描述在假设的情况下会出现怎样的情形。他推断说，要是希特勒迟些时候发动战争，德国的核研究者原本能够阻挠希特勒掌握武器技术，这个说法使得时代史研究从来没有这样显得令人难以置信。他说，《慕尼黑协定》使希特勒实现延期一年清偿债务，这却使战争终归原本比早些发动战争产生远远更加灾难性的恶果。如果说魏茨泽克的父亲成功地拖住希特勒，从而让他发动战争晚了若干年，那么希特勒在短短几年后原本就可以使用核炸弹，则要得力于老魏茨泽克的儿子卡尔·弗里德里希的工作。那么原本能够阻止希特勒这样做的又是谁呢？

塞伯特使一切假定凝聚为一个独一无二的推论：魏茨泽克氏不管怎样都"熬过"了这样一场核战争。他还补充说，儿子里夏德除了在《回忆录》中真实记述的东西，原本不必写关于父亲的其他一切情况；总之：家族"较之政权和宪法更加恒久不变"。瓦格讷氏、曼氏和魏茨泽克氏不一而足，大资产阶级和贵族的历史变迁都可追溯到这些范例式家族的经历。瓦格讷氏让希特勒羽翼丰满，曼氏同希特勒坚持不懈地进行斗争，魏茨泽克氏则与其"有着纷杂纠结的关系"。这描述出一种"包含着功绩、失误和罪责的令人不安的矛盾状况"。一种伦理风尚代代相传，表露出令人惊叹的一致基调，恬淡安详、肃然的冷静、对世界温柔的虔敬，最"德国式"的高贵优雅形而于外。这个范本缺少的是"冒险精神和骑士风度"。在里夏德·冯·魏茨泽克任职期间，流传着"没有历史的国度"这样的口号，但是他的整个履职历程可以理解为，他试图"在措辞恰当的政治策略之下理解他深爱的父亲那引人注目的盲目性"。

结论是这样的：古斯塔夫·塞伯特从里夏德·冯·魏茨泽

克对父亲的评价中好似看到了一部深不可测的历史编纂学著作，父亲的"本质"从来没有这样清晰明了，父亲的有些"行动"从来没有这样易于理解。另一方面，卡尔·弗里德里希在战后的政论工作又透露出一颗迷惘惶惑的良心所怀有的愧疚。[36]

他们在任何情况下都"熬了过去"？人们不大容易对这个说法置之不理，当然绝不是作为当事者。人们会不禁想反问道，里夏德·冯·魏茨泽克对父亲性格特征的刻画，初听乍闻显得非常惜护有加，可这同时难道不是罕见地未加粉饰地揭示父亲真正的无能吗？我在读魏茨泽克《回忆录》的时候觉得，儿子所认识、目睹和接受的是反映"内心最深处"的一位父亲——只是没能把自己的行动真正付诸实践。"本质"是无法改变的，"行动"使魏茨泽克感到不解，完全根本地不解。

魏茨泽克家的人一定原本"安然度过"险关，魏茨泽克尤其认为这个推想具有诋毁性。情形又是怎样的不同呢？魏茨泽克在给《南德意志报》的一封读者来信中列数道，他的父母在第一次世界大战中失去了三个兄弟。在第二次世界大战中，他的哥哥亨利希、他的姐夫和仅有的两位堂兄弟都牺牲了。而他自己在东部战场前线曾两度负伤。缺少冒险精神？"我们在这方面没有机会，而且我们也从不寻找这种机会。"剪不断、理还乱的纷杂纠结？一般化的"古代北欧家族传说"和对人性贴切的评价不可同日而语。出自魏茨泽克氏四代人的每个成年人在本世纪都过着自己的生活，不止一个投身于"险路"，致力于这条路上的事业。同时，他们各自"是经受住考验有所成就还是没有干出什么名堂，全取决于他们自己，而不关乎那与生俱来的姓氏"。每个人都算做家族的一分子，但是对于家族来说却"既不存在集体成绩，也不存在集体过失，既无所谓贴金，也无所谓受辱"[37]。

家族传奇？魏茨泽克在谈话中又一次回到这个话题上。人们会把"魏茨泽克氏"同"曼氏"或者"瓦格讷氏"怎样进行比较呢？光是对亨利希·曼和托马斯·曼这二人，魏茨泽克就持有完全不同的评价，"关心政治的"亨利希·曼远比早年间"不过问政治"的托马斯·曼使他感到亲近。《对一个时代的观察》（*Ein Zeitalter wird besichtigt*）、《亨利四世》（*Henri IV*）、《垃圾教授》（*Professor Unrat*），这些作品全都妙极了。魏茨泽克在任总统期间说过，第一次世界大战爆发之前，"如果有些德国政治家肯用心读一读亨利希·曼的《臣仆》（*Der Untertan*），那将会对他们有好处"。在魏玛共和国时期，人们原本急需"更加重视提醒注意正在逼近的恶魔这样的预言性警示"[38]。

然而，人们当然还必须正确评价托马斯，魏茨泽克对他怀有崇高的敬意。魏茨泽克觉得，人们把"曼氏"当成了一个老生常谈的标语，却还没有从中领悟到任何东西。那么难道用"纷杂纠结"这个标签就可以正确评价"魏茨泽克氏"吗？用这个标签可以正确评价魏茨泽克家族的人彼此互相矛盾的生活道路吗？恐怕办不到吧。

"我希望做一个公民"，新闻评论家、海德堡大学讲师道尔夫·斯坦贝格在 60 年代末期这样驳斥蔑视他的人，从而为"公民"的概念辩护。斯坦贝格希望实行一种代议制，使国民或曰公民获得解放，那是把公众事务视为自己事业的成年人的一个"阿哥拉（Agora）"[39]。他制定出宪法爱国论也是为发挥作用的公民性"量体裁衣"[40]。魏茨泽克对道尔夫·斯坦贝格这位评论家和那个能把一个社会凝聚在一起的东西——他的思想致以崇高的敬意。并且，他也希望自己做一个这样的"公民"。

这样的人却是凤毛麟角了。

三、极　　端

　　里夏德·冯·魏茨泽克回忆道,在宣战的那一天,他的父亲就对他说,"不,就连上帝也不知道我们将面临什么,只是敬爱的上帝显然或许能预见到这些德国人将别无选择"。他为此提出三个理由:战争"本身是错误的",袭击波兰是错误的,而他自己的儿子不得不参战,又为一切祸事火上浇油。于是,恩斯特·冯·魏茨泽克不得不和他的儿子亨利希和里夏德分手告别,这两个儿子参加了1939年9月1日开赴波兰的军队。亨利希只比里夏德略微年长些,他已经是少尉任排长,他劝告他的兄弟报名参加著名的第九步兵团,他作为职业军官在该团已经服役很长时间。

　　里夏德·冯·魏茨泽克直到今天还在说,尽管当时的环境很严酷,他如此说来倒很是幸运,至少比较而言是这样。他用了一个单句简练地表达他的精神状态和知识水平:"我们这些年轻的士兵知之甚少,却信之甚多。"[41]这个评价其实是毫不留情的,并且连他自己也包括在内:也就是说,他们作为年轻人信仰口号,他们和大多数人心中共同装满了仇怨情绪。

　　这里要讨论的并不是一个这样的单句,但是一个这样的句子却向我们阐明，它以自己的方式表述出真相，尽管更确切地说，这是采用叙事式咏唱的表达形式。那是一种很高的艺术，让人对事实有所了解，同时也传达出抗争的意味。

此后五年的 1944 年，团里的朋友们至少了解到，战争失败了，人们再也不单纯地为幼稚的、片面的政治思想"鞍前马后，听候调遣"。早就开始部署撤军。越来越多的军官思考着如何才能够摆脱纳粹集权。他们在寻找出路。参与反叛的积极分子，有 14 位在 7 月 20 日之后遇害，他们都是来自这个团，比其他任何一个团的人数都多。魏茨泽克的朋友阿克瑟尔·冯·丹·布舍（Axel von dem Bussche）幸免于难。现在他们了解极多，却绝少相信。

1939 年 9 月初，正当里夏德和亨利希随同他们的团穿越波兰边境的同时，魏茨泽克的长兄、卡尔·弗里德里希开始协助韦尔讷·海森贝格（Werner Heisenberg）在一个德国核物理学家的小组参与研发"铀机"。他们的工作将作为"为希特勒"建造"原子弹"的尝试而载入史册。

里夏德·冯·魏茨泽克的父亲在多大程度上透露或隐瞒了前线背后的这场毁灭性战争与杀人机器的一切详情：从开战第一天起就表明，策划这次进军意在攻占邻国，将波兰摧毁。希特勒把邻国的人民视为"低等人"，不允许他们的国家继续存在，他认为这些国家的精英应当被灭绝。尽管莫斯科和柏林之间开展接触——魏茨泽克的父亲也曾为此付出努力——，这场"闪电战"却只是序曲。随之而来的是攻占苏联的行动。父亲一定看透了这一切，但是来自"自由的掷弹兵的共和国"（他们在波茨坦时喜欢这样自称）的儿子里夏德，奔赴一场耗时六

1939年9月1日，德国军队进驻波兰，欲瓜分邻国。里夏德·冯·魏茨泽克和他的哥哥亨利希被编入传奇式的波茨坦第九步兵团。在开战的第二天，魏茨泽克的哥哥就战死在里夏德身旁，不久后里夏德为安葬哥哥回斯图加特探亲休假。

年的战争的他，是否也懂得这一点呢？

对里夏德来说，几乎再也没有比这开头的一幕更具悲剧性的了：9月2日傍晚，他的哥哥亨利希就在离他只有几百米的地方牺牲了。当担任排长的亨利希打算在克鲁诺沃（Klonowo）以西的一个铁路道口投掷手榴弹的时候，一颗子弹射中了他的颈部。里夏德只好先暂时埋葬他，墓地安放着一个木制十字架。两周后，亨利希的遗体被运回斯图加特，终于在斯图加特索利图德宫阵亡将士公墓安息，公墓的上方是用采自突丘拉森林的木材制成的十字架。卡尔·弗里德里希致了悼词。

19岁的魏茨泽克不得不继续进军，9月8日他的团已经推进到东普鲁士。"一切都进展得很快"，魏茨泽克时而对采访他的波兰记者亚当·柯兹明斯基（Adam Krzeminski）作出解释，后者想知道，他们当时脑子里想的是什么，"我们没有思考过波兰会变成什么样子这个问题。"[42] 他是怎么说的来着？他们相信很多东西。1941 年，他们团从华沙朝苏联边境的方向进军，6 月 22 日开始进攻苏联。他们团越过明斯基和莫吉廖夫率先急行军至莫斯科附近。最终，魏茨泽克所属的这支精锐部队距离首都莫斯科只有 39 公里。

尽管恩斯特·冯·魏茨泽克时常出错，但是他的基本判断却在一定程度上句句在理：他预言道，一场一般化的战争，将会归于一场灾难，这场灾难还会让第一次世界大战相形见绌，这些罪行将使德国人永世难忘。儿子直到这场"一般化的战争"（波兰记者柯兹明斯基语）结束都在东部战场前线作战，期间只有短暂的中断。魏茨泽克在《回忆录》中只用寥寥数语表达了自己对此的体悟，终归比谈起自己的私人化感觉和私人化感受时更要惜墨如金。

但是这幅"图景"还不完备。19 岁的魏茨泽克从此以后为自己树立起的榜样当中，除了父亲（顺便提一下，这里一定也包括兄长亨利希）外，阿克瑟尔·冯·丹·布舍也很快成为其中之一。布舍比里夏德大两岁，最初同里夏德的哥哥亨利希关系亲密，他也同样是第九步兵团里自豪的"自由的掷弹兵"之一。

两人显然从相识的第一刻起就甚为投缘。布舍成了魏茨泽克军中最亲密的朋友，这是一场过命之交。历经不到三年的战争岁月，阿克瑟尔·冯·丹·布舍深信，只有干掉希特勒这个独裁者——通过自杀式的行刺——才能终止他的罪行。1942 年，他在巧合之下成了有德国国防军作后盾的一次罪行的见证人，这次罪行他永远也不会忘记。

此外，就在同一年，恩斯特·冯·魏茨泽克终于明白，在里宾特洛甫当家的外交部，他再也无法"阻止更糟糕的事情发生"。他越发去意坚决，他想到梵蒂冈担任公使。卡尔·弗里德里希·冯·魏茨泽克（Carl Friedrich von Weizsäcker）此时已是学术界的知名人士，他在被占领的法国的斯特拉斯堡大学任教授，核研究计划在此前不久已被叫停，因为有人认为再也不能给属于急需范围内的核研究提供资助。

魏茨泽克现在很少能见到父亲和兄长，却总是能见到同为军官的那位朋友布舍。然而，如果人们正确地理解里夏德·冯·魏茨泽克，就会明白，他们在互相谋面的少有的机会里完全能够谈论关于战争进展的重大问题，谈论在诸多背景下发生的事件。但是有关这些情况的信息却少之又少。难道父亲真的能够做到完全开诚布公地谈论这些？而且是面对在前线作战的儿子？

魏茨泽克在他的《回忆录》中斯巴达式地写道，他们夜以继日地行军。

里夏德·冯·魏茨泽克有一次说，这些经历确实深刻影响了整个人生（他在这里一定不仅仅是指步兵团的行军这回事）。他无奈地接着说，可是人们绝不应当试图把这些经验传授给后人，可他现在知道，这终究是办不到的。

***

这里不禁又让人想起赫尔穆特·施密特。有一次他说，任联邦总理的八个年头所占的分量对他来说根本不及他在战争年代度过的时日，在戎马岁月积累的那些经验起到至关重要的作用。对他来说那是起决定作用的"学徒期"。传记作家哈尔穆特·索埃尔（Hartmut Soell）在这一点上和施密特有同感，他言之凿凿地解释说，事实上，施密特日后的政治态度在很大程度上可以从战争时期找到根源。这位年轻的士兵对上级一定是"部分认同"的。面对上级应履行职责这样的教育比应当有自己的评判这样的教育更为成功。最后，索埃尔又补充说，施密特还不得不接受劈头盖脸的如下谴责：要是没有那些"能干"的军官，希特勒的妄想便不能膨胀发展。[43]

魏茨泽克明白，他和他的军官朋友们也不得不接受这样的劈头盖脸的谴责。可是，难道他的团没有向他灌输这样的"部分认同"吗？难道"王牌军"第九团倒是教育他们作出自己的评价，而不是简单地履行职责吗？不管怎样，有一点魏茨泽克和施密特是一样的：他们日后的政治态度都根源于这个战时经历。他们二人常常吸取同样的教训，但也并不总是如此。

人们也许有一刻会想，里夏德·冯·魏茨泽克将身着戎装的七年时光或者他当年作为士兵曾经多么逼近莫斯科城下的事实英雄化了。但是，他其实总是远离这样的做法。任何时刻在任何语句中都没有流露过这样的意味，文字间没有叙事散文《钢铁的暴风雨》（*In Stahlgewittern*）这样的笔触，没有一丝可以在恩斯特·荣格尔（Ernst Jünger）[44]那里嗅到的气息，这一点和施密特是相似的。

赫尔穆特·施密特到底学会了什么？魏茨泽克想说，施密特年轻时有更好的发展机会，因为他的团——政治上当然是民族的和保守的——首先以普鲁士精神为基本信仰。里夏德·冯·魏茨泽克自言自语地说，施密特"很走运"，而自己所属的团就"差一点反叛"。许多人和他有着相似的成长道路，许多人也都带着自己的尺度。说他"走运"，原因就在于此。这份幸运是和特殊的普鲁士精神联系在一起的。

魏茨泽克所知道的很少，他必须慢慢把握许多东西。他是否像施密特时常表白的那样，长期坚定地信仰这个政权；他是否领会父亲对希特勒其人的质疑，他是否认为进军的命令是一场劫难的开始——对所有这一切魏茨泽克都没有给出明确的表述。他是个"学徒"。

这个思想主题至今在魏茨泽克心里反复出现：他对波兰"知之甚少"，对但泽或东普鲁士也同样如此。他在和《明镜》(Der Spiegel) 周刊就 9 月 1 日袭击波兰事件 70 周年纪念日进行的谈话中也重申了这一点。[45] 不过，他在《回忆录》中的确暗示道，作为"单纯的士兵"他们固然无法看透战争爆发前政治发展的背景，再者他们对斯大林和希特勒之间的秘密协定一无所知，但是——德国报刊却充斥着波兰境内对少数派发起挑衅和侵犯这样的报道。例如，编造格莱维茨的广播电台在开战前夜遭遇袭击的传言就属其中之一。"谁知道这些报道是否属实？其中大多数人们是相信的。"人们大可以从中读出，魏茨泽克也属于相信"大多数报道"的人。难道他说自己知之甚少这样的话真的是想开脱自己？当人们说自己和别人一样对很多东西看不大透的时候，这并不能减轻自己的罪责。

我们可以推测，里夏德·冯·魏茨泽克和他的姐姐还有两个哥哥在某种意义上是享有特权的，因为他们在父母身边可以听到很多其他人不知道的事情。然而，他们也是在一个框架内活动，谁也不能跳出这个框架。

我注意到，他又一次在谈话中提到，我们不是历史的主人。他说，历史就那样发生了，我们不得不和它打交道。他"爱上了"这句话。

他所知道的东西都有一个根据——他"受到父亲所期望的情况的影响"。他认为，他肯定没有把父亲和自己归入那些死心塌地追随希特勒并且还指望"取胜"的人当中去。但是两人，士兵和国务秘书，都不得不和"历史"打交道。战争不只是"残酷的生命摧毁者"，它是政治的终结者，对于战斗在前线的魏茨泽克和坐在办公桌前的父亲都是如此。

＊＊＊

战争从来不失其恐怖嘴脸，它永远是政治瘫痪的表现。有一条特别对德国人适用的经验法则一直应当是原则上有效的：他们德国人有各种理由，比别国人还要慎之千倍地对待**境外**出兵。教训也就是：魏茨泽克丝毫也不愿接受 1991 年第一次海湾战争以及 20 世纪 90 年代巴尔干冲突时有人就已提出的谴责：德国人扮演"大瑞士"，用他们的马克锱铢必较地从世界冲突中大捞一笔。他和施密特在这个看法上完全一致。

因此，认为他是一个和平主义者也是错误的。在围绕"扩充军备"的重大冲突中，他站在当时的总理一边反对和平运动（和平运动本身也并非完全是和平主义的）。但是他并非从根本上反对德国士兵参与军事行动，即使他始终劝告说要保持克制。而并非偶然的是，他后来的朋友施密特时任布兰德内阁的国防部长。

不，"不要武器"对魏茨泽克和施密特来说都不能叫作教训。但是——战争不是常规的手段，这对于二人来说都牢不可破地确立下来。并且——德国人绝不可以再陷入历史的险滩。绝不。施密特比魏茨泽克迈出更远的一步：沿兴都库什山脉一带没有为保卫德国的安全而设防，就连这种干预他也认为是一个巨大的错误。

还有一个毕生的话题从此让里夏德·冯·魏茨泽克不得安宁，那就是波兰。此外，这也是他和赫尔穆特·施密特的共同话题。他一再说，波兰是他归根结底走向政坛的原因。这句话听上去简明扼要，但是却有个中深意，这里流露出的不尽然是迟来的参悟。

当《明镜》周刊记者问及他当年所属的第九步兵团档案材料中日期为 1941 年 6 月 28 日的一则报道时，可以觉察到，这位 49 岁的男子浑身有些战栗。材料表明，他所在的师团在这一天在向前推进时发现了遭受暴力虐待的德国士兵的残骸。晚间的团部报道如下描述了对这一发现的反应："没有抓战俘，因为团部的士兵们在看到自己的同志遭受残损肢体的兽行之后，不忍再目睹这类状况。"

迈因哈特·冯·内豪斯（Mainhardt von Nayhauß）伯爵也在关于他自己所属的第九步兵团的书中提到了这样的违背常理的

事情。在苏联边境的比亚韦斯托克发生了这样的一幕：在发现自己的同志被挖掉双眼，割断喉管之后，这些有关暴行的消息"如同野火一般在整个师团散播开来"，"接下来被俘获的苏联红军政治委员被毫无顾忌地交给宪兵枪毙了"。臭名昭著的"政治委员命令"[46]坚决要求这样做。内豪斯接着说："战争激发复仇的欲望。"[47]

团部的晚间报道中提到的、或许稍作夸大化处理的这一事件，是否就是《明镜》周刊在2009年拿给魏茨泽克看的档案记录呢？这个设想听上去不无可信。它既不和魏茨泽克表示自己对这些事件并不知情，且对事件牵涉的时间点也不在场这样的表述相互矛盾，而他声称自己所服役的团是一个特例的论点也没有从根本上遭到质疑。他本人坚持认为，也有"含糊的谣言"说自己的队伍内爆发内讧，这场战争表现出的不团结或许并没有坏处。

但是，明显地伤害和激怒魏茨泽克的，与具体的事件根本没有关系。他觉得在整个"2009时代见证人之年"没有任何时刻像此刻这样面对令人如此恼怒的事情：较年轻的一代中有人郑重其事地问他，在1939年进驻波兰并从边境向俄罗斯进军以后真正发生了什么事情，他们倾听他的回答，然后却向他暗示，一切都另有真相，而且他们自己知道来龙去脉是怎样的。

魏茨泽克认为这是"新闻道德论"，它不是真地关注事实，而是认为自己事先已了解情况并提出谴责之词。魏茨泽克终其一生都在为这些问题伤脑筋。难道人们就不能认可这一切吗？究竟为什么一代又一代的人在关乎自己这一代或另一代人的问题上就不能做到公正地理解和体谅呢？

魏茨泽克在他的《回忆录》中也详细探讨了这些问题，而且他在书中也不是第一次谈到这些问题。他写道，他们从来不曾"如实地了解"战役的军事进程，"几乎没有确实可靠的消息，说后方战区对手无寸铁的人们动用暴行"。含糊其辞的谣言在传播，"我们在很长的时间内对这些谣言追查得不够彻底"。有这样一些很罕见的"个别情况"：在动荡的前线曾一时落入敌手的德国伤员，再次被找到时肢体已惨遭残损。他们回到军营后一想到苏联战俘营就满怀惊恐，毛骨悚然。

当《明镜》周刊记者给魏茨泽克讲述团的这个报道时，魏茨泽克不假思索地说，这是"令人难以置信的"以及诸如此类的话。他"压根儿没有"听说过这样的报道，也从来没有听说过在他所属的那个团有人经历过这样的遭遇。新闻记者想要知道，他对这个问题是否感到恼火。魏茨泽克回答说："'恼火'？不是恼火，而是不知所措。"他接着说，战争当然在残酷地进行着，它是惨无人道的。但是，他所属的团是一支有历史的传统部队，它"在战争时期也是讲个人行为和个人纪律的"。他非常重视当今的活跃分子提出的问题和进行的研究，老一辈的人当时对这些情况"远远不是无所不知的"。魏茨泽克有些动情地接着说，人要有"知礼识大体的道德观念"[48]，人们应当互相信任。"知礼识大体的道德观念"：这是魏茨泽克想要求自己具备的修养的核心，他终生都矢志不移地坚持这一点。

在波茨坦投弹事件发生以后，人们对希特勒的态度从初期的质疑逐渐变成公开的抗拒，时代史学家在这一点上也没有争议。魏茨泽克和其他一些人后来对此这样描述道，不知何时已对此达成共识并且还可以公开谈论。在这样的背景下，有一个小插曲被多次复述，可它其实却道出很多意味：1944 年，一个军官在晚上向一幅希特勒画像开火，因此里夏德·冯·魏茨泽克就命所有人全都朝这幅画像射击，这样一来，他们当中就绝对不会有人被认出而被兴师问罪。

尤其是在保守的环境中，也正是在魏茨泽克本人所属的基民盟党右翼，顽固地保持着这样一个需求：即采用第九步兵团档案材料中私密的详情来证实里夏德·冯·魏茨泽克具有"双重人格"。由于他和历史打交道时的纠结情怀，也因为他将当前的政治看作过去的失误产生的后果，有些人觉得自己被他置于被告席上，他们拼命地想给以反击。

除了"波茨坦人"的军官集团中奉行的普鲁士保守主义的疏离态度，在反对思想被规定的过程中浸润他头脑的东西可能首先是对阿克瑟尔·冯·丹·布舍的友谊。因此，对他来说第一位的最重要的东西，不是团里是否发生使他感觉"令人难以置信"的事情这个问题，而是相反的方面："一无所知"的他在团里逐渐被传授了怎样的认识和标准。他的印象是这样的：他本来是懵懂无知的，通过向别人学习而眼界大开。

不妨再现一下当年的场景：在某个时刻，他所敬佩的这位朋友向他透露，现在只有除掉希特勒才能起到作用。他们曾在波茨坦宣誓效忠"元首"，而这位"元首"竟对后方杀戮平民的暴行进行纵容、甚至可以说作出部署，因此当时的宣誓已经无效了。尽管里夏德·冯·魏茨泽克并没有把 1942 年秋明确标为转折点，但由于阿克瑟尔·冯·丹·布舍是在这个时间点奉命前往乌克兰的杜布诺去监察大屠杀，因此，1942 年秋是一个重大的转折点。被处决的既有犹太人，也有非犹太人的波

阿克瑟尔·冯·丹·布舍（Axel von dem Bussche）也曾在第九步兵团服役，1942 年他决定采用自杀式袭击的方式刺杀希特勒。他是魏茨泽克最亲密的朋友，"在各个方面都是榜样"。

兰平民，包括男子、妇女和儿童。里夏德的这位朋友亲眼目睹了这一场面：3 000 人列队来到机场旁一个巨大的深坑前，这个深坑一定是当地的居民挖好的。这些人必须依次躺进去，躺在前面那批已经被杀的死人身上，然后党卫队的成员枪毙了他们。

　　魏茨泽克回忆说，阿克瑟尔"在非常有限的范围内传讲"这段经历，却来找他坦率地讲起它。后来他在说起此事时又补充说，他在那一刻错过机会而没有做的唯——件事就是自己替那些遇害者躺到深坑里去。

　　魏茨泽克是这样形容这位朋友的：阿克瑟尔·冯·丹·布舍是一个非常少言寡语的人，但是"他的确在方方面面都是榜样"。他始终走在自己队伍的前列。他在战斗中曾六次负伤。在杜布诺的一幕发生后，他那牺牲自己的生命去刺杀希特勒的决心成熟了，这时他和魏茨泽克向比自己大很多的朋友弗里茨·冯·德·舒伦堡伯爵（Fritz von der Schulenburg）（"弗里西"）透露了他们的秘密。舒伦堡于1932年加入德国国家社会主义工人党，后被擢升为柏林警察局副局长，他主张应由党严密占领官僚机构，但是很快对自己新的党内同志的制度化违法行为感到震惊，于是他转变成反叛派的主要首领。他的坚决果敢强烈触动了魏茨泽克。1944年8月10日，纳粹集权下令在普洛岑湖处决这位"赤色伯爵"。

　　舒伦堡是施陶芬贝格和布舍之间的牵线人。1943年，当反叛派成员在寻找一位在制服表演活动上可以将希特勒炸上天的前线军官时，舒伦堡想到要同布舍面谈。魏茨泽克回忆道，舒伦堡和施陶芬贝格觉得，只有当他们找到那个"表型年轻的人民英雄和英勇无畏的军官"之后，这一整套想法才看来是切实可行的。阿克瑟尔身高两米，曾被授予骑士十字勋章，"人们根本无法描摹出一位比他更伟大的英雄"。当施陶芬贝格问布舍的意思时，布舍立即应承下来。

此后不久，舒伦堡便电传师部和团部，叫前线的少校阿克瑟尔·冯·丹·布舍前往柏林。魏茨泽克在他的《回忆录》中第一次描述了这件事，而在他的记忆中一切详情都历历在目。人们可以感觉到，这在他的生命中不是无关紧要的事情。但是事情表明是复杂的，师部不想立即放他们的营长走。魏茨泽克组织好文件，做通团领导班子的工作使布舍此行成行，并将此事向施陶芬贝格汇报。但是这次刺杀行动终告失败，因为要向希特勒展示的制服在同盟国的一次空袭中被炸毁。布舍一无所获地返回前线。几个星期后，他在作战中失去了一条腿。

舒伦堡伯爵曾经问魏茨泽克，如果自己的计划得以实现，他是否可以"听从安排"。舒伦堡指的是 7 月 20 日的刺杀计划，只是没有明确地谈及。这次会谈是 1944 年 5 月底在柏林进行的，这时，里夏德·冯·魏茨泽克已经被提拔成上尉，他到罗马探望过了他的父母，然后到驻扎在波茨坦的部队那里报到。已经有些年迈的舒伦堡送他到火车站。他把魏茨泽克看作可以信赖的心腹之人。舒伦堡知道自己为什么要问魏茨泽克。他已经知道，阿克瑟尔·冯·丹·布舍是魏茨泽克最亲密的朋友之一。舒伦堡感觉有一点可以得到证实，那就是如果需要的话，魏茨泽克是可以指望的。

魏茨泽克说：克劳斯·冯·施陶芬贝格（Claus von Stauffenberg）想再有机会时亲自实施刺杀行动。上述刺杀行动失败后，在他身边紧接着就出现了一位"国家社会主义密探监察（NSFO）"。他负责监察意识形态方面的基本态度。他想知道，魏茨泽克能否回忆起这份有施陶芬贝格签名的电传。魏茨泽克想过，如果提起审判，一定又会问他这件事。朋友阿克瑟尔当时身负重伤，躺在野战医院。最后，一直没有提起控诉。

这个"榜样"是怎样的角色？暮色中，亨利希·冯·魏茨泽克（Heinrich von Weizsäcker）被波兰狙击手击中时，阿克瑟尔·冯·丹·布舍就在他的近旁。狙击手们把自己的身子绑在树梢上，以便腾出手来射击。不久，这位来自纺织业巨头的"年轻的匡特"的头颅便在布舍的怀里安息了。这位身负重伤的朋友死前喃喃地对安慰自己的阿克瑟尔说，他认为那些纳粹分子都是罪犯，他们全都会完蛋，这一天来得越晚他们的下场就会越悲惨。

波兰女作家汉娜·克拉尔（Hanna Krall）同布舍进行过几次谈话，这之后她对布舍刻画得入木三分，形象之鲜明几乎无人可以超越。她在她的题为《幻想之痛》（*Phantomschmerz*）的小说中为布舍竖起了一座丰碑。里夏德·冯·魏茨泽克在书中也扮演了突出的角色。在我看来，比起许多文件，汉娜·克拉尔的作品能够让人更多地了解这二人，了解在团里度过的"学徒"岁月，更多地理解道德的困境，把握事件的真相。

克拉尔以布舍为例对一个人醒悟的历程娓娓道来。布舍和他的朋友们凑巧听说，犹太人被勒令只允许随身携带小行李而"迁徙"。这真的是德国的政策吗？克拉尔极为精确而细致地讲述道，1941 年 6 月 22 日凌晨三点一刻，阿克瑟尔·冯·丹·布舍越过苏联边境（魏茨泽克也是如此）。汉娜·克拉尔写道："他知道，俄国是布尔什维克的天下。他知道，那里有苏联红军的营地，斯大林是个杀戮者。总之——他知道，他是为了反对共产主义而战斗，因此，一切都没有问题（波兰人的情况也一切正常，特别是在格莱维茨战役之后。波兰人失去忍耐力——他们开始行动了，必须对此作出回应；一切都正常）。俄国人用面包和鲜花欢迎他们。他们还相信，德国人将会给他们带来解放。他们很快会失望地看到：情况表明，异族的混账比本土的混账还要卑劣。"

克拉尔这样描绘一定不只是成为布舍人生中思想转折点的这个过程：1942 年秋，布舍前往杜布诺。作为士兵他们要参加机场那里的"任何行动"。他们心存抗拒。要参加什么行动，是谜一般的问题，让人捉摸不透，但是他们想必预感到了什么。几天后，阿克瑟尔骑马来到行动地点观看。然后，他目睹了眼前发生的一切。汉娜·克拉尔的原话是这样的："他们一个接一个地排成很规则的蛇形纵队，就像排队等候要牛奶和面包时的样子。这支长蛇队差不多有 600 米长。在深坑的边沿坐着一个党卫队的人。他翘着腿，手里握着一把手枪。他示意了一下，然后长蛇队向前推进。"

"枪响的间隙是一片死寂。有八个党卫队的人。"

这一幕发生后不久，阿克瑟尔·冯·丹·布舍向少数几个朋友述说，他们一个城市接一个城市地这样行动着。

他还听说，不久后不再执行枪决了，因为在货车上放毒气的办法显得"更人性化"。

他问道："对谁来说更人性化呢，对党卫队的人还是对犹太人？"三个月后，阿克瑟尔·冯·丹·布舍决定杀死阿道夫·希特勒。

"他的想法简单直接，不动声色。希特勒是一个神话的化身。必须摧毁这个神话才能够击败罪行。"

阿克瑟尔把这个决定最先告诉了他的朋友弗里茨·冯·德·舒

伦堡[49]。汉娜·克拉尔接着讲述道："团副官里夏德向他下达了前往柏林的命令（50年以后，里夏德·冯·魏茨泽克说，阿克瑟尔·冯·丹·布舍的这个决定也是为他作出的）。机场的行动后，小城杜布诺的德国军官中谁也不能再说自己一无所知了。现在他们是知情的。他们仍旧继续向他们的下属传达上头的命令。因此，他们本人参与了犯罪并把他们的士兵一道拉了进来。50年以后，里夏德·冯·魏茨泽克说，他们那时每天都会不断地问自己事情会怎样发展下去。而阿克瑟尔·冯·丹·布舍给了他们答案。"

布舍不是团里唯一一个在思想上发生转变的人。1944年，施陶芬贝格的刺杀尝试过后，布舍所属的团里有许多同志都被处决或者选择了自尽。

汉娜·克拉尔讲述道，阿克瑟尔·冯·丹·布舍在行刺希特勒未果后不久在战斗中失去了一条腿，从此以后便带给他难以忍受的痛苦。

战后，他和里夏德·冯·魏茨泽克一道学习法学。1945年，他同里夏德去往纽伦堡。这以后，他离开德国达35年之久。但是他再也摆脱不了低落消沉的精神状态。汉娜·克拉尔对此写道："他有时候给里夏德打打电话。他们谈论人生，或谈论托马斯·曼，或是谈谈除他们之外没有人再会认为有趣或重要的事件。"

关于杜布诺给布舍和第九步兵团的朋友上的这一课，汉娜·克拉尔这样写道：他们现在"知道"了，他们不再相信。

里夏德·冯·魏茨泽克一定不属于积极活跃的圈子，他也没有这般描述过。但是他从"知之甚少却信之甚多"的某个人变成了学会对很多事情提出质疑的一个人。这位年轻的军官试图表明自己疏远纳粹的态度，这比马里昂·登霍夫伯爵夫人来得晚些。伯爵夫人这位年长的同路人早就坚决地站在纳粹集权的对立面，在战争接近尾声时，她就已为那些在东普鲁士的生活中就认识的、因此感觉自己对他们比其他所有人都更亲近的"朋友们"书写出一座令人难忘的丰碑。[50] 而里夏德属于那些不只是像阿克瑟尔·冯·丹·布舍这样的密友才给以信任的为数不多的人之一。

再者，尽管魏茨泽克对布舍赞赏有加，说人们几乎不可能想象出一位更加坚定果敢、更加勇敢无畏的反抗者，但他并没有把这位朋友明确地归入狭义的"反叛派"中去。是的，阿克瑟尔·冯·丹·布舍本人也认为自己不算其中之一。这是他的典型作风。因为他认为自己不够坚定和坚持："我们原本应当自首，直接自首"，他在静夜里回顾自己的一生时有过这样的思考。

里夏德·冯·魏茨泽克在他的《回忆录》中一个不大引人注意的段落中记述了发生在 1944 年 7 月 20 日——施陶芬贝格在那一天冒险行刺希特勒——数周前夜晚的讨论。他的哥哥卡尔·弗里德里希参加了这次会谈，参加的朋友还有赫尔穆特·贝克尔（Hellmut Becker），他后来在纽伦堡为魏茨泽克的父亲辩护。当时，这个圈子的人对此该怎样采取行动还一直犹豫不决。要知道，那是 1944 年的初夏啊！有些人仍旧担心，行刺来得太早，绝对不可以产生"第二个刀刺在背的传说"，因为德国在战争中还没有明显地出现败势。回忆录作者里夏德·冯·魏茨泽克承认，事后以历史的距离为观察角度回忆这些顾虑，会觉得那是"难以忍受的"。聪明而勇敢的人们聚集在一起，可他们并没有认识到，问题的关键早已不在于"传说"，而是每一天都在消逝的人的生命。他又接着说：行刺失败后，在灭绝营、在前线、在空袭中或逃亡中丧生的人数，要大于之前整个战争期间死亡人数的总和。

在 1983 年出版的魏茨泽克讲话和论文集的开头部分，他编入一篇关于 7 月 20 日反叛行动的文章，这个做法是不无道理的。人们从这篇文章可以同时看到当事人的自白和谋划。是的，他想为推动联邦共和国对反叛行动予以肯定（尽管是迟来的）而贡献自己的力量，而能够同马里昂·登霍夫伯爵夫人一道做这件事情也是很荣幸的。从他 1964 年在东柏林的一次讲话中可以看出，他的评价又有怎样的差别，这个讲话在将近 20 年以后也收入魏茨泽克的上述文集里。

起初，魏茨泽克用批评和自我批评的眼光考察第三帝国的天主教教会和基督新教教会。希特勒从新教基督徒那里获悉，他们愿提供"一大笔资助"。如同魏茨泽克所描述的那样，基督新教教会也是一副"资产阶级保守派的"面孔。固然有个别人进行了值得敬佩的反叛，但即便在皈依教会中可能也只有少数一部分看清真相的人，他们是纳粹分子的政敌。他在第一次总结这段历史时说，幸而存在来自基督教文化的扭转力，使政治也"受到上帝之言的批判"。

魏茨泽克的结论具有批判性："有一件事"教会"没有做"，那就是呼吁所有基督新教教教徒"起来反抗根本违背最基本的戒律的做法"。对教会来说，首要的问题是"教会作为教会的本分"，"就斗争总的来说正在进行而言"[51]，这一直是斗争的核心。

德国共产党、德国社会民主党、工会、迪特里希·伯恩霍弗尔（Dietrich Bonhoeffer）、"白玫瑰"[52]、路德维希·贝克和1938年的军人反叛派，最后还有特雷斯科夫（Tresckow）和施陶芬贝格——只要当时有可能，魏茨泽克几乎让一切在脑子里过一遍。他还想到那位詹姆斯·冯·毛奇（James von Moltke）伯爵。他甚至在狱中还坦言，他是出于宗教信仰而反对刺杀行动，可他同亚当·冯·特罗特·楚·索埃尔茨（Adam von Trott zu Solz）勾勒出在东西方之间保持调和的无边界的欧洲。毛奇伯爵思考教育问题和宗教，思考怎样使人的头脑弄清"责任与权利要求之间的正确关系"。总的来看，克莱稍集团[53]自身、保守派和社会主义者、大地主和工会会员、基督新教教徒和天主教教徒，这些组织和团体并没有蓄谋发动政变，"而是"想"为政变之后的时代做好准备"。没有思想上的影响，没有克莱稍确立目标，7月20日的刺杀行动就是"不可能的"，魏茨泽克对这个集团特别崇敬。史蒂夫、舒伦堡或特雷斯科夫，他要仔细探查这些人的动机，他想认真看待一切。可以觉察到，除了克莱稍集团，魏茨泽克还对围绕在和父亲很相熟的贝克尔周围的早期军人反叛派感到特别敬佩。

因此，魏茨泽克形成一个前后一致的结论：1944年7月20日"对德国来说没有变成缓和局面的事态"。反叛派成员留下了空白，但也留下一种遗志，他们的人格、他们的良知和他们的行为会持续不断地产生影响。他们"不计一切后果而实施自己的行动"的决心对其他人是有典型意义的，并且他们"挺身而出为其他那些职权受到干预的人说话"。简而言之，他们成为榜样。

虽然对反叛行动无比崇敬，魏茨泽克同时也把这段历史描述为一个徒劳无功的过程，说这是许多人的失误。他在《回忆录》中内容与此相关的段落末尾写道："我们没有成事。"事隔30年后，魏茨泽克在这本回忆录中又一次追述当年反对希特勒的反叛派。

在"我们"这个意义上，魏茨泽克把自己归入那些认为只有使德国摆脱希特勒才能解决问题的人的圈子。但是他在谈话中用心地排除了各种误会。他说："把服兵役变成反叛行动是不行的"。我来接着记述他的话："我们从来没有考虑走开小差这条路。""大多数事情我们不知道。""我们一同目睹了，1938年慕尼黑协定这个战果使反叛行动被中止以后，积极反叛这条道路由于法国的形势发展也走不通了。""人们必须使自己的所作所为让人可以理解——而如果人们知道有个叫奥斯维辛的地方，那里有数百万犹太人被毒气毒死，这当然不是可以让人理解的事情。""我在1942年结识施陶芬贝格，但当时他还没有计划刺杀行动。当他在谈话中听到我的名字后，他就立即同施特凡·格奥尔格开始行动，他是反叛行动的一个真正的'门徒'。"

魏茨泽克在波兰和苏联境内漫长的行军过程中没有背离士兵的"义务"。但是他在道德上对此的态度又是另外一回事。这二者彼此可以分割开来吗？它们是否主宰着魏茨泽克内心两个主体的人生：继续行军的军官的人生和擦亮双眼、希望职责能停止的纳粹集权批判者？如何把两者结合成一体，对这个问题"阿克瑟尔"用自己的行动不动声色地先给出了答案，尽管他的尝试失败了。

魏茨泽克在波茨坦步兵团度过的人生"学徒期",是魏茨泽克之幸吗?有阿克瑟尔·冯·丹·布舍做自己的朋友,是魏茨泽克之幸吗?偏偏是赫尔穆特·施密特这位年长些的朋友给他添上一滴苦水。魏茨泽克这样描述这位朋友,可惜他在当兵时没有经历这些(普鲁士的)足以为训的事情。

此刻我忆起,里夏德·冯·魏茨泽克、赫尔穆特·施密特和马里昂·登霍夫伯爵夫人在1994年刺杀希特勒行动50周年纪念日之际就反叛行动进行的那次气氛紧张而不同寻常的谈话。这次谈话是在魏茨泽克那次著名的讲话发表的九年之后发生的。总统在那次讲话中表示,没有人会觉察不到驱逐犹太人的押运火车驶过,如果他想知道的话。

在当时,1985年,退职总理施密特就对在任总统的这段话颇有微词,也可以说,他的愤怒之情溢于言表。现在他又旧事重提。施密特几乎是痛苦地辩驳道:"属于社会上层的人会比像我一样平凡的小卒子知道的多得多。"1937年被招募到不莱梅高炮部队之前,施密特已经当了一年列兵。他回忆说,招募室里坐着九位高中毕业生和一个二等兵,这个二等兵是招募室里年龄最大的。总的来说,他们一直都怀有天真的想法:"谢天谢地,现在我们终于抵达第三帝国唯一的正规组织,在这里没有企图教化的做法。我们可以说感觉到了一个保护区里面。我们不知道用火车押运被驱逐的犹太人的事情。我们兵营连'水晶之夜'[54]的战斗也没有参加。"

魏茨泽克随后说:"哦,好吧。"

施密特:"这您不相信,可情况就是这样。"

魏茨泽克："我当然相信事情如您所描述的那样。"

片刻后他又补充说，不过遵照命令，犹太人要在醒目的位置佩戴犹太人之星。他目睹了1938年11月9日发生在柏林纪念教堂周围的暴力一幕，这是完全公然地进行的。

施密特说："我在这里还要坚持一下，因为我担心产生这样的印象：似乎所有有道德感的德国人都能知道发生了什么。我的父亲按照纽伦堡的法律是半个犹太人。他设法隐瞒了他的出身。他是个教师，他只是害怕会被开除。后来不知怎样他打消了恐惧。他对灭绝犹太人的事情也一无所知，直到战争结束也不知道。"

但他们不只是谈论这个痛处，或者应当说：赫尔穆特·施密特青年时期的"阿喀琉斯之踵"在"士卒"和来自社会上层的男爵之间的谈话中显然成为令人紧张而敏感的话题。当魏茨泽克讲述布舍刺杀希特勒的计划时，也谈起了自己的一个痛处。

施密特说："是的，可是……"，这话的意思是：后来决定除掉希特勒的那些人当中，许多起初曾"协助希特勒稳固他的权力"。

这在魏茨泽克看来走得太远了："是啊，可是他们参与了德国局势的稳固。"

施密特毫不让步："他们也曾参与组建当时的国防军。"

魏茨泽克："是的，当然是这样。"

施密特："并且很快官运亨通。"

魏茨泽克："当然，是这样。"

施密特："年纪轻轻就纷纷成为总参谋部的最高长官。"

魏茨泽克："不错。但是他们的目的不是加强希特勒的权力，而是在参与这个过程时要说：好吧，如果这使德国再次崛起，那么我们是在场的。"

《时代》周报："为此他们将就着接受了希特勒。"

魏茨泽克："是的。"

施密特为这场值得思考的争论开了头，他指出，不是只有7月20日的"积极"反叛行动，还有进行"消极"反叛的人们。他们抗拒向年轻人灌输纳粹意识形态的命令。施密特用下面的话结束了这场争论，他说，不要光是说起7月20日良知的起义行动，人们应当确保不要只字不提也进行了抵抗的某个人，只是"因为他是一个共产主义者"[55]。

魏茨泽克这样记录道，他们当兵时每个人都在背囊里装着一本书。施密特读的是宣扬平和隐忍这种难以实现的品德的传教士马尔克·奥莱尔（Marc Aurel）的著作；魏茨泽克带在身边的是托尔斯泰的《战争与和平》（*Krieg und Frieden*）。人们也许从中可以看出他们之间的异同密码。

人们知道些什么，反叛行动是否意味着最终不再将就着接受希特勒，关于这些问题的争论并没有把魏茨泽克和施密特永远分隔开来；相反地，分别为卸任总理和前总统的他们此后才真正彼此接近了。或许这场谈话甚至起着使问题明朗化的作用？肯定是下述这一点把士卒和男爵结合在一起：如同魏茨泽克喜欢说的，他们不是以"从书上读来的人们对他们自己的标准的评价"为依据，而是以他们自己积累的经验为根据。后来，这一点不再那么引人关注，他们这一代人因此"不大健谈"。

尽管他们二人的生活道路存在种种差异，可难道他们不是也有些许相通之处吗？每个人都需要有惊骇和觉醒的时刻。对魏茨泽克来说，是阿克瑟尔·冯·德·布舍带给他这样的时刻，是他让魏茨泽克睁开双眼看清真相。如果我正确理解了给赫尔穆特·施密特写传记的作家哈尔穆特·索埃尔的意思，那么施密特的惊觉时刻是 1944 年 9 月 7 日。那一天，为着受教育的目的，他被派去观看人民法庭[56]公审卡尔·戈尔德勒（Carl Goerdeler）、乌尔里希·冯·哈塞尔（Ulrich von Hassell）、约瑟夫·威尔默（Joseph Wirmer）、威廉·罗伊施讷（Wilhelm Leuschner）和保罗·勒热讷–荣格（Paul Lejeune-Jung）的场面。这是他曾经看到的"最触目惊心"的一幕，但是被告们——特别是哈塞尔——让他心里涌起无尽的崇敬之情。

此外，回顾"学徒期"的这些岁月，"在错误的生活中存在正确的生活"[57]这句话不单单为里夏德·冯·魏茨泽克所赞同，它也得到赫尔穆特·施密特和马里昂·登霍夫伯爵夫人（假如她还活着）的认可。

四、纽 伦 堡

纽伦堡的战犯审判案在众人心里掀起波澜，使他们的心情无法平静。1945 年秋，马里昂·登霍夫伯爵夫人、阿克瑟尔·冯·德·布舍和里夏德·冯·魏茨泽克在格廷根决定，"要对纳粹时代受到的庭审过程获得自己的印象"。

他们在战争结束后的此行前不久才结识，马里昂·登霍夫伯爵夫人在里夏德·冯·魏茨泽克 75 岁生日之际写给他的一封亲笔信中这样讲述。会面地点是在布仑肯森（下萨克森）格尔茨伯爵的庄园，格尔茨家族剩余的分支逐渐汇合此处。马里昂·登霍夫伯爵夫人直言不讳：阿克瑟尔·冯·德·布舍在那儿向她说起过自己的朋友里夏德·冯·魏茨泽克，并把他描述成一个非常特立独行的人，"以致当我真的见到这位年轻的军官时，我倒是有些失望：我觉得他很聪慧，为人特别友善——但是特立独行吗？"

这个评价看来迅速地改变了。信中接着说，据她回忆，他们三个人还在布仑肯森（Brunkensen）制定了这样一个计划：乘坐布舍家那部老旧的蒸汽驱动汽车途经四个战胜国的占领区踏上前往纽伦堡的旅程，以便考察同盟国是如何审判戈林

(Göring)、卡滕布鲁讷（Kaltenbrunner）、施特莱歇尔（Streicher）和格诺森（Genossen）这些人的。最后，她在这封贺信中还说，使她一直难以忘怀的是，魏茨泽克总是将"权力与道德"结合在一起，并且可信地停留在一个很少遵循浮夸之词而行动的世界里。

魏茨泽克知道，她原本就同参与反叛的那些军官中的许多人关系密切，因此她和他在战争最后几年中遇到的一些人也彼此熟识。他是否了解有关她生活的许多情况呢？可以说几乎一无所知。她对许多事情都保持缄默，比如，她有两个兄弟加入了纳粹党这件事。她不让人了解她的私生活，不让任何人了解。

魏茨泽克、登霍夫和布舍：人们从他们身上看到一种不同寻常的有德国特色的三角关系。差不多是同龄人的两个朋友在波茨坦步兵团的戎马生涯中曾朝夕相处，形影不离；比他们大10岁的这位东普鲁士的"赤色"伯爵夫人，曾在瑞士的埃德加·萨林（Edgar Salin）身边读书并取得博士学位，后来掌管柯尼斯堡那里的家产，又为躲避红军骑马逃到西部。

如果说布舍是魏茨泽克的"榜样"，那么如同魏茨泽克所描述的那样，伯爵夫人从一开始就被当作天然的权威而受到两人的认可。她扮演着"家庭教师或者类似的角色"。是的，她身上散发着指引思想道德方向的光芒。"马里昂"（魏茨泽克这样称呼她）那时住在格廷根附近的一个村庄里，阿克瑟尔和魏茨泽克开始攻读法学。"我们想坐在一起讨论：我们的任务是什么？"对他们来说，重要的是当前现状，而不是国王弗里德里希二世！

魏茨泽克家族和登霍夫家族的亲缘关系很远。里夏德 · 冯 · 魏茨泽克的姐姐嫁入东普鲁士的欧伦堡家族，但是这件事私下里鲜有人知。魏茨泽克时常暗讽道，登霍夫家族的人喜欢自诩为最优秀的分子，可是——在19世纪欧伦堡家族的影响力不是要强得多吗？如今他每当想起"马里昂"是如何炫耀她的祖父曾跟老弗里茨共进早餐时还是觉得那个场景滑稽可笑。而另一方面，人们可以推算出，这件事单是从年纪来判断就不可能是事实。但是这一点无关紧要：在战争结束后，她同魏茨泽克通过本章开头提到的碰面而培养起一份牢固的友谊，在它之外，是那份直到马里昂 · 登霍夫去世都和布舍保持着的交情。

在这几个星期里开始发生的事情，可以叫作自我教育。魏茨泽克从开始就提出说，天主教教会要承认自己对所发生的事也负有责任，而在他看来，德国基督新教教会（EKD）委员会1945年10月19日作出的斯图加特忏悔也远远不够的诚实。他们在去观摩纽伦堡战犯审判案的路上绕道去马丁 · 尼莫勒（Martin Niemöller）处做短暂拜访，在这位长辈身上，这三位渴望德国新起点来临的访客似乎还出于别的原因而看到自己的一位志同道合者。马丁非常不愿看到"同盟国在那里发号施令"，而是希望，"德国人为迎接道德的新起点而注入活力和动力"。他们还未抵达纽伦堡，围绕战胜国对德国人战争责任的法律处置问题的争论就已经一触即发。

"弄走这玩意儿，开进来我们的！"看到有两辆美军坦克负责守卫纽伦堡法庭，这两位步兵团的前军官勃然大怒。要知道：去纳粹化不该一直是战胜国的事情。"你们难道疯了不成!"家庭教师"马里昂看到两个小伙子越说越愤怒，便设法控制住他们的情绪，其实她很快又使他们恢复了理智。他们原则上终归在下面这一点上意见一致：他们都因为坐在法庭上审判被告的不是德国法官而感到难过。恩斯特·冯·魏茨泽克在审判案的初期还没有坐到被告席上。

1947 年，他才先是作为新证人被请到纽伦堡，但此后便意外被捕。在一年半的时间里，他成为庭审柏林外交部各位高级外交官的"威廉大街审判案"的焦点。除了报道纽伦堡审判案有关情况的记者玛格丽特·鲍威利（Margaret Boveri）之外，关注本案的人中要特别提到"伯爵夫人"，因为她很快成为关于魏茨泽克父亲的公众看法的法庭斗争中最可信的斗士。1948 年初，她同哈尔穆特·冯·亨蒂希（Hartmut von Hentig）一起再次前往纽伦堡——里夏德·冯·魏茨泽克已在那里做助理辩护律师——，并同罗伯特·凯普讷（Robert Kempner）以及赫尔穆特·贝克尔（Hellmuth Becker）进行会谈。可以看出，比玛格丽特·鲍威利更慎重、更感同身受的她，尤其认为对这位外交官的审判是一个错误，因为他是被带到由同盟国提起审理的法庭上。与魏茨泽克不同的是，她还要更重视下述事实：同盟国没有立即承认"另一个德国"的作用，而且还有更脱离实际的评判，她痛斥西方列强把反叛者的刺杀行动贬低为"野心勃勃的军官们"为了自私自利的目的而干的一件事。在卡尔·雅各布·布尔克哈德（Carl Jakob Burckhardt）的协助下，她已经试图敦促西方大国改变原有的看法。

伯爵夫人写道，在同对纳粹集权完全俯首听命的官员的斗争中，恩斯特·冯·魏茨泽克的生命长期受到威胁。肯定不是因为贝克尔对她灌输了什么思想才使她得出这样的观点:"在协力中存在反叛行动。"她坚信,罗伯特·凯普讷认为"第三帝国的众高官是真正有罪的人"这个观点是根本错误的。诚然,里夏德·冯·魏茨泽克的父亲在她的眼里理应享有特殊地位,她把他归到她称之为"隐秘的或机密的"德国人的圈子内,这个圈子"吸收"了那些没有受到蛊惑的正义之士。她的评价举足轻重,在联邦德国早期就已占据着很重的分量。

***

卡尔·弗里德里希·冯·魏茨泽克自 1942 年起在斯特拉斯堡任大学教授,1945 年 5 月 8 日以后,他和一道研究核物理学的同事们都遭到英国人的短期羁押。此后,他被叫到格廷根问话。自从 1947 年父亲被捕后,他就为其安排辩护事宜。他恳请自己的朋友赫尔穆特·贝克尔为父亲辩护。也是他请弟弟里夏德在纽伦堡做助理辩护律师。

关于魏茨泽克这位兄长的历程,已经反复而周详地讲述过,尽管还没有大部头的传记。有关这兄弟二人之间的关系,不断地流传着一些逸闻趣事。卡尔·弗里德里希自己承认,在很长的时间里,里夏德在他看来一直是一个"孩子",虽然他们两个在战争期间——1944 年——曾和朋友们坐在一起严肃讨论该不该干掉希特勒的问题。可事实上,自从纽伦堡审判案发生后,他才把这个弟弟看作是大人。

时代史学家托马斯·劳批判性地概括道,卡尔·弗里德里希在描述"第三帝国"时期德国物理学家的行为方式时与刻

画"自己父亲的形象"时有着"明显的"相似之处。这里描述
道,"被利用和不被理解、而道德上最终未受玷污的精英"也
是站在公众的"对立面"。[58]事实上,里夏德实际上并不认同
卡尔·弗里德里希的观点,因为后者原则上肯定"第三帝国"
时期靠努力取得成就的精英们的作用;相反地,里夏德在他的
5月8日讲话以及《回忆录》中都提出精英的不作为导致误国
误民这个话题。

不管是作为核物理学家曾走过曲折的道路并继续留在斯特
拉斯堡,还是他在1945年以后持有怎样的观点,都没有使他
的声望真正发生改变:在年轻的联邦德国,他几乎从一开始就
被公认为道德政治的权威和思想独立的人物。缘于这个逻辑,
社会民主党人在1979年经过漫长的猜谜游戏后想提名他竞选
总统。不过,他经过短暂的考虑后拒绝了,或许因为他认为自
己没有胜算吧。

社会自由党议会党团在联邦大会失去多数席位后,瓦尔
特·歇尔(Walter Scheel)宣布将不再任职,基民盟/基社盟
提名卡尔·卡斯滕斯(Karl Karstens)[59]为总统候选人。里夏
德·冯·魏茨泽克在这次选举中没有列入讨论范围,他当时接
受科尔的邀约去柏林访问,并且也觉得提名卡尔·卡斯滕斯是
正确的。这样一来,魏茨泽克兄弟之间没有产生高端竞争,但
在人民党眼里,二人仍然具备特别有资格承担总统这个角色的
"总统特质"。

如同劳观察到的那样,处在种种非理性中、处在超乎道德
之上的卑劣中、处在纷杂纠结却保持坦然的状态下,卡尔·弗
里德里希·冯·魏茨泽克成为理性的声音。这一评论后来也以

平淡的方式来形容里夏德·冯·魏茨泽克，但这样的评论最终成为穿在卡尔身上最合体的衣服。是他而不是里夏德被人们看作"德国的卡珊德拉"[60]或曾警醒人们当心"可避免的灾难"的"无辜的罪犯"。劳观察到的魏茨泽克氏特有的这种整体形象，在卡尔身上或许比在弟弟那里得到更鲜明的体现。

人们会边回忆边思考，除了父亲外，这位兄长使那位在东部前线作战的年轻军官陷入怎样的两难境地，他们两个究竟有多么坦诚地对待这种处境，他在前线有哪些非常实际的问题忙于应付。后人查考了无数的书籍，专门就 1941 年在尼尔斯·波尔（Niels Bohr）处会面的情况编写了剧本。这位丹麦科学家早就不信任他的德国同事并谴责他们听从希特勒的安排。这种裂痕很深，以致无法修补。卡尔·弗里德里希·冯·魏茨泽克和韦尔讷·海森贝格也并不是"瞎子"，他们知道，在他们的同事中，是犹太人的那一部分移民到美国继续参与研制原子弹的工作，而他们自己，是雅利安人的那一部分则在德国从事研究工作。

如同父亲一样，卡尔·弗里德里希也认为自己能够影响甚至掌控事情的发展进程。他也想阻止战争。恩斯特·冯·魏茨泽克告诫儿子不要轻信这个希特勒。难道是对权力和影响力的渴望、是一位天才的机会主义思想进入到卡尔·弗里德里希灵魂深处吗？

当他谴责阿登纳时代的精英科学家不承认自己盲从因袭的政治态度时，这也是明确无误地批评他自己。是的，他向公众展示学习的过程。人们不能干脆顺着以前的路走下去！就像父亲曾经想阻止那场世界大战一样，卡尔·弗里德里希在 20 世纪 50 年代想使核战争成为不可能。众所周知，即便没有发生核战争，原子弹还是落下来了。

卡尔·弗里德里希时常回忆说，当他们开始研究物理学时，他和朋友们追求的目标是"对自然奥秘的了解"。"如今我们这个社会阶层可以比士兵阶层更有权要求，对世界史上迄今为止最大的战争作出决定。这个阶层成为世界政治的一个因素并由此必须分担以前是政治家和士兵担负着的战争与和平的责任……如今我们，我是说我们当中的每一个帮助促动核认识的人，都必须对 90 000 名男子及妇孺的死亡负有罪责……我们曾像孩子一样玩火并弄得烈焰冲天。"[61]

他们是怎样"为希特勒"认真研究"原子弹"的，他们曾多么接近这个目标，关于存在的各种说法，分歧很大。有些历史学家认为，当这些核物理学家在 1945 年 8 月 6 日得知广岛的悲剧时——这个最后通牒式的行动带给人强烈的触动和震惊——，其实才真正开始明显地、根本地转变思想。广岛事件也达到道德极限，因为至少是现在他们明白了，原子弹落到希特勒手里将会意味着什么？卡尔·弗里德里希·冯·魏茨泽克是第二次世界大战后被英国军方羁押的 10 位知名的德国自然科学家之一，他们被关在剑桥附近的哈尔农场接受审问。在那里，这些德国人互相之间的谈话遭到监听（这一点后来公之于众）。

卡尔·弗里德里希·冯·魏茨泽克的下述反应至少容易造成误读：他在哈尔农场绝没有想要炮制种种传说或神话，他们这些物理学家们曾发誓反对制造原子弹。可毕竟：1938 年 11 月，卡尔·弗里德里希·冯·魏茨泽克就从凯泽尔 – 威廉学院他的上司奥托·哈恩（Otto Hahn）那里听说，他的有关铀的核裂变研究搞成功了。当天，卡尔还向自己的朋友格奥尔格·皮希特（Georg Picht）透露这意味着什么——那就是说可以制造出一颗能摧毁整个伦敦的原子弹。几个月后，从德国移民美国的阿尔伯特·爱因斯坦在极力要求总统富兰克林·罗斯福加速推进核研究计划时，重点提到了这位魏茨泽克。

卡尔·弗里德里希·冯·魏茨泽克既没有加入纳粹党，也没有对纳粹集权显露出同情，特别是因为 11 月 9 日大屠杀后他的一位好友移居巴勒斯坦更使他对纳粹没有什么好感。但他对核物理学的各种可能性感到心醉神迷。这超越了其他一切因素。是他说服举棋不定的海森贝格参与这项研究，也是他想试探一下核研究同军队开展合作会有什么益处，不过这个试探行为无功而返。

还在 1939 年 9 月底，就在对邻国发动袭击后过了将近四个星期，这个核研究小组就开始工作了。美国和德国的物理学家并不是要为谁手里先掌握武器的问题展开真正的竞赛，美国只是从经济和政治上下定决心要搞成这个研究项目。卡尔·弗里德里希·冯·魏茨泽克一度曾认为，向美国的同行保证说德国这边已放弃搞核研究这个想法，可以劝阻他们做这项工作。可当时希特勒早已进攻俄国，并向美国宣战。

当人们读到，他是怎样从多方面多角度试图阐明上述过程，读到他的传记作家是怎样对此阐释的，这便使人们形成这样的全盘印象：作为高于门外汉和意识形态家的"专家"，他想要有发言权；作为学者，他没有放弃自己的主张——比如，想把纳粹分子解释成幽灵的"犹太人爱因斯坦"的相对论对他来说依然成立。不管怎样，他必须做到既疏远权力又靠近权力，既有自己的一定之规，同时又表现出令人迷惑的不合逻辑性，这一点是异乎寻常的。

在对贝恩特·W. 库毕希（Bernd W. Kubbig）的谈话中，卡尔·弗里德里希·冯·魏茨泽克道出他对核研究项目的下述考虑："我自己有这样的感受——如果我不参与有关这个问题的工作而能洁身自保，那么我就做不了任何有助于克制战争的事情。我曾天真地想：如果我是一个知道怎样制造这种武器的人，那么我的政府一定非常信任我并和我密谈。那样一来，我不就可以说服希特勒推行一种更为温和的政策吗？这是我根本的错误。我从 1940—1945 年的学习认识过程使我大约在 1941—1942 年开始坚信：我们不能在德国实际制造原子弹。如今我们仍然认为这确实是对的。"[62]

1940 年 7 月，卡尔·弗里德里希·冯·魏茨泽克向陆军军械局报告说，可以从 U238 里获取能源，还可以从中提取"爆炸物质"。"这是否成了我在事后必然追悔的一件事，这一点是一个重要的问题。我后来说过，在我的一生中我绝不允许自己再像当时那样去如此冒险。"[63]

后来，他自己都觉得难以解释上述这些想法——可能更甚于似乎对他的坦率大吃一惊的采访者。

卡尔·弗里德里希·冯·魏茨泽克的内心总有些嘈杂的声响，作为青年科学家的他所面临的问题挥之不去。1957 年，这些问题以"格廷根十八人"声明的形式变成了宣言，这是一个总的反对（德国）搞原子弹、反对核威胁的宣言。以这个宣言为起点，一条科学研究的路线延伸下去，直到 1970 年在施塔恩贝格（Starnberg）成立了研究科学技术领域生存条件的马克斯－普朗克（Max-Planck）研究所。卡尔·弗里德里希争取到尤尔根·哈贝马斯共同担任院领导。研究院致力于探讨核战争、第三世界的社会问题、技术对自然的破坏这些问题。然而，这些问题背后的性命攸关的重大主题始终是原子弹和科学的责任问题，这也是施塔恩贝格的研究院的工作最终紧紧围绕的主题。

＊＊＊

把它们弄走，我们开进来？众所周知，战后历史的发展过程有其特别之处：坐在纽伦堡的法庭上审判战犯的是西方同盟国，而不是德国人。德国人最终也没能凭借自身的力量使自己得到解脱，这个国家学习的过程是缓慢的。到处感觉不到革命性的气氛，看来直到德国自己的法律机制开始运行，还需要漫长的时间。自 20 世纪 50 年代起，议会不得不成年累月地展开许多辩论，反对那些想过早了结过去而后向前看的人，犹如阿登纳政府在执政最初几年所表示的，这些人之所以这样做是因为在同共产主义的斗争中需要道德方面的能量。国家还拖着很多历史遗留的包袱，这里表现出隐秘的连续性和承前启后的关联。正所谓"千里之行始于足下"，包括里夏德和卡尔·弗里德里希·冯·魏茨泽克在内的国人，他们认真参与的学习过程是多个细小的步骤和阶段，而不是凸显一个革命性的"零时刻"。

这几位在 1945 年造访纽伦堡的访客是何以、并且是立即获得惊人的自信，获得这种能凭借自身力量掌控德国新起点的狂傲之势？马里昂·登霍夫充满谅解地做了如下描述：虽然她为之"震惊"，并且（倒是抱有好感地）思考道，这种情绪是否是"作为昔日的军官内心掀起的回潮式冲动"——"我们想要而且我们应当一同出庭审判这些战犯；这些人也对我们犯下了罪孽，因此，他们也应当在我们面前低头认罪，承担责任"。[64] 我想，她的这些想法和下述事实有关：在反对派和在普鲁士已打好基础的反叛派这两个圈子里都有她的密友。登霍夫和里夏德两人相信在克莱斯特和康德的思想观念中可以看到一个"文明之岛"——它存在于德国。光是这个想法就可能使里夏德·冯·魏茨泽克和马里昂·登霍夫受到鼓舞，他们从中汲取力量，互相扶持。当时，两人眼前不是还有具体到个人的例子吗？他们简直是近乎于典范的形象。其中之一就是阿克瑟尔·冯·德·布舍，他曾经就坐在那辆蒸汽驱动车里，就坐在他们身边。

里夏德·冯·魏茨泽克是在波茨坦步兵团同他结识，与之相反，马里昂·登霍夫在布舍到她掌管的家族产业奎塔尼宫（Quittainen）拜访时就已和他关系密切。布舍又常带如库恩少校这样的同中路军参谋长海宁·特雷斯科夫（Henning Tresckow）有密切联系的朋友到她家去。特雷斯科夫在刺杀希特勒的行动失败后开枪自杀，库恩则偷偷逃跑，投靠了俄国军队。总的来说，人们不会丢落这样的印象：从某种意义上来说，这位"比常人更自信的、内心波澜不惊的"（马里昂·登霍夫语）第九步兵团的军官阿克瑟尔·冯·德·布舍是把他们众人互相联系在一起的尚需了解的**缺失环节**。

魏茨泽克、登霍夫和布舍三人和上述这些朋友都有这样或那样的联系，如果不考察这些朋友在反叛行动中这个独有的微观环境，就几乎无法理解认为德国人自己应当奠定道德的新起点这个信念，三位朋友在去纽伦堡的路上同尼莫勒之间就曾有这样的谈话。这里不详细讨论是否以及为何马里昂·登霍夫把反叛行动神秘化，也不从根本上争论施特凡·格奥尔格所谓的"秘密德国"的观念究竟是不是投射到了东普鲁士容克的身上。这与下述观点完全无关：如果"良知的起义"用来为西方确立下来的战后共和国提供成立动因，用来证明战后的德国具备再生能力和自我教育力量，那么人们应当维护它所升华的一种特别纯粹的形象。至少里夏德·冯·魏茨泽克和马里昂·登霍夫在这一点上达成共识，对此无需赘述。

这里不是要向相关的人分发证明书，证明谁属于军队反叛集团的成员或者谁不是。关于批判、反对派和反叛行为，一定着许多形式，彼此之间很难界定。事后的审查行动也迅速掺杂有一种令人难堪的味道。毕竟人们定然难以描述出，即便是小小的反叛举动对当事者来说会意味着什么。结果经常是，要么事关一切，要么什么事都没有。

赫尔曼·普里勃（Hermann Priebe）以第九步兵团为例阐明了这个问题。后来在美因河畔的法兰克福大学任教授的普里勃，曾是一连的连长，魏茨泽克是团副官。普里勃回忆起发生在1945年1月的一个插曲，俄国人那时已开始在东普鲁士发起大规模的总攻。

由于普里勃同7月20日刺杀行动的宣誓人有私人来往，他在刺杀行动刚一发生后就在波茨坦被盖世太保逮捕，在雷尔特（Lehrt）街监狱羁押了几个月。刑满释放后，普里勃奉命上前线洗刷自己的"耻辱"，他被分到驻扎在芬兰海湾斯沃尔伯（Sworbe）半岛上的第 23 步兵师，但那里的战斗已经结束，于是，他来到东普鲁士，加入第九步兵团。可这时，盖世太保突然要求他立即返回柏林，而他在瓦登堡战役中被一个手榴弹炸成重伤。团副官魏茨泽克销毁了这个向普里勃下达的召返命令，后者落入俄国人的战俘营，并且活了下来。

普里勃评价道，使他们结成同盟的并不一定总是积极的反叛行动，这里还牵涉到，"道德力量在反抗纳粹集权统治的过程中凭借它的思想逆流发挥影响力；牵涉到，拒不委身于恶势力；牵涉到，通过不做某些事而消极采取反叛行动"。更确切地说：这是秘密的团社，它的成员"依靠另一个德国的精神力量而生存，他们希望这另一个德国能够把某些东西传承到灾难之后的那个时代中去"。从这个意义上讲，第九步兵团对许多人来说是一个"庇护所"。反叛行动的支持者常常由于普鲁士的传统被贬低为反动分子，但这是一种误解。

他这样回应这种批评观点，"我们当然热爱我们的祖国，但那是另一个德国，是在荷尔德林（Hölderlin）诗歌中'崇高真挚之守护神的国土'这个意义上的我们的家乡"。希特勒几乎从最内在的本质上摧毁了这个国家——打破了普鲁士的神话，摧毁了法制之国，摧毁了推崇人文主义思想和宽容理念的国度。普里勃接着说，里夏德·冯·魏茨泽克一定已意识到，不执行盖世太保的命令当时对他来说会意味着什么，但是"道德立场的力量更为强大"。因此，如同魏茨泽克想现身说法来说明的那样，他是这个"秘密团社"[65]的一部分。

魏茨泽克的确没有谈到过最内在的本质，没有谈到过崇高之守护神的国土。然而人们很容易设想出，他把自己所属的步兵团看作同外部世界相对立的"反模本"，他最早还是在各位朋友和志同道合者身上发现"另一个德国"。

不过，并不能因此而使下述观点变得含混模糊：应当还要反问那些偏偏毫无保留地美化普鲁士反叛派的人：希特勒是"普鲁士美德没有考虑到的一种现象"吗？作为众多质疑者之一，普里勃认为，如果情况是这样的话，那么以普鲁士美德的名义助长恶行便是不可避免的了。最后，他提出，普鲁士美德或许"为希特勒发挥了作用"。

如果人们支持普鲁士美德与希特勒现象不相契合的论点，那么原本也可以为第九步兵团所发生的事情作出解释：他们维护和希特勒一同失败的以及因为希特勒而失败的事情。他们不想任由"令人难以置信的事情"发生，而那恰恰从最深处推动着纳粹集权。因此，他们所敢于冒险做的，没有相对性。

魏茨泽克始终意识到对普鲁士的矛盾心理，这位联邦总统的所有讲话都没有对另一面避而不谈。对老弗里茨的另一面也同样直言不讳。不过，当然和他不同的是，他的"家庭教师"马里昂·登霍夫伯爵夫人常常用几乎和希腊悲剧相似的手法把贵族自身描绘成伟人，他们蔑视命运提出的绝无仅有的挑战并悲壮地接受自己的败局。但是，这难道不是一种思想实验吗？它在她、或许也在魏茨泽克的一生中为他们提供衡量联邦德国道路的标准吗？是标准和推动力吗？

她这样写道："如果是 7 月 20 日刺杀事件的当事男女在战后建立了崭新的德国，并为我们的社会确立首要工作，那将会怎样呢?"[66]

如果怎样,那将会怎样?这是一个正当的问题。魏茨泽克当然没有把反叛行动抬高成神话,他也没有提出如此尖锐的问题。总的来讲,人们可以从他的文章中看出以道德要求面对政治的感召力和助推力,以此来衡量他的实际行动,那么他事后的活动完全是本着务实的态度。但是他毫无保留地赞同伯爵夫人如此坚决地反驳那些陈词滥调,说反叛行动只是牵涉到怀有民族主义思想的反动分子,关系到纳粹集权内部的权力斗争(英国就有人对此这样阐释过);他还赞同伯爵夫人反对暗自怀有仇怨情绪,认为对自己的政府、对毕竟对其宣过誓的那个人发动政变是"不符合德国人本性的"。他们共同的朋友布舍永远持有与此相对立的观点:谁要是上千次地自食誓言,那么对他发下的任何誓言都不能再有约束力。

我想,不同于马里昂·登霍夫的看法,当年的反叛派在昔日的军官里夏德·冯·魏茨泽克眼里有着另一番模样。他钦佩他们的勇气,他的目光追随着他们的所作所为,怀有同情地追随着。而能达到这种境界,对于某人当然不是轻易能做到的事情,因为这个人有一位(不管出于什么原因)是、并且直到再没有秘密可以公开都一直是里宾特洛甫国务秘书的父亲。在另一方面,如同波兰托伦的日耳曼学研究者列斯谢克·屈灵斯基(Leszek Zyliński)所描述的那样,马里昂·登霍夫仿佛超越时空之外而想特别维护"社会规范目录",其中为普鲁士效忠的精神、公民的开放思想、道德的纯洁性和对纯粹唯物主义思想的抵制是一切社会共存状态的基础。这里表现出"一种出奇地不问政治而塑造神话的历史反思"。这种历史反思能够帮助登霍夫的有关反叛行动的历史研究证明，她想整个扭转普鲁士的负面形象。

不过，这个想维护"社会规范目录"、从本国历史中获得重生的想法在里夏德·冯·魏茨泽克那里也获得些许共鸣，但也只是一丁点儿。魏茨泽克出于自己的信念而维护反叛行动。然而，他绝不把它弄成一个"神话"。他于1963年在东柏林就抵抗希特勒的德国反对派所作的讲话就已表明，他在当时首先对反叛行动的印象已经发生了怎样的变化。

古斯塔夫·海涅曼（Gustav Heinemann）[67]曾着重指出汉巴赫节[68]带给共和国的传统，强调1848年的《保罗教堂宪法》[69]，而魏茨泽克则把思想重心明显转移到符合普鲁士精神的东西上，而不是放到军事反叛行动上，这当然是正确的。于是，曾在加里宁格勒（柯尼斯堡）[70]发表讲话、就"普鲁士的欧洲品格"进行反思的鲁道夫·冯·塔登（Rudolf von Thadden）收到魏茨泽克写的一封信。在这封充满真情、热情洋溢的信中，里夏德·冯·魏茨泽克向这位格廷根的史学家兴奋地表示，这是"我曾遇到的谈及普鲁士的最出色的言论"。

塔登认为，其他欧洲人愿意摆脱掉的有关普鲁士的一切负面，恰恰与表明普鲁士的重要性正在增强的东西并不一致。普鲁士使人辨认出一种"欧洲的颜色"。塔登接着说，只是"符合德国本性"的东西并不能满足普鲁士求名的欲望和虚荣心。转向沙文主义，使德国的"大门向西欧思想敞开，并引领国家走出德国路德教的地区性狭隘状态"。德国在柯尼斯堡那里和在康德身上找到自己面向世界开放的、非教派主义的思想领地。恰恰是这个国家曾变成民族主义思想的庇护所，从而也使它陷入厄运，铸成了它的悲剧。在塔登看来，克莱稍反叛集团才又重新发掘欧洲并延续这一传统。

魏茨泽克认为，上述这个"普鲁士的欧洲颜色"，使普鲁士理念直到今天还如此充满魅力，如此具有现实意义。

***

里夏德·冯·魏茨泽克一直没有置身事外，他感到所发生的一切带给他不变的感受，那几乎可以用"厚颜无耻"这个词来形容：尽管对美国人带给战后德国的历史道德推动力表示无限尊敬，但人们"不能到一个被战胜的国家去探究它过去犯下的罪行，并同时说，我们无法让罪犯发源地的人民与我们共享一切，即使同样的人民在战后不久还受邀一道参与保卫西方世界"。

他知道，这对德国人来说大约是合适的，"因为它能够使自己的罪责非常具有相对性"。魏茨泽克这样简要总结德国战后历史的这一篇章："去纳粹化"的过程实际上由此结束，因为"人们实在不能用怀疑的眼光去审查几百万新朋友的过去"。

德国的纳粹头子由于发动侵略战争、犯下战争罪行和反人类的罪行而被提起控诉。魏茨泽克后来也从未明确而公开地反问道，人们是否可以把这一切聚拢而只是责备德国人。以这种产业规模进行民族屠杀和种族屠杀，这种事情只有他们做过。可是，摧毁德累斯顿、特别是向广岛和长崎投掷原子弹的同盟国，难道它们能够站在一个道德高尚的讲台上指责被告席上的战犯摧毁了城市，造成荒无人烟的景象吗？不，魏茨泽克对此不愿公开讨论。可是，据推测可以证明，当他抱怨战胜国的司法机构处置不当时，上述这些异议在他心里也引起共鸣。

引人注目的是，魏茨泽克无法摆脱下述问题：如果由德国机构来审理本案是否原本无法再引发人们的自省？但是，那样一来，德国人应当从何处汲取勇气、力量和自主权，从而做到以一贯的态度对待历史，做到不积攒问题、不压抑自己？法官从哪些人中间选出？他了解这些争议。学习认识的过程才刚刚开始。40 年之后的 1985 年，他发表了那次澄清问题的讲话。

魏茨泽克自己认为，整个讨论充满我们在过去 60 年的岁

并非理所当然的决定：1947 年，在格廷根大学法学系读到第 5 个学期的魏茨泽克在纽伦堡战犯法庭上担任父亲的"助理辩护律师"。恩斯特·冯·魏茨泽克被公认为审理第三帝国的高级外交官的"威廉大街案"中最负盛名的被告和关键人物。他被判七年监禁，但很快被释放。

月中才积累的认识。那时，战争刚刚结束，不管对于美国人还是对于德国人来说，最重要的莫过于为当前的继续生存问题而打算。德国的利益在于"一砖一瓦地搭建"，在于养家糊口。为此，他们也无法回避在纽伦堡法庭上商讨过的那些问题。而另一方面，美国人很快完全忙于应对战胜国之间正在增长的差距问题。冷战由此开始了。这种挑战，这个新的敌人的出现，把对过去伤痛的回忆迅速推到幕后。源于纽伦堡法庭的开初缜密的美国法制雏形消失了；而另一方面，更加全面周密的、持续进行的德国法律制定工作开始了，虽说一再拖延，"但是它毕竟到来了"。

再回过头来看看 1945 年这个德国的新起点：25 岁的小伙子魏茨泽克在纽伦堡遇见一位深受命运摆布的男子——他的父亲。父亲平日是那么沉默寡言，而当时当地的父子重逢却使他难以克制自己的情感，他"想到地狱，想到再也不能回到身边的儿子和女婿，想到寡居的女儿，想到人们心中的废墟"[71]。

恩斯特·冯·魏茨泽克曾返回梵蒂冈并短期滞留此地。1947 年初，美国人和法国人允诺他尽可在某地自由滞留后，他也从罗马迁回林道（Lindau）附近的家中。可就在同一年，这位已卸任的外交官又被请去纽伦堡。在长达一年半的时间里，他坐在被告席上，常常沉默不语。

这时，法学系大学生里夏德·冯·魏茨泽克才刚刚读到第五个学期，他把大学里传授的关于新起点的思想吸入自己灵魂深处，这时的他毫不犹豫地到美国司法机构报名做助理辩护律师。最终，他也获准做这份工作，虽然这从各个方面讲都是有些反常的——儿子怎么可以给自己的父亲当正式的辩护律师！魏茨泽克在纽伦堡一直待到 1949 年宣判。除了瓦伦·E.马格（Warren E. Magee）和哥哥的朋友贝克尔（Becker）这两位首席辩护律师外，众外交官，如西吉斯蒙德·冯·布劳恩（Sigismund von Braun）和阿尔布莱希特·冯·凯瑟尔（Albrecht von Kessel）都坚决支持恩斯特·冯·魏茨泽克。

官方把这个案件叫作**部级案**：21 名外交官由于曾在第三帝国发挥各种作用而被提起公诉（案件 II）。在回答主审法官克里斯蒂安森（Christianson）提出的"有罪还是无罪"的问题时，恩斯特·冯·魏茨泽克说："我是无罪的"。他的辩护律师马格（Magee）一开始就指出，在通常的犯罪案件中会问，谁策划了犯罪行动，谁实施了犯罪行为。这一点在纽伦堡审判案中似乎失去了效力，现在是问："谁知道犯罪行为却没有进行反对？"[72] 可是，马格提出这样的观点在赫尔穆特·贝克尔和里夏德·冯·魏茨泽克看来真是多此一举。

里夏德·冯·魏茨泽克还在当兵时就已经在极端处境之间游走，现在他再度面临一个极端情况。在世界公众的众目睽睽之下商讨有关自己父亲的问题，作为儿子的他陪在一旁。人们谈到了关于罪行规模的真相的问题，而这些真相是超乎人们想象的。

如果人们在时隔 60 年后翻阅纽伦堡案的这些审判记录，事情本身——如上所述的反人类反和平的罪行——以它几乎在各方面表现出的绝无仅有而再次呈现在人们眼前：那是很久远的事情，也是完全不合情理的事情。在德国曾发生了些什么，德国的政治家下达过什么命令、有过怎样的思考以及在欧洲有哪些动作，有关这些问题的材料在今天读来依旧令人窒息。

同有罪还是无罪的所有问题无关，恩斯特·冯·魏茨泽克在本案中的证词给人留下的印象是压抑和沉重的：这是一个受到牵连的外交官，他知道的很多，一定还预料到更多，尽管他并不了解罪行的整个规模是怎样的；他在很多个别的事件中帮上了忙，在其他事件中却无能为力；他把自己看作失败者；他知道，凡属负隅顽抗并鼓动别人也要强撑下去的涉案人员，都不能"免罪"。然而他并不想搜集对自己有利的证据证明，他的律师下面这句话是正确的："他这个人自己是帮助了解各种材料的关键，可各种材料却不是了解这个人的关键。"[73] 因为他原本宁愿对"他这个人自己"守口如瓶。

问题，问题，接连不断的问题。这个年轻的大学生是在为谁辩护？他知道吗？他在这一刻认清这个人了吗？就是这个被告，他在 1949 年 4 月 20 日以全然是自我批评的口吻写信给他的夫人说："我曾以为自己在关键时刻能发挥超乎自己力量的作用。事情的实际过程也表明了这一点。如果说政治的进程是命中注定的，那么这还就要看正确的个人行为有怎样的具体表现。我不想批评我自己在 1938 年春作出的开始战斗的决定。在我最终的行为中，我太过于想运用可能性的、确切地说是理性的艺术，却低估了非理性的、荒谬的力量。我原本倒要更加用心更加着迷地看看、并应当在恰当时刻有意识地引发一场个人的灾难。具体来说：我原本应当在战争爆发之前就做一场弯曲或折断的较量，在这种境况下则是做一场宁折不弯的较量。如果我那样做的话，和今天的我比起来那将是一个好得多的范例。自 1939 年秋天起，我的所做所为是不光彩的。因此，我力图避免继续扮演殉道者的角色，那和我的良知是相违背的。"[74]

　　这位外交官在进行诸多自我批评的同时却没有逐一细说，但里夏德·冯·魏茨泽克还是要为他辩护，因为他发觉，这位外交官是站在"错误的法庭"上。史学家达尼尔·库尔福尔（Daniel Koerfer）甚至责备著有一本家族传记的作家乌尔里希·福尔克赖恩（Ulrich Völklein）说，一方面，他几乎没有提到，第三帝国外交部的外交官们是怎样一步步地完全被"打入冷宫"；而另一方面，他又略过许多能够阐明恩斯特·冯·魏茨泽克所处的纠结处境的事实。恩斯特在 1938 年秋就犹太人的问题不得不在波兰和德国之间进行博弈，当时两国都取消犹太人的国籍，各自都想把犹太人推给对方。例如，福尔克赖恩也没有提到，恩斯特曾到巴黎为被谋杀的外交官恩斯特·冯·拉特（Ernst vom Rath）致悼词——行凶者赫尔舍尔·格吕恩茨潘（Herschel Grynszpan）的几位亲属成了这场人口贩卖勾当的牺牲品——，并作为"第三帝国"的高层代表首次在国外露面。他当然了解那份注明行动地点的意在"清空犹太人"的出兵报告。最后，向他提起讨论的还有就"犹太人问题的最终解决"召开的后续会议的会议记录，会议首先试图确定犹太人是"混血儿"。恩斯特·冯·魏茨泽克接到这样的汇报：帝国外交部认为，"从外交政策的观点出发，在有待讨论的解决方案当中，理应优先考虑那些当时看来较为温和的"[75]。

　　关于恩斯特·冯·魏茨泽克所知道的、所获悉的、所忍耐的、所忍受的；关于他出错或做对的地方，关于他在哪一点上提出相反看法以及结果如何，对这一切他并没有给后辈以明确而详尽的交代。

我翻阅 1952 年出版的恩斯特·冯·魏茨泽克的《回忆录》，翻阅他**写给孙辈的书信**，只是为了能够理解，只是为了能够把握：纽伦堡这个让他学习自省并转变观念的地方何以发挥这样关键的作用。引人注目的是书中多处流露出的那种独特的口吻，不是辩解之词，也不是震惊之情使我对文明惨遭破坏的维度感到触目惊心，他事先定然并不了解这种惨状，这一点也一定一直折磨着他。他是谁？人们在阅读他的这本回忆录时会想，直到 1918 年战争结束，他似乎一直都是行事非常低调的海军军官。他的《回忆录》中这样写道，"脱下海蓝色军装"是令他感到最痛苦的事情，他为从此以后"要失去昔日的背景而感到难过"。他接着写道："对手击溃了海军，我们的同志情谊却没有受损。"[76]

1936 年他到柏林上任，"被擢升到一般政治的区域"，在启程前，他向一位朋友坦言，"此后将会看起来似乎我置身事内，似乎我同流合污，但是我不得不为着一个目标而使自己背负这个污点，或许这个目标就是拯救和平"。[77]1938 年他第一次思考到，他是否应当趁着还未正式到任再次提出辞职。但是在独裁统治的环境下，为官之道是"来易去难"。当然他原本可以"强使"请辞，但是他不想这样做。"越是经常闻到希特勒厨房里飘来的味道，就越是强烈地感到自己有义务为此留下来阻止他配制毒药。"他在这里还写道，1938 年夏，他放弃了曾经抱有的希特勒及其首脑集团会重新理智起来的希望。他留了下来。

他围绕自己战争期间的经历而进行的思考很是引人注目：人们在一场大火燃烧过后，先是研究是什么引发了火灾的问题，而不是对失败的扑救工作进行探查和追究。他认为："1914—1918 年，世界大战过后这最初的五年在政治家看来要比希特勒时代更能鼓动人心，至少更有教益和启发性，更能接受并欢迎真正专业的批评，而希特勒时代几乎不过是一支跳给世界和平看的令人毛骨悚然的死亡舞蹈。"[78]

"专业的批评"指的是什么？为什么说希特勒时代不如魏玛的"死亡舞蹈"更能鼓动人心？

恩斯特 · 冯 · 魏茨泽克有一次"整晚"都在同德国驻华沙大使汉斯 · 阿道夫 · 冯 · 摩尔特克（Hans Adolf von Moltke）（虽然他是希特勒的朋友——这一点该强调，却英勇无畏地反对希特勒）商讨辞职这件事，而商谈的结果仍旧是，"采取旁观的态度将会是没有意义的"。几乎所有搞外交工作的人都有类似的想法，集团精神、日常生活，一切都像筹码般被投注进去，最后还有这样的观点："内行不该让位给危险的'二把刀'，不是吗？"[79]世界大战是一个"专业问题"吗？

人们从他的回忆录中没有读出他对造成自己失败的那些因素表示出愤怒，也没有读出他对为政治所做的牺牲或是为自己的弱点流露出悲伤。人们在阅读过程中会想到，他对自己的感情既放得开，又收得拢。人们会读出，某些东西被打碎了，却无法修补。

也许对此有另一种素常些的解释，它是父亲在书中没有言明、儿子也无法表达出的东西。恩斯特 · 冯 · 魏茨泽克所坚持的东西除了善意和习惯，或许还有一种"对权力的肯定关系"？史学家鲁道夫 · 冯 · 塔登运用这个概念阐明恩斯特在回忆录中没有明确说明的某种东西，他的父亲赖恩霍尔德 · 冯 · 塔登－特里格拉夫（Reinhold von Thadden-Trieglaff）后来推举里夏德·冯·魏茨泽克接替自己担任德国基督新教宗教会议主席。是的，鲁道夫·冯·塔登认为，魏茨泽克氏确实有自己明晰的想法和愿望，这一点是非常容易理解的。在这个家族的人看来，内卡河谷[80]变得过于狭窄，它也确实是狭窄的。它把他们连同其他若干人一起拖入权力的中心。他们致力于帝国的统一，他们想一道献言献策。一切都是合法的。看哪，在黑格尔看来，这天地也太小了，他被从柏林吸引过来！

这一切都是可以理解的。为权力所引诱这件事也是如此——其中没有任何禁忌。但是作为儿子的里夏德反复斟酌过的、并使人无法释怀的问题，最终归结为：知情者何时变成了从犯？

这里使人感到费解的，也是今天使我们感到诧异和迷惘的，是某些东西规避了有罪和无罪、责任和惩罚这些法律范畴。

里夏德·冯·魏茨泽克说过，那时所发生的事情，后人是难以设身处地理解的，他这样说是对的。对那时所发生的又应该说些什么呢？总的来说，我们在阅读过程中心头每每掠过的还是那两个字眼：惊骇。

***

如今，里夏德·冯·魏茨泽克在谈起本案的代理主诉检察官罗伯特·W.凯普讷（Robert W. Kempner）的时候抱着友好的、退一步而客观看待的态度。魏茨泽克当时曾把凯普讷视为劲敌。他不想认可下述观点：美国主诉检察官的诉讼方式可以合理地应用于纽伦堡案对第三帝国众官员的审理程序。他质疑道，凯普讷凭什么把各位官员定成主要责任人？尽管凯普讷达到宣判这些官员有罪的目的，二人后来仍旧本着互相尊重的原则彼此交流各自的经验。

凯普讷认为，恩斯特·冯·魏茨泽克是"整个威廉大街审判案中最具悲剧性的人物之一"。他还说："里夏德·冯·魏茨泽克在这个历史实验室中认识到，希特勒集权是一个犯下罪行的政府。他无需像许多史学家那样依靠第二手的资料。当他亲眼看到纳粹党对犹太人进行大屠杀的文献资料时，当他第一次亲眼看到关于犹太人问题的最终解决的瓦恩湖会议记录时，他的心一定会被多么令人毛骨悚然的感觉所攫住啊。"[81]

魏茨泽克这样总结自己做助理辩护律师（完全从和凯普讷据理力争的意义上讲）的那一年半的时光：这些材料战和证人战揭露出"纳粹罪行达到一种令人毛骨悚然的程度"，在他看来，那段岁月不管是从"面对我父亲"这个关乎人性的角度来看、"还是从时代史的意义上讲，都或许是我人生经历中获得最重大且最强化的锻炼的'学徒期'"。[82]

作为儿子的里夏德后来试图让人理解父亲：在他的整个世界观中，缺少那种"在恶行已经蠢蠢欲动之时感悟它的魔力"的想象力。[83]

汉娜·克拉尔写道，从某个特定的时刻起，里夏德·冯·魏茨泽克就已经属于那些"知道"发生了什么的群体的一分子。1941年，卡尔·弗里德里希亲口告诉父亲，他听说了有数以万计的犹太人在基辅惨遭杀害。卡尔在任期间接到了秘密警察的头子莱因哈德·海德里希（Reinhard Heydrich）提交的行动及形势报告。报告上说，党卫军行刑队光是在 1941 年 10 月就杀害了 46 000 个"非雅利安人"。恩斯特·冯·魏茨泽克在他的《回忆录》中写道，他认为，"犹太人问题"可以并入下面这个更宽泛的一般性问题：如何才能最快地达到"没有希特勒的和平"。[84]

1949 年 4 月 13 日，父亲恩斯特被判处七年监禁，三位法官中有一人对判决书投了有利于他的反对票。不久后，他被改判五年。一年以后的 1950 年秋，高级专员约翰·D.麦克洛伊（John D. McCloy）就已下令立即释放恩斯特。丘吉尔称这个判决是个"极其严重的错误"，里夏德·冯·魏茨泽克后来不厌其烦地反复提起这个说法。1951 年 8 月 4 日，在出狱后不到一年，父亲在林道（Lindau）去世。

谈起父亲和 2009 年的民主，里夏德·冯·魏茨泽克像是自言自语地说，"搞政治总是有必要的"。例如，在启蒙时期，这件事落到了路德维希十四世的手中，如今这兴许是尼古拉·萨科齐会干的事情。"可那样一来，政治就变成了政党政治，我父亲是不会介入这种政治的。"里夏德觉得自己在政党政治面前简直寸步难行。他认为古斯塔夫·施特雷泽曼（Gustav Stresemann）[85] 是英明的，甚至连他也不断地想这样一个问题，如果自己作出这个或那个决定，那将会在下届国会选举中产生哪些权力政治上的影响……

据《时代》周报刊登的文章称，1951 年，恩斯特·冯·魏茨泽克还毫不动摇地宣传外交官员的队伍应当实现专家化，他还一再告诫说，不可以放手让一知半解的"半瓶醋"来搞外交工作。难道所发生的一切真的能用"半瓶醋"的论调来解释吗？

难道人们事实上真的可以信赖"专家们"的判断吗？是谁任命了他们？他们有怎样的典型特征？他们实现了什么？他们因何而败北？

不管怎样，魏茨泽克自从亲身经历纽伦堡审判案以后就难以再摆脱对上述问题的思考。在里夏德·冯·魏茨泽克看来，他的人生道路最重要的发展脉络是以纽伦堡为起点，继而通向他在战争结束 40 年后的 1985 年 5 月 8 日发表的那次重要讲话。是的，可以说，里夏德在一切问题上的看法或态度都应当到纽伦堡这个"修行之地"追根溯源，例如，他在围绕东邻条约、特别是围绕波兰西部边界的认定和华沙条约的争论中所持的态度，他对以任何形式出现的下述企图或做法坚定不移地说"不"的立场：跨出历史的阴影、彻底了结这段过去或者使它具有相对性，以及严格要求德国的欧洲化进程或者让德国士兵参与境外出兵行动。

魏茨泽克在回忆录中评价道，在对他父亲提起审理的过程中首先有这样一个问题对于理解"一个如此不可理喻的时代"具有示例性的意义："对纳粹集权的本性和罪行满怀憎恶并与之抗争，然而同时又为它效劳，可能存在这样的矛盾行为吗？这到底是可以想象的事情吗？这在特定的前提下完全可能成立，还是简直无法自圆其说？一个担任某个官职、参与官场决策的人，为了以他的影响方式改变事情的进展或者至少避免更坏的结果出现，那就不得不付出怎样的代价呢？虽说'想避免更坏的结果出现'，可难以想象的最坏的事情到底还是发生了，这究竟又该做何解释呢？"

在检察官看来，上述问题的答案很明确：一个号称已经试图使祸事少发生些的人，其实只是想为自己本人减少祸事罢了。

魏茨泽克说，在魏玛共和国时期，"并不是太早地有了太多的纳粹分子，而是在太长的时间里有太少的民主主义者"[86]。直到今天，他仍抓住这个话题不放手。

他和哈夫讷的心中同时生出这样的疑惑：在这样的前提下，把持国家首脑机关的官员、军官和保守党人难道不会因为希特勒起初仰仗他们的支持而成为他更大的难题吗？难道是"抱着自己因袭下来的观念为官"的他们，"使他的更多计划得逞了吗"？抑或正是他们对内和对外在为纳粹集权是可靠的这一假象而作证？[87]

但是也一直有人对作为儿子的里夏德提出反问：他是受什么动机的引导而决定在纽伦堡案中为父亲辩护，他对自己作出的评价如何自圆其说。今天依然有人向他提出这些问题，而他直到今天都在作出回答。这些质问的切入点总是很新颖，但归根结底都围绕着鲁道夫·奥格斯坦（Rudolf Augstein）在《明镜》周刊（1986 年）中公开批评联邦总统里夏德·冯·魏茨泽克时着力提到的那个话题。奥格斯坦说，他可以出于"儿子对父亲的爱"这个理由而认可这样的辩护，但如果提供辩护是出于"信念"，那他便无法接受。

随后，魏茨泽克对奥格斯坦的攻击认真而谨慎地作出回应，他明确地坚持说，他始终是怀着良知去援助父亲的。"自1939 年春进军捷克斯洛伐克起，我完全在私下里目睹了父亲的忧虑和绝望之情一步步地加深……我总是觉得，我实在希望您和我还有其他所有人，我们这一代和下一代，永远别陷入他当时的那种处境；假若陷入那样的处境，我们在生活和处事的时候就只得把自己的良知压抑到那样的深度，那种深度是我在历经沧桑的过程中和他一道体验过的。因此，我出于内心深深的信念而为我的父亲辩护，并且还将继续这样做。"[88] 他始终抱定这样的观点。

如同他在给奥格斯坦的这封信中表明的态度一样，他在23年后接受《明镜》周刊的采访时也如此坚决地维护这条路线。他再次亮明父亲以及他自己都说过的那句简单明了的话：他的父亲是站在了"错误的法庭"上。父亲及其朋友借以施加影响的工作——外交，日后却使得"帝国中央安全局"向人民法庭起诉父亲犯有谋反罪和叛国罪。仔细考察便可得知，面对本国犯下的重大反人类罪行，他变得"弱小无力"，毫无权力可言。不论从历史的角度还是从人性道德的角度来看，对父亲的判决都是不公正的。

这就是说，他仍旧像当时一样在摆明论点，他依然在进行辩护，仿佛父亲还在作为被告一次又一次站在那些并非真的有权审理本案的法官面前。这些情景历历在目，挥之不去。

道尔夫·斯坦贝格（Dolf Sternberg）曾经指出，用奥斯维辛这个名称来指代的疯狂罪行，其实只可以被记述下来，而根本无法为人所理解。他接着说，在他看来，若是仍然力图理解它，就会从"根本上偏离目标"。他进一步解释这种悖论般的认识：可尽管如此，谁如果还是想理解罪行的目的和实施过程，就必须在这件事上使自己丧失理智——"谁若不能在这一过程中丢掉理智，谁其实就根本还没有真正辨明'奥斯维辛'这一现象"。

　　魏茨泽克的看法与之相似吗？是的，和道尔夫·斯坦贝格一样，他也认为试图回答有关"奥斯维辛"的问题是枉费心思的。但是，他也回应说，人们为此从各种前提条件出发，以便得出罪行是不可理喻的这个正确结论，而在"我和我父亲的意识里则不存在这种前提条件"。

　　出乎意料的是，里夏德·冯·魏茨泽克把纽伦堡审判案中被割裂的东西放在一起去思考：若不考虑时代历史的背景就什么都无从把握。希特勒腾飞的起点不是奥斯维辛，而是外交政策取得的胜利果实。并且随着他上台掌权，深重的社会贫困也得到逐步缓解。他的心里迅速升起这样一个强迫观念：他能把想做的事付诸实施，而不会遇到阻力，也不必畏惧第一次世界大战中的对手，因为他们把自己武装得不够。他坚决而急切地预备军用物资，重新装备起来。而没有人站出来阻拦他，这就更坚定了他的信念。在这种局势下，有魏茨泽克的父亲从旁协助，便有了《慕尼黑协定》的签署。这份东西的标题叫作：《我们这个时代的和平》（*Peace in our time*）。

　　塞巴斯蒂安·哈夫讷曾在《评说希特勒》（*Anmerkungen zu Hitler*）中对早在魏玛共和国时期就已经发生蜕变的内政进程加以分析，说这必然构成纽伦堡审判案的背景，因为脱离它就无从把握单个人的行为。"对于我父亲及其朋友那一代人来说，1939 年意味着不可避免地日益意识到：他们的努力将会毫无收效。然而，他还是留在了官场中。"

　　他们想阻止战争的爆发，却功败垂成，于是，他和他的朋友们努力追求的事情终告失败。魏茨泽克在谈话中只是用淡淡的一笔概括道："这就是他的生活道路所意味的东西。"

里夏德·冯·魏茨泽克没有忘记又一次强调说，但道尔夫·斯坦贝格所说的关于奥斯维辛的话是正确的，而且这一点不会因为"我的父亲没有我们今天所掌握的奥斯维辛这一概念"而改变。他尽管大致知道事态向何方发展，但是"从因果关系的角度来看，他从来没有做过有助于灭绝犹太人的事情"。

时至今日，60年来，人们一再提出同样一个问题！2009年，《明镜》周刊的两位记者问道，他和父亲是否谈论过，假如父亲对艾希曼（Eichmann）从巴黎发来的要求准许把6 000名犹太人移送到奥斯维辛的电令提出怀疑，那将会发生什么？魏茨泽克显然面有愠色地回答道，他同父亲"当然"探讨过这个"虚构的问题"。这两位记者反驳道，这不是一个虚构的问题，而是一个道德上的问题。难道他们是想向他讲授，什么是道德上的问题吗？如果父亲对这个要求表示拒绝，那么，结果是否并没有区别？"我不想复述谈话的内容，但是不言而喻的是，这个问题使他和我们都陷入了深深的思考，不然又能怎样呢？"

在这种情形下，他可能常常产生这样的印象：提问者根本不再想知道，1939年9月1日那一天发生了什么，然后又发生了什么，他们在谈话开始前就已经知晓一切。

但是，他亲身经历的一切真能引起大家的关注吗？里夏德·冯·魏茨泽克今天还能回忆起，父亲在庭审过程中的表现使他的辩护律师感到难以应付。他意识到自己一败涂地，同时深信自己无法取得大家的谅解，所以他"尽可能地保持缄默"。众位辩护律师鼓励他说话，"以便人们重新认识他"，不是在这个法庭上，而只是在新近的法庭上！对于减轻罪责的提议，他不想考虑。里夏德·冯·魏茨泽克只是简短地说了几个字："这令人很窘。"

有关这一切的资料可以装满一个小型图书馆。面对德籍辩护律师赫尔穆特·贝克尔，父亲在多大程度上保留了自己的意见，这也没有瞒过魏茨泽克。据说，贝克尔当时迫使父亲进入"反叛分子"的角色。事实上，据贝克尔本人透露，被告在纽伦堡法庭上听完他为其所做的辩护以后，先是简短致谢，然后说道："您要知道，人们在读我的回忆录时若根据您的辩护词对号入座的话，他们会大失所望。"[89] 这说出了被告的心声：恩斯特·冯·魏茨泽克显然完全意识到，他根据自己的感受勾画的自我形象同贝克尔所描绘的参与反叛行动的外交官形象并不匹配。

赫尔穆特·贝克尔同卡尔·弗里德里希和里夏德·冯·魏茨泽克都是关系密切的好朋友，他作为教育改革论者、教育研究者和左翼自由党人的支持者，在年轻的联邦共和国发挥了重要作用。乌尔里希·劳夫夫（Ulrich Raulff）在探讨施特凡·格奥尔格身后对联邦德国的影响的著作《没有师傅的圈子》（*Kreis ohne Meister*）一书中抨击了贝克尔自己的过去，书中还披露了贝克尔的纳粹党党证编号。[90]

是否由此可以证明，20 世纪 60 年代整个的教育改革论要追溯到施特凡·格奥尔格思想的"转嫁"？教育改革的工作是否是一个由有使命感的精英们推动的彻头彻尾的精英工程？这完全是另一回事，并且人们对此提出严肃质疑。以里夏德及卡尔·弗里德里希·冯·魏茨泽克为例可以说明，来自施特凡·格奥尔格思维世界的"精英们"原本想依据他们自己的狂妄观念"修剪"大众,这一点的根源当然不在于他们对联邦德国自我教育过程的理解。

贝克尔在回顾自己的过去时说,恩斯特·冯·魏茨泽克在他眼里"与其说是一个失败的人物,不如说是一个悲剧性的人物",这个评价与罗伯特·凯普讷的原话几乎完全相同。人们在事后容易这样说,恩斯特试图做"他想必原本知道是行不通"的事情。"话说回来,人们在事发前又怎能知道会发生什么事情呢?"

有时候,里夏德·冯·魏茨泽克作出防御式的反应,他假设道,应当让一无所知的人再一次对父亲——或者甚至私下里对他——进行审判,或者至少应当给出道德上的评分。其实有些问题是从一个极高的平台出发而提出的,似乎就是要借助魏茨泽克家族本身而对某些事情加以阐明。至于里夏德·冯·魏茨泽克——他通常对关乎自己的问题恰恰没有心存戒备的表现——,他参与讨论批判性的问题,他接受这种公开化的争论,"魏茨泽克氏"在这种争论中总是一再被曝光于舞台上。是的,他正是想要同批判者们对垒,他的心中有一个很高的要求:在不能期望立即获得理解的问题上也被人所理解。

如今他在思考关于父亲的一个问题:"他为什么没有在1933年或1934年或最终在1939年辞职?这个问题也是合情合理的。"句点。沉默。魏茨泽克没有继续追问与"1941年、1942年"相关的事情,他没有,他停留在1939年那里。

魏茨泽克让时间停留在父亲自认为已经"失败"的1939年,这是否给自己布下一个迷局呢?这位第三帝国外交部的国务秘书是否骑虎难下?如果是,那么这种态势是否——在他自己的眼里也是如此——通过下述事实得到证明：他确实曾向受到威压的人，比如还向德国驻华沙大使馆伸出庇护之手？引人注目的是，许多在使馆工作的人为了顾全道德感而付出生命的代价。最终连证词最没有力度的公诉方证人也没有在威廉街审判案中出面作有利于魏茨泽克的陈述。

是的，里夏德·冯·魏茨泽克的回答很明确：外交官兄弟泰奥（Theo）及埃里希·考尔特（Erich Kordt），7月20日后被处决的亚当·冯·特罗特（Adam von Trott），他把这些人归入在父亲的庇护下遵照其指示工作的人当中去。另外，还有国际联盟的高级专员卡尔·雅·布克哈特（Carl J. Burckhardt）以及挪威主教埃文特·贝尔格拉夫（Eivind Berggrav）。父亲曾力劝这位挪威主教到英国寻求帮助，以遏制希特勒纳粹集权统治下的德国。

贝尔格拉夫同父亲是关系亲密的朋友，他属于反对德国占领者的抵抗派的核心力量。而他的帮助对里夏德·冯·魏茨泽克来说占有更大分量：这位主教后来提供了上百件信函为恩斯特·冯·魏茨泽克做辩护。"每一份单独的信函都证明，我的父亲采取的个人干预行为挽救了这些写信人的生命。"他们一致认为，要是他先前辞职不干的话，那么没有什么比这更可怕的事情了。至于他没有权力阻止战争或大屠杀，这在里夏德·冯·魏茨泽克看来是另一回事。

谈到阻止战争的想法，魏茨泽克的父亲是否曾天真地相信自己的影响力，以为自己可以纠正某些从核心上根本错误的东西？里夏德·冯·魏茨泽克在谈话中回应道，父亲"如此坚决而明确地认为，他的任务根本上归于失败，以致我几乎无法把

'天真'二字与之相联系"。

他又补充说，但是，他在审判案期间才真正认识他的父亲。在他年幼的时候，父亲几乎从不在家。有一次，父亲要来看他们时，他的哥哥亨利希问道，这个人是不是两周前曾在他们家露过面的那位先生。

回顾过去，他时常遗憾地感叹，有文化素养的市民阶级对自己保守的思维方式的中空地带几乎没有辨别能力。许多知道不少真相的人却异乎寻常地呈现出手无寸铁的架势。这些评价是敏感而尖锐的。他会不会有时候问自己，是否在看问题时应当同父亲保持更远的距离？他回答说："在我的人生经历中，父亲在我眼中有三点特征：第一，他给我留下了深刻印象；第二，他少言寡语；第三，他常常不着家。我在1947年自己提出关于参与辩护工作的问题，在此期间，我通过接触新闻报道、诉状和表示同情的意图等杂乱材料而重新认识了他。""是的，我是否同他保持的距离太近，这个问题是合情合理的。第一，我所经历的无非是，相信对他来说重要的事情要花些气力，而近距离地一道经历这些事情就不用这么辛苦。第二，他感觉到，他试图做的事情失败了，而他是否应该尝试着去做这些，对此他将接受任何神意判决。"魏茨泽克又说："使人们在理解体谅自己的过程中作出相应的评价，这个目标他不能也不想实现。""我和他一道经历了这些，我相信他。我的感受就是这样。因此，我的主要任务就是，张开双眼回首过去并从中吸取教训。我从未感到，我同父亲一道经历的这个过程是一种矛盾。"

父亲在纽伦堡审判案中"不再想获得人们对自己的理解和

体谅"，而里夏德·冯·魏茨泽克是否也没有理解这个人呢？

如果我没有看错，里夏德·冯·魏茨泽克对这一生中没有回答的问题都是这样搁置不谈的。摆在眼前的是多么错综复杂、多么令人迷惘的德国难题啊！儿子把这些难以辨清的事情当做事实来接受。从中，从这些仍旧含混不清的事情中，他暗自得出结论：必须费心思弄清当前若干问题。他认为，他在联邦德国就是发挥着这样的作用。

他补充说，父亲或许不是充满深深的虔诚信念。"他的沉默也说明这一点。""但是他感觉自己被送到和被驱使到他最终所走的道路上，他和自己的道路之间有着不可分割的联系。"停顿片刻。"他可以这样做还是不该这样做，对此他将毫无异议地信赖亲爱的上帝作出的任何裁决。"魏茨泽克又停顿了片刻。"不，我同我父亲所持的态度没有内心的冲突，我几乎不早于其他任何人而为父亲的事忙碌。"

父亲失败了。可是他呢？在震惊于战争最初几年的惨况后，他的内心有了定论。他信守了错误的东西。反叛行动也失败了。他是怎么说的来着？我们没有成事！可是，我在父亲的《回忆录》中却没有找到这样的语句。

马里昂·登霍夫伯爵夫人和魏茨泽克在一篇题为《反击后辈的自以为是》(*Wider die Selbstgerechtigkeit der Nachgeborenen*)的文章中共同就下述问题发表了看法：参加 7 月 20 日反叛行动的男子们是否也直接或间接地参与了德国国防军的罪行。有人指责说，当犹太人和红军政治委员被枪毙的时候，海宁·冯·特雷斯科夫 (Henning von Tresckow) 和朋友们正在"进行有关道德问题的深邃的谈话"，伯爵夫人和魏茨泽克对这种指责愤而反驳。他们每个人都了解这些罪行，这并不等于说他们参与了犯罪。他们认为，希特勒在 1941 年 5 月 13 日下达的对非正规军格杀勿论的命令是罪恶的。当时任团副官的里夏德·冯·魏茨泽克在这篇两人合著的文章中还自己补充道，有一次从后方来了一道命令，内容是不要抓战俘。就他任副官时所了解到的情况而言，这道命令从未推行过。苏联军队的政治委员一经俘获就被枪毙的那道"政治委员命令"也是如此。他承认，人们无法说"国防军总的来说是清白无辜的"，说它"处于邪恶的强权中间证明自己是唯一的安全避风港"。[91]

魏茨泽克认为，正是这些对非法行为的体验使得"必须采取反叛行动"这种认识在他的步兵团酝酿成熟。这一点也是明白易懂的。[92]

在对的看法上，人们是可能产生摩擦的，人们可能对他们进行审查，也可能对他们报以喝彩的掌声。不过，魏茨泽克家族的人举双手欢迎大家提出问题。他们为此提供了一个理想的投射面。他们不拒绝有关的各种争论。大家也应当提出问题。然而，人们自己身上存在的问题也会造成困扰。这些问题听上去难免造成这样的印象：似乎人们可以评论他人的生活。人们不能这样做。

里夏德·冯·魏茨泽克大学毕业后，想到慕尼黑的时代史研究所去工作。他想要探究，所有这一切是怎样发生的。但他在最后一刻从这种对自己的过去的"理论"整理中抽身出来，这是一个他从不为此感到后悔的决定。

五、弯　　路

　　1945 年，这位时年 25 岁的男子魏茨泽克大概希望出现的"零时刻"，那不依从命令的"道德新起点"，结果并没有到来。可以说，这对联邦德国来说是幸运的。没有发生革命，没有人被绞死在灯柱上。共和国必须自己学习，自查自省。魏茨泽克把自己看作一个正在找路的人，虽然属于这一自省的当局者，但自己本身并没有深信不疑。如同里夏德·冯·魏茨泽克所认为的那样，在他身上倒不如说是机缘巧合主宰着他的职业，他既没有选取时代史学家的人生轨迹，也没有按照父亲的模式走上外交部一名外交官的生活道路，尽管这两者他都曾经考虑过。

　　可想而知，在经历关乎生存的体验后，纽伦堡审判庭上的父亲对政治的任何趣味都随着莫斯科城下的第九步兵团这"普鲁士的荣耀"（马里昂·登霍夫语）的幻灭而灰飞烟灭了。魏茨泽克在回顾共和国的经济繁荣年代时意识到，许多人都作出这种反应。他感觉到，战后人们可能有"两种选择"："要么再也不想同公共事务打交道——可这对我来说是完全不可思议的——，要么想理解和影响某些事情，这样的活动无异于从政。"但是，政党政治究竟是政治吗？

威廉大街审判案弄清了下述事实：自 1945 年 5 月 8 日起，只是由于父亲的原因，即使是来自新世界的政治也迎接魏茨泽克家族的加盟；他们没有完全退出历史舞台。此外，魏茨泽克的兄长也在"第三帝国"时期海森贝格（Heisenberg）领导的物理学家小组中以及作为斯特拉斯堡的教授频频出头露面。

如果说还需要一点推动力——战后这些自然科学家被短期羁押在哈尔农场，在此期间他们惊闻向广岛和长崎扔下原子弹的事情——，那么他们面临的是自己的角色问题以及追问那个关乎政治和道德的大问题：科学允许用来做什么。对卡尔·弗里德里希来说，将来至关重要的是，不让世界跌跌撞撞地走进核斗争中。同里夏德相比，他缺乏那种令人瞠目结舌的对政治的敏锐感知力和对政治的兴趣，他的熟人有的甚至说他"在政治上百分之百的幼稚"。尽管如此：隐退到不问政事的套间，戴上隐身帽，让人看不见自己——这在他看来是不可想象的。那样做对于做过军官和法学大学生的弟弟来说原本比对他来说还要容易。

里夏德·冯·魏茨泽克回忆道，卡尔·弗里德里希在树林散步的时候构思出全部讲义，然后直接就把脑子里所想的写到纸上，紧接着又凭记忆复述给学生们；但是属于"政治的范畴如权力关系、策略和可行性"，他根本没有考虑过。里夏德已经明白，兄长或许认为他有些"倨傲"。

相反地，卡尔·弗里德里希的心里显然对兄弟生出越加浓厚的敬意：他在回顾过去时曾经承认，他觉得"没有什么像战争这几年如此深刻地——以可怕的'高压速煮'法——影响着"

他的弟弟里夏德。[93] 他学着认真看待这个弟弟。里夏德是唯一一个为议会和政党的世界带来"激情和意义"的人。他看来比他们所有的人都清楚，"他是在和政治打交道，政治变成了他的生活内容"。

卡尔·弗里德里希援引一句家族格言说："人们是为一个整体效劳的！"他接着说，以前人们称之为民族或祖国。"如今人们也可以称之为和平，可以为此找到各种称谓。人们是为一个整体效劳的，而不是一个群体。里夏德走进了一个政党，因为如今政治活动的形式证明了这一点。"[94]

战争结束，脱下戎装，希特勒的时代已成过往：如今仍然令里夏德如醉如痴的是，作为大学生的里夏德·冯·魏茨泽克首先享受"解放的这一刻"。一场"遍布世界的繁盛得难以置信的发现之旅"开始了，而这在服役期和纳粹时期被"扣留"了，不给所有的人。里夏德在当兵时想必在俄罗斯战胜了"布尔什维克主义"，如今他对 19 世纪的俄国文学，对托尔斯泰以前所有的东西，都心醉神迷。他如饥似渴地品读一切：宗教改革和文艺复兴，神学、物理学、自然的历史——他的哥哥讲过一节与此有关的课——，马克斯·普朗克、韦尔讷·海森贝格，他们"真的是熟悉世界的天才师长"；现代的私法史"不外是现代的文化史，而这总的来说又是政治的中心题目"。

他痴迷戏剧，从桑顿·怀尔德（Thornton Wilder）经由贝托尔特·布莱希特（Bertolt Brecht）直到让·保罗·萨特（Jean Paul Sartre）和尤金·奥尼尔（Eugene O'Neill）；是的，同仁们在寻找自己的和共和国的道路中起着重要的作用，他们手挽手齐力而为。威廉·海尼斯（Wilhelm Hennis）、霍尔斯特·伊姆科（Horst Ehmke）、彼得·冯·厄尔岑（Peter von Oertzen），他们都属于这个朋友圈子，他们都对海尼斯非常简洁地称作"宪政物"的东西感到着迷。

魏茨泽克承认，在1946年，他却并没有"获得对历史的大致了解，后来才学到"。他再次证明自己是个正在学习的人。时代史和政治学更加吸引着他，但是情形就是不同了——他必须挣钱糊口。

在他踏入职场的第一站上，直接引发他思考的不是政治，而是煤钢联营和社会政治的问题。在私营企业工作并不符合魏茨泽克家族的传统。但是他不假思索地答应接受这份企业的工作，进入曼内斯曼（Mannesmann）股份公司的矿业做"助理科员"，每月领120马克的薪水（加上每个工作日在盖尔森基兴花费的6个马克）。这个企业属于其国有化存在争议的煤钢产业。雇佣工人和雇主享有同等共同决定权的理念被引入这个产业的监理会中。在曼内斯曼，这位30岁的男子还结识了玛丽安娜·克莱彻曼（Marianne Kretschmann），他不久后娶了她。

他特别偏爱能在很大程度上激励人心的天主教社会学说，这一点是明确的，无论如何，他不讳于谈及它。共同所有权、员工股份和工资投资制对于基督教民主联盟也不是什么禁忌。联邦德国在学习在内省，他也在一道学习内省。因为他察觉出，基督教民主党人的谈话圈对社会伦理问题有着比社会民主党人更大的开放度，因此他特别向基督教民主联盟靠拢。在当时，正处于20世纪50年代，他也在向政党领域摸索前进。期盼着出现政治上的支持，因此对他来说加入一个政党的问题就迫近了。他此前一直认为党派是不可或缺的，而没有哪个政党符合他心目中的理想形象。令他感到敬仰的是，有的人把党视作他们的"家园"，而"我们的民主宪政的活力"则足以令他生出"从政如归"的感觉。如同他坦率地承认的那样，他成为一个出于理智和党派做朋友、同时有所保留的人。但是他想明确地指出，这不仅仅是口头上的承诺：1954 年，他加入基督教民主联盟。

三年后的 1957 年，他已经被擢升为曼内斯曼公司经济政策部的主任，这个煤钢企业当时已经招录有大约 70 000 人。他后来冷静地评价道，他参与了在企业领导和工会、在经营和政策之间搭建桥梁的任务，取得的"结果是充满变数的"。但是，他的事业是蒸蒸日上的。他这样形容这段生活历程：为了拓宽自己的眼界，他"朝着一个对我们的国家当时的建设时期起决定作用的方向"迈进。这听起来让人产生些许这样的印象：似乎他正式地经受一种严格的训练，以便与联邦共和国一道摸索着迈进。

如果我们正确理解这一点，这表明，他表现出踌躇和犹疑，不确定政治这条路是否从长远来看是正确的道路。政治吸引着他。而在他最终登上政治舞台之前，孵化期无意间延长了。他属于德国工业联合会（BDI）的一个小组，1957 年，这个小组受邀到绍姆堡宫拜见联邦总理。时年 37 岁的魏茨泽克在谈话中顺带着让人看透，他完全也可以把政治设想成自己的职业。康拉德·阿登纳（Konrad Adenauer）当时不由自主地劝告他说，他应当首先组建并照料一个家庭，在政治中他没有用武之地。里夏德·冯·魏茨泽克一辈子都对这个反应铭记于心，它不仅出现在《回忆录》中，在谈话中他也常常想起这番话。

里夏德这样解释这个反应："魏玛遗老们"想要独掌联邦德国的大权，"他们根本不愿获得年轻一代的支持"。那么阿登纳，他为何作出如此粗暴生硬的反应呢？如今里夏德纵然对他百般崇敬，依然讽刺性地把他描绘成"魏玛遗老的最高统帅"。那么请问，那些 1945 年在纽伦堡就已经相信能够凭自己的力量开创一片新天地的人们，他们怀着这样的感觉将何去何从呢？里夏德·冯·魏茨泽克："我们认为，我们不想等到生命终结的时候，不想到那时还受魏玛遗老的领导。"

是否由于里夏德的父亲，这个纽伦堡的被告，而使得阿登纳对魏茨泽克这个名字带有一种保留，因为他不想将基督教民主党人和这个纽伦堡的被告等同起来？阿登纳在他的人事政策上并不总是表现得近乎迂腐死板，他早就公开讲明，在纳粹党的飞黄腾达绝不应当从根本上妨碍在联邦德国的政府部门有远大的前程，然而我们认为，在"魏茨泽克"这个个例中反映出态度鲜明的行动。儿子里夏德·冯·魏茨泽克肯定觉察到了这一点。

在阿登纳"劝告"德国工业联合会圈子中的这位年轻人最好摆脱政治这一行的时候，兄长卡尔·弗里德里希的名字想必也在其中起了作用。《格廷根十八人》宣言一定历历在目，上面也有卡尔·弗里德里希·冯·魏茨泽克的签名，何况两周之前弗兰茨·约瑟夫·施特劳斯（Franz Josef Strauß）和物理学家们之间大概还当场起过冲突。也是为了"德国的原子弹"的事情。而这偏偏就发生在绍姆堡宫的康拉德·阿登纳身边。总理站到施特劳斯一边。这时，喔唷，这位兄弟大驾光临，还大摇大摆地做着飞黄腾达的政治美梦？

　　阿登纳对"魏茨泽克家族"的保留意见兴许在一定程度上甚至还是有所掩饰的。相反地，里夏德·冯·魏茨泽克此前已经发现，阿登纳的得力助手瓦尔特·哈尔斯坦（Walter Hallstein）则对他的家族公开表达出自己的保留意见。里夏德在大学念完法学专业毕业后，怀揣优异的成绩和过硬的语言知识去应聘外交部的工作，条件都符合，他应当被录用；但是阿登纳的这个位高权重的国务秘书却暗地里提出否决意见——着重提到魏茨泽克的父亲当时的身份和所起的作用。儿子里夏德听到风声，感到这种干涉是对基督教民主党人实行"连坐"，当然这也确实是如此。[95]

　　魏茨泽克说，起先，阿登纳的"劝告"激发起他在企业的工作之余更加集中精力做教会会议工作以及协助哥哥的年迈朋友圈子——在卡尔·弗里德里希之外主要有路德维希·赖泽尔（Ludwig Raiser）、格奥尔格·皮希特和赫尔穆特·贝克尔——的事务的动力。他这样热心地参与这些工作有充分的理由。有影响力的牧师，如马丁·尼莫勒、赫尔穆特·戈尔维策尔（Helmut Golwitzer）（尼莫勒在"第三帝国"时期被捕后，此人成为尼莫勒在柏林－达勒姆的接班人）和库尔特·沙尔夫（Kurt Scharf）（萨克森牧师，1961年任德国基督新教教会委员会主席）都为了使教会的首脑层实行彻底的精英更迭制而费心操劳。奥托·迪贝留斯（Otto Dibelius）领导下的保守派主流声名扫地，他们当年向纳粹集权靠拢得太近了。这时，尼莫勒和他的朋友们坚定不移地揽下责任。他们统统属于皈依教会，自认为继承了卡尔·巴尔特（Karl Barth）的传统，他们全都想旗帜鲜明地离开希特勒执政期间的教会所奉行的路线。1945年以后，在年轻的联邦德国几乎没有其他洁身自好的、和纳粹没有瓜葛的精英。从那时起，尼莫勒、戈尔维策尔和沙尔夫已经脱颖而出，他们的呼声不久就有了巨大的分量。

当赖恩霍尔德·冯·塔登－特里格拉夫为自己寻找担任教会宗教会议主席的接班人时，他意识到魏茨泽克对公开谈话、对基督新教内部的对话以及对基督教界都很感兴趣。在他的眼里，这位年轻的魏茨泽克已经享有搭桥者的名望，至少他的沟通作用在教会的各教派之间也取得如愿以偿的效果。他显然也并不认为魏茨泽克在择业方面表现出的在企业和教会的迂回是一般性退出政坛的举动，里夏德·冯·魏茨泽克在他的教会中被认为是非常有政治头脑的人。"无我"[96]，这个时代精神的口号，不适合用在他身上。

魏茨泽克的朋友赫尔穆特·贝克尔更加径直地走向一道发表意见这个目标。贝克尔比他年长几岁，他是一位声名显赫的普鲁士文化大臣的儿子，他通过在纽伦堡为魏茨泽克的父亲辩护就已经为自己赢得了声誉。在一次采访中，贝克尔直言不讳地承认："我在1945年想象着，我们这一代现在将很快进驻这个国家的权力阵地。"里夏德·冯·魏茨泽克也急于进入这样的"权力阵地"吗？也许是吧。但是即便是这样，他也大概不会说这样的话来表达这个意图。

他大概会如何看待贝克尔早就产生的清醒的认识："职权的权力是很小的"，这个问题更加难以回答。魏茨泽克是否也认为，职权会碰到其他职位所引发的剧烈得多的变化？贝克尔洒脱不拘地评价道，县长要为卫戍部队征用成套家具，而部长在较大的约束和克制下行事，活动的余地很小。他从中得出自己的结论："围绕要做什么而进行的思想论争，要比所谓的职权更接近权力。"[97]

大概整个朋友圈都抱有至少类似的想法，年轻的里夏德·冯·魏茨泽克，还有步兵团的朋友哈尔穆特·冯·亨蒂希和克劳斯·里特尔（Klaus Ritter）以及里夏德的哥哥卡尔·弗里德里希都算做其中的一员。布舍被排除在外，他没能留在国内。显而易见，他们追求影响力，但未必是追求职权。这对于他们来说显然是两回事。而这并不是出于原则上的考虑，因为"思想和权力"是水火不相容的。

当赫尔穆特·贝克尔担负起为著名的被告恩斯特·冯·魏茨泽克辩护的责任时，他明白，这肯定可以为他在职场上的锦绣前程开启一扇大门。不，他们认为，在"思想"方面能实现更多的东西，因为新的当权者掌握的权力小，而且"政权"已是声名狼藉。

问题是，如何以及究竟在什么位置上能对早期的联邦德国施加更多的影响：在权力和政党政治的层面上，还是通过参与寻找国家未来道路的运动。

纯粹经济的、纯粹企业经营的问题和此外在私有企业任职的 20 年时光并没有成为他的心事。他喜欢用下面这个套语来表达这一点：他没有成为研制"无缝管"的专家，也从来没有卖过一件"产品"。但是他承认，他"日后的行为和思想"深深地受到在曼内斯曼和银行所积累的经验的影响。

他临时被调到杜塞尔多夫的一家私人银行——瓦尔特豪森（Waldthausen）有限责任公司——担任业务经理，他的夫人家有两个堂兄故去了，杜塞尔多夫和埃森的银行急聘经理。他个人又在那里做了四年的责任股东。

最后，里夏德 · 冯 · 魏茨泽克被说服而走上一段人生中全新的商场历程：他接任勃林格 · 索恩（C. H. Boehringer Sohn）公司，担任英格尔海姆的一家大型制药企业的老板。他对当时的大老板恩斯特 · 勃林格感到"无限钦佩"。魏茨泽克的父母在1932年滞留瑞士期间就已经同他的堂弟罗伯特 · 勃林格相交甚厚。罗伯特 · 勃林格受过高等教育，坦承自己是施特凡 · 格奥尔格的信徒。由于他的夫人是犹太人，因此一家人及时地流亡日内瓦。顺便说一句，在描绘魏茨泽克的父亲，即日后的国务秘书的形象时必须把所有这一切都考虑进去，因为事情有许多层面。为人很严厉的罗伯特 · 勃林格对魏茨泽克来说"几乎"扮演着"父亲的角色"。1965年去世的恩斯特 · 勃林格很快就把魏茨泽克视为自己天然的继承人。如其所愿，里夏德 · 冯 · 魏茨泽克在其身后被擢升为老总。这是他在商场中打拼的顶点，却也是终点。

在那些年里，人们大概不应当把魏茨泽克设想成表现特别积极的党员。相反地，在他看来，在基督教民主联盟以外没有"必须认真考虑的其他选择"[98]，这一点看来绝不像他口中所说的那样听来理所当然。他形容道，这个"U"代表"联盟"，他把它看得很重，而这个"C"倒是给他增添麻烦。从纳粹期间的经历吸取到的教训是：必须要克服旧的教派对立。阿登纳领导下的这个党特别想获得基督教社会学说的启示，建立社会伙伴关系是它的目的。基民盟想成为一个真正的人民党。他在回顾这段历史时表示，所有这一切都使他感到称心如意。

　　他今天还在说，反过来作为党内同志他觉得自己有些"格格不入"，虽然他在第一次参加选举时投票给一位社会民主党的州议会议员，但是他绝不想加入一个小政党，比如自由民主党。但是他从根本上打算，不再小心翼翼地等候时机或袖手旁观，必须下一回决心了。

　　他列举出种种充分的理由，然而，他寻找一个具备广泛的基础和各方面齐备的人民党，这一点是清楚明白的，但他早早地加入康拉德·阿登纳的多数派政党，这却并不能天衣无缝地合乎人们对那位里夏德·冯·魏茨泽克所形成的印象。人们恰恰不了解基督教民主联盟，不知道它在多大范围内体现出一个真正新型的政党抑或在多大范围内只是一个集会运动的所在，它的以天主教为中心的过去将在多大程度上影响它，特别是它同德国最近的过去进行的决裂还将从人事关系的角度产生多么激进的结果。它争取到大多数人。德国人中的大多数为所发生的事情分担责任。

　　拿 1945 年的重大意图来衡量，这个重大意图根据马丁·尼莫勒或他新争取到的同路人马里昂·登霍夫的意思就是敢于开辟"道德的新起点"，难道这里没有更好的另外一种选择吗？赫尔穆特·施密特当时说，根据他在这 12 年期间的经历来看，只有对社会民主党人采取的措施，即同那些曾给希特勒"抬轿子"的权力精英决裂，才是真正坚定不移的举动。

　　基督教民主联盟绝不想连续犯错误，人们也根本不能这样背后议论出生于有着田园风光的勒恩多夫的康拉德·阿登纳。但是社会民主党人如同共产党人一样在纳粹党人的迫害下失血过多，他们主张进行特别明晰的决裂。阿登纳的基督教民主联盟被明确公认为是那些受天主教的主教影响的人组成的政党，它也仰仗若干不易被诱骗的人的支持，但同时十足赤裸裸地争取那些小党的党员、随大流者和信徒。不久，反对新的对手，即共产主义或"克里姆林宫"的斗争拉开序幕，它把人们的视线从和本国新近的过去进行彻底的斗争转移开来。20 世纪 50年代初期，在魏茨泽克、登霍夫和布舍这三位经历纽伦堡审判案的朋友身上就已觉察不到什么是对道德热情澎湃的初始动力。沃尔弗冈·克彭（Wolfgang Koeppen）因此在 1953 年把他的小说命名为《温室》（*Das Treibhaus*），他在书中描写了受到天主教影响的波恩那种令人窒息的气氛。旧有的一切延续下来，蔓延丛生，腐蚀着莱茵河左岸纤弱的新生事物。温室？里夏德·冯·魏茨泽克显然另有一番经历。他谈到自己时说，除了"社会伦理"的问题他主要忙于以下问题：如何考虑同东部的邻居打交道以及如何处理奥得－尼斯河的边境问题。不过在20 世纪 50 年代，社会民主党人在这两个早期让他烦恼的问题上和阿登纳的基督教民主党人还多半能达成一致。

然而，他早早地下定造福于基督教民主联盟的决心，这在朋友圈里是一个例外。人们发现，就连他的兄长卡尔·弗里德里希，特别是马里昂·登霍夫伯爵夫人和赫尔穆特·贝克尔、哈尔穆特·冯·亨蒂希或基督教教会的同路人，如神学家和柏拉图专家格奥尔格·皮希特，这些人在历经摸索阶段后的联邦德国早期很快在丰富多彩的思潮中站在左派自由主义思想一边。不管怎样，他们想在这个道德新起点上一道进言献策，也正是在种种教育问题上参与讨论，但他们颇早地从批判的立场出发而追随着阿登纳的政策。1957 年在物理学家们和施特劳斯之间发生的冲撞第一次向外界揭示了这一点。与这个朋友圈中最年轻的魏茨泽克不同的是，他们后来也没有下定决心，变换角色而直接走上政治舞台。

里夏德·冯·魏茨泽克独自向政党民主靠近。这不是一小步。这不符合家族传统，（基督新教的）朋友圈的所作所为更加被看重，可这个朋友圈很注意距离。然而他显然并不轻视那些传统的"职权"，赫尔穆特·贝克尔谈起它们时说道，"权力"根本不掌握在那里。

他想拥护议会民主，它不同于政党民主，是无法筹建的。他是否因此而背弃他的同路人和朋友，背弃他的想走不同的道路以利于新的共和国的自我认同的思想环境，这是另外一回事。在我看来，他从未真正离开这个环境。相反地，他试图把这两者互相结合起来。一种平衡的行动开始了，很少有人敢像他这样做。这一直是他的"商标"。

人们在他回顾过去时更加明确地看到，魏茨泽克也没有学会把基督教民主联盟视为家乡。他觉得哪里才是家呢？仔细端详，这是一个小小的世界，在这个小小的世界中，他宁愿作为教育学家、神学家、哲学家或如同马里昂·登霍夫一样作为记者用话语介入社会和政治。在我看来，魏茨泽克也总是在小的谈话圈中，在协商的、话语的和政治界的空间内真正如同置身家中一般自在，在以下空间进行思想上的争论：星期三协会（自 1993 年起）、柯尔柏基金会、米格尔湖团体、基督新教研究协会研究站、魏玛国家基金会、弗雷亚－冯－摩尔特克(Freya-von-Moltke) 基金会……还有同赫尔穆特·施密特之间的友谊，它不也是自从这位卸任总理同样饶有兴致地参加这些

"圈子内"的讨论才真正培养起来了吗？

赫尔穆特·贝克尔把协会和朋友圈中的这些活动称作什么？"围绕要做什么而进行的思想论争。"里夏德·冯·魏茨泽克后来同他的党，特别是同赫尔穆特·科尔之间产生的许多冲突，在这里都能找到其真正的原因。并非如科尔所说，因为魏茨泽克对政党政治的低地"太敏感"，而是由于政治中心最终根本没有向魏茨泽克这边倾斜，政治的概念没有根本改变：只有在对使用政治欲打开什么局面有所构想的时候，争权夺势才是值得的。政治并不是目的本身，这一直是魏茨泽克的信条。

他加入了基督教民主联盟，但对他来说这是摸索着迈向新天地的第一步。他还长期主要忙于企业经营的问题。1961年，年近70岁的赖恩霍尔德·冯·塔登－特里格拉夫第一次走向魏茨泽克去问他是否愿意成为自己的接班人，担任专职的教会宗教会议主席。

这绝不是理所当然的。魏茨泽克家族被列入信奉新教文化的家族。但戈尔维策尔、尼莫勒和沙尔夫认为，正是新教文化忘记在特别的程度上同希特勒保持距离。鲁道夫·冯·塔登（Ludolf von Thadden）回忆道，他的父亲尽管一直很保守，但正是对"教会机构"的维护使得像他一样的基督新教教徒免于同希特勒政权走得太近。他的父亲认为，教会宗教会议不可以仅仅是"舞台"，它也必须是"机构"。根据从希特勒时代获得的最切近的痛苦经历来看，他相信这样一种机构具备免疫力，它比社会具有更强的抵抗力。

还在苏联战俘营的时候，赖恩霍尔德·冯·塔登－特里格拉夫，这位波莫瑞的虔信派教徒就萌生了组织教会宗教会议的计划，1950 年，他在埃森第一次把该计划付诸实施。在建造柏林墙之前，东部和西部的基督新教教徒一直都在参加未受圣职的基督新教聚会，它呈现给人们一个理想中的混合理念：不要"以上帝的名义"搞"政治"，不应当听从上面的权威，而这样一来，人们感觉自己对社会问题一直是负有责任的。

尽管存在上述这些异议，冯·塔登－特里格拉夫就是看好这位知名的年轻经理。魏茨泽克起初本能地表示出犹豫的态度，因为他不想把自己牢牢地定位在教会内部。他渐渐成长起来，"并没有指出，我是路德派、改良派还是福音派"。此外，他认为自己缺乏在基督教界处事的经验。他虽然很热爱教会宗教会议，但他在长达三年的时间里还是没有同意接任教会宗教会议主席一职。1964 年，44 岁的他觉得，是时候作出"一个真正具有指导性的决定"了。此时，他终于对一直不肯放松的冯·塔登－特里格拉夫应承下来。

1964 年，里夏德·冯·魏茨泽克在东柏林由东德和西德的主席团成员推选为"全德"教会宗教会议主席。作为"自由职业的候选人"，他觉得自己在 1965—1969 这些年间走在"被选择的政治"的道路上。曼内斯曼、勃林格、银行，所有这一切渐渐退居幕后。

里夏德·冯·魏茨泽克说，基督新教教会宗教会议的工作对他来说犹如一次"新的觉醒"。特别是先前就已吸引他的德国政策和东方政策由此完全成为重点问题：比如德国人应当如何看待他们在西方的作用，"德国问题"将会有什么样的结果，特别是应当如何处理同东方邻国之间的关系（同波兰的关系在这里居于首位）。

1950 年和 1954 年，他在埃森和莱比锡的教会宗教会议上就已经意识到，通过教会也能够对年轻的共和国施加影响。这个抉择完全有它自身的吸引力。虽然存在两个德国国家，但是基督新教的未受圣职的集会在东部和西部之间搭建了一座非同凡响的桥梁，甚至可能是这个意义上唯一的桥梁。光是涌向莱比锡的基督新教教徒就达 650 000 名之众。

况且，克劳斯·冯·俾斯麦（Klaus von Bismarck）（魏茨泽克在波茨坦的步兵团里结识了他）敢于在他的讲话中敦促同战争敌手和解并提醒人们记住无法摆脱的战争后果，特别是在从前的德国东部地区人们最终流离失所，痛失家园。这犹如鼓声钟鸣！政治还需要很长时间才能到达俾斯麦已经达到的所在。欲实现这样的目标，可以以教会为出发点！

教会在寻找道路，并一道进言献策。魏茨泽克对共和国应当有什么样的面貌这个问题并没有清晰的设想，他从来不顾忌承认这一点。但那时魏茨泽克的处境同整个国家的情况原则上没有什么区别。

他虽然并不把兄长卡尔·弗里德里希或马克斯·普朗克称作自己的师长，但他早就细听到物理学家们的争论。一方面，他们在战后首先受到下述质疑，说这些物理学家曾参与为希特勒研制核武器的计划；另一方面，广岛深受原子弹之害，这加上核大国的冷战都彻底改变了世界。因此，"和平问题"成为物理学家们的中心议题，并且不要忘记，精英们应当觉察到自己要为全体共同担负责任，绝对不可以在他们的象牙塔中与世隔绝。这不是以期为他人树立道德的精英工程。他们在吸取教训。他们想进行自我教育。而他们最大的忧虑是迫在眉睫的核战争。发表"格廷根十八人"备忘录时的社会背景就体现了这一点，里夏德·冯·魏茨泽克的兄长自 1956 年就已经在幕后商谈这个问题，而现在他想公开大力推进这个事业。

由于德国没有核武器方面的发言权，但却被认为是"战略性"核武器冲突可能的交锋地点，所以弗兰茨·约瑟夫·施特劳斯怂恿着彻底更改路线方针：联邦国防军应当装备有核武器的运载体系，即使动用核弹头的权力本身一直掌握在华盛顿手中。阿登纳的这位国防部长抱怨"核武器的殖民主义"，核武器的穷光蛋应当敢于起来反抗核大国。

康拉德·阿登纳自 1957 年起以基督教民主联盟 / 基督教社会联盟的绝大多数为后盾，明确地坚决赞成施特劳斯的立场，但同时又想有所克制。因此，他指出，必须把战略性核武器和大型核武器区分开来。无非是对"继续研制重炮"的事情还有争论。他的这些言辞使全国上下更加民怨沸腾。这其中就有那 18 位物理学家发来的充满怒火的电报，他们向阿登纳宣称，他们将拒绝参加这样一个项目的任何工作。

他们的公开宣言中坚决地说道，策略性的核武器有"通常的原子弹具有的破坏性后果"，也就是类似于毁灭广岛的后果。他们不想否认，互相之间因畏惧氢弹而投鼠忌器有助于维持和平。但他们认为，这种确保和平和自由的方式长久下去是不行的。对联邦德国的最佳保护方式就是放弃拥有任何类型的核武器。谈到战略性核武器灭绝生命的影响的发展可能性，其"自然界限"是"不为人知"的。光是核辐射的扩散就极有可能在今天已经导致德国人口的灭绝。这份宣言的联名签署人想要通过如下声明——这一声明把这一切推向顶峰——阐明，他们现在比战争期间进行研究工作时更加坚定不移："任何一个签署人都绝不愿意以任何方式参与核武器的试验、制造或使用。"

阿登纳恶狠狠地斥责道，认为一个小国如果自愿放弃核武器就能最有效地保护自己，这个论调"纯属外交辞令"。评判外交要有一定的知识，而这些知识"这些先生们不具备"。里夏德·冯·魏茨泽克尽管加入了基督教民主联盟，但这毫不妨碍他赞同"格廷根十八人"。他是就事论事而站队的——这次他站在兄长一边。

马里昂·登霍夫伯爵夫人鼓励魏茨泽克，在给《时代》周报撰写的第一篇文章中为"格廷根十八人"辩护而反击批评者，她的鼓励取得成效。她是魏茨泽克秘密的"家庭教师"，她要让公众了解魏茨泽克的呼声。

1961 年，仅仅四年之后，卡尔·弗里德里希·冯·魏茨泽克(Karl Friedrich von Weizsäcker) 同样地成为"蒂宾根备忘录"的精神领袖。他深刻地影响着共和国早期的讨论。这份致联邦议会通讯处的新的备忘录包含两份公告，这两份东西都向阿登纳的政策提出挑战：首先备忘录的作者再次提及了"格廷根备忘录"的主旨，要求联邦德国绝对不要搞核武器装备，然后他们建议最终承认奥得－尼斯河边界。最后，备忘录中写道，政治不把关于国家状况的真相向公众和盘托出，它凭借社会政治的善举为自己宣传，而不是从根本上革新教育制度。签署人有：赫尔穆特·贝克尔、教会团体主席戴·约阿希姆·贝克尔曼（D. Joachim Beckmann）、剧院经理克劳斯·冯·俾斯麦、韦尔讷·海森贝格、君特·霍沃（Günter Howe）、格奥尔格·皮希特、路德维希·赖泽尔、卡尔·弗里德里希·冯·魏茨泽克。这全都是重量级的名字，所有人都深受基督新教思想环境的熏陶。

又吹起一声起床号，共和国又掀起一场讨论。里夏德·冯·魏茨泽克已经参与了这份备忘录的外交部分的前期准备工作。马里昂·登霍夫不仅为使备忘录的文稿和激情洋溢的讨论稿在《时代》周报上发表而费心操持。1962 年，她再次给里夏德·冯·魏茨泽克，这位在私营企业工作的年轻人以机会，在这份由她任主编和发行人的周刊上声援蒂宾根备忘录。魏茨泽克想并且也应当参与到共和国通过斗争而赢得某些东西的这个过程中去。

魏茨泽克发表的这篇文章的标题叫作《支持顺应性外交政策》（*Für eine Außenpolitik der Anpassung*），文中从这位年轻的作者的视角出发，出色地评述了阿登纳政府在 13 年间百般周旋而设法使共和国处于怎样的状况。他冷静而批判地总结道："我们的口号叫作'隔绝'。"他几乎用乔治·凯南（George Kennan）的口吻指责道，反对共产主义和压迫的思想斗争"没有表现出开诚布公地进行论争的决心"，在开诚布公的论争中，抵抗力经受住考验，吸引力得到增强；德国的分裂早就不再是一个孤立的问题，它只有通过结束欧洲的分裂局面才能消除，"只有靠长期的演进才能逐步地引领到那个方向去"。

人们能够回忆起，一年之后，埃贡·巴尔（Egon Bahr）[99]在图清（Tutzing）发表了讲话，希望"通过重新接触来改变关系"，建议"接近以促其转变"[100]，旧有的政策事实上导致柏林墙的建造之后，维利·勃兰特公开地就承认两个德国国家的想法进行通气。再者，西方大国也还——几乎是平心静气地——容忍了他们。

1965 年，德国基督新教教会的东邻备忘录暂时结束了教会在政治地带寻找出路的运动。来自东部和西部的教会成员在教会协会拟定出这份体现公共责任的备忘录，里夏德·冯·魏茨泽克当时也直接参与此事。标题听上去有些枯燥：《被驱逐者的状况和德国人民同其东邻的关系》（*Die Lage der Vertriebenen und das Verhältnis des deutschen Volkes zu seinen östlichen Nachbarn*），这份备忘录引起强大的爆炸性效果。

五年之前的 1960 年，哲学家卡尔·雅斯贝尔斯（Karl Jaspers）就已经提出如下论点而引起激烈的争论：自由应当比重新统一有优先权。况且，这种统一"在政治上和哲学上都是不现实的"[101]。1961 年，在写下东邻备忘录的四年之前，瓦尔特·乌布利希（Walter Ulbricht）拒绝了犹豫不决的克里姆林宫主人尼基塔·赫鲁晓夫的建议，命人在柏林建造围墙。

在这之后，基督新教教徒通过他们的备忘录插手这个中心问题，这个问题在联邦德国使其他一切都黯然失色：魏茨泽克如今还觉得，这个问题的"清晰性和明确性"是再明白不过的了。约翰·F. 肯尼迪（John F. Kennedy）在古巴危机和建造柏林墙之后第一个大胆地思考——并主张东西德缓和关系，阿尔伯特·爱因斯坦（Albert Einstein）和伯特兰·罗素（Bertrand Russell）发起进行军备监督的倡议，该倡议在普格瓦什运动[102]中找到落脚点。虽然赫鲁晓夫在柏林和古巴这两个超级大国的前院里最为敏感的地方玩火，但是他同样地发出缓和的信号。魏茨泽克评价道，在华盛顿和法国之间简直爆发了"一场以缓和为正题的竞赛"，"时机成熟了，它正式召唤着，借由所选择的职务在我们的政治构想问题上也提出自己的主张。"

东邻备忘录的中心是承认波兰西部边境，即新的完全一般性的缓和政策想必不会让被驱逐者对回家的归程想往太久这样的认识。里夏德·冯·魏茨泽克认为，由此东邻条约政策"才整个地启动了"。由于推行阻碍同东柏林正式对话并以严格的一揽子建议威胁对东德（DDR）的承认的哈尔斯坦主义，[103] 波恩陷入死胡同。勃兰特和巴尔此后计划签署的"通行证协定"[104] 至少使东部和西部的柏林人获得人性的轻松感，魏茨泽克认为这个协定是正确而合乎逻辑的。但是对于他来说，促使签署该协定的前提首要的是这份东邻备忘录，它被认为是"促动"，因此根本没有提交教会代表会议批准。

不管怎样，作为非神职人员的基督新教普通教徒们把这种推动工作推进得比天主教主教们更远。他们想介入这项事业，这一点他们学会了，教会在关键时候用了太久的时间适应形势，这个经历是刻骨铭心的。天主教则是另一面：德国主教对于其波兰同仁的声明"我们表示宽恕并请求宽恕"只是半心半意地做出答复，几乎是冷淡而有所保留的态度，他们未必真正地承认边境。里夏德·冯·魏茨泽克回忆道："我们感到悲哀的是，主教们没有作出比较实质的回答。"他们自己的备忘录尽管没有被认为是对波兰人的回答，但是如同魏茨泽克认为的那样，它恰好同波兰的主教声明形成"互补"。

不过，备忘录的作者们并不想仅仅把意图印在纸上，他们想借此干预实际的政治：他们在深入的会话中缠磨波恩的党主席团，要参与政事。魏茨泽克在回忆时不再问自己，他们当时是否对犹疑不决的政策要求过高，而是思考着是否对这样的政

策要求过低的问题。在欧洲统一的背景下，在 1989—1990 年
这一"突如其来的事变"的背景之下，德国基督新教教会备忘
录的步伐究竟还会显出特别勇敢的态势吗？魏茨泽克自己回答
道，在 20 世纪 60 年代中期必须首先接受现状，"我们想要你
们像现在这样，这是痛苦的，却是不容变更的"。最终现实情
况仍然继续存在："《华沙条约》[105] 存在着，冷战没有结束。"

赫尔伯特 · 韦讷（Herbert Wehner）、弗里茨 · 埃尔勒（Fritz
Erler）和赫尔穆特 · 施密特属于波恩一边同备忘录作者们讨论
过这份东西的对话伙伴。委员会主席路德维希 · 赖泽尔、他
的副手里夏德 · 冯 · 魏茨泽克以及主教库尔特 · 沙尔夫（Kurt
Scharf）站到教会一边。很可能这是魏茨泽克同赫尔穆特 · 施
密特的第一次较为接近的会面，魏茨泽克与他早有摩擦，却学
会更加尊重他。据魏茨泽克回忆，施密特位居德国社会民主党
（SPD）的领导层，社民党的领导层包括施密特在内，简直没
有决断力。几乎没有人真正想触及奥得–尼斯河边界问题。

里夏德 · 冯 · 魏茨泽克认为，尽管埃贡 · 巴尔确信，建造
围墙使哈尔斯坦主义变得陈腐过时——"但是德国社会民主党
绝没有下定决心推行一种新的东方政策"。"它必须受到敦促才
可能这样做——这是可以理解的。"可以设想的是，必须当众
特别是同华沙签署条约，这一直是足够困难的，而他的教会在
早些时候投票表决，这个举动在这里起了决定性的作用。

里夏德 · 冯 · 魏茨泽克并没有这样表达——但是这种促动
并不仅仅在政治上是明智而早就该做的，对于他来说其中也隐
藏着一份弥补。寻找同邻国之间的平衡的德国人，他们的体会
也是他的体会。魏茨泽克再次让公众参与学习。

1965 年：魏茨泽克不无自豪地承认道，这是"对阿登纳的权威的第一个愤而反抗的时刻"。他已经明白，众所周知，东邻备忘录最终不足以猛烈震荡西部的共和国并埋葬早些年间的政治教条。但是，这个促动完全表现出影响力。有些东西表现在政治中之前就已经在头脑中起了变化，而这对于有的人，比如魏茨泽克来说，根本不是无足轻重的。魏茨泽克清楚，远远比东邻备忘录更加声势浩大、并最终结束阿登纳时代却赢得自己敬仰的 68 年抗议运动才导致了权力和政治的更迭，而东部的政客们自 1969 年秋起在社民党和自由党的联盟中也由此坐收渔利。魏茨泽克对政治的理解在这些年中得到加强，他始终信守：政治必须要有信念，而且它最好来源于社会本身。

第一，赫尔伯特·韦讷在巴德哥德斯堡提出要对社民党政策的路线大胆作出改变，他明确要求社民党政策向西方看齐；第二，8 月 13 日围墙的建造；第三，也是最后发生的，就是东邻备忘录。根据魏茨泽克的历史观，这三起历史事件共同唱响了 20 世纪 60 年代的序曲。对于今天的联邦德国来说，这是一个形成阶段，它的意义只有从历史的距离来看才会变得更加清晰。使他感到惊异的是，他在这些留下深刻烙印的岁月里在教会和某处所在之间过着"引人注目的生活"。但是毕竟——他活在当下。

他们想纠正最初 15 年的方针，一定要这样做。里夏德·冯·魏茨泽克对阿登纳的评价宽厚得让人瞠目结舌：拿这种动力来衡量，他终究决定性地深刻影响了 1949 年到 1963 年联邦德国的道路。这位莱茵的天主教徒如此不重视德国的统一，他承认，他向来认为上述这个论点显得太简单了。"他除了同西方缔结同盟究竟还应当怎样做呢？"他不想推进冷战，大概他甚至真的担忧德国的安全，他也不是核武装的狂热拥护者。"不，魏茨泽克甚至推测：阿登纳个人甚至没有对承认奥得－尼斯河边境提出异议。他从心里真的始终是一个科隆人，一位大权在握的政治家，确定无疑的是一位老道的战略家，他对政治的把握原则上不同于这些基督新教的教授和知识分子。他的政治策略不是来自思想小屋的蒸馏器，不是被过滤出来而成为备忘录，它不过分地关心"道德"。不管阿登纳一直怎么看"魏茨泽克家族"——阿登纳就是阿登纳。他把权力完全同对一个问题的回答联系在一起："为什么"？此外，他有时对自己所不具备的其他人身上的政治亮点不加掩饰地表示钦佩，比如赫尔穆特·施密特。向这位老人致敬！

康拉德·阿登纳不情愿地从绍姆堡宫被赶了出来（1963年），他试图力排众议，至少让不受欢迎的路德维希·艾哈德（Ludwig Erhard）成为自己的接班人，但最终徒劳无功。享有德国政治独家代表权的还是占主导地位的波恩教条。埃贡·巴尔和维利·勃兰特关于对两个德国国家的并存做好长期准备的思考，仍旧列入基督教民主党人的官方禁忌话题。路德维希·艾哈德缺少使基民盟／自民党联盟再次复苏并着手进行政策调整的魄力，例如蒂宾根备忘录、德国基督新教教会的东邻备忘录、最后不无重要的还有还是从反对党角度阐明观点的维利·勃兰特和埃贡·巴尔这三者就曾做过关于政策调整的概述。在大街上逐渐形成了反对1966年成立的库尔特·格奥尔格·基辛格(Kurt Georg Kiesinger)的大联盟的议会外的反对党，但是也反对由一位从前的党内同志和随大溜者担任总理。然

他至今觉得在这片天地轻松自如：1969 年 7 月 16 日，里夏德·冯·魏茨泽克作为教会宗教会议主席宣布第 14 次德国基督新教教会宗教会议开幕。同年，他进入联邦议会，但是他的党基督教民主联盟（CDU）不得不第一次成为反对党。

而：基民盟仍旧自视为理所当然的执政党，社会民主党人有朝一日是否以及何时从在基辛格手下担任副手的角色中走出来，这是无法预见的。不仅仅是"自由职业的候选人"，整个共和国都处于过渡及等待状态。

当魏茨泽克已经宣布担任教会宗教会议主席的时候，他没有作出错误的决定。教会在联邦德国一道进言献策，而另一方面，在 20 世纪 60 年代，政治在它的舞台上似乎越来越陷于瘫痪之中。再者，德国基督新教教会在东德和西德同样地负责教区事务。因此，魏茨泽克很快学会同时考量两个角度，认真对待两个德国国家并沟通两者之间的联系。在履行公共责任的议会，这些经验实际上得到落实。因此，在那里加深了如下的印象：在这个问题上继续走勃兰特和巴尔所思考的"一个民族两个国家"的道路。

1965 年，他在红衣主教弗林斯（Frings）的天主教区科隆第一次担任一个教会宗教会议的主席。这成为继曼内斯曼和勃林格之后他的下一个修习之地。教会想在大的民族问题上一道进言献策，它应当搭建同政治之间的桥梁，他们必须从两大教会的复杂并存中做出富有成效的事情。

里夏德·冯·魏茨泽克在科隆的教会宗教会议与会者面前，对他犹豫了很久才接任教会主席职务的原因坦率地作出反应：路德宗、归正宗和福音派，这三种传统他都心领神会，他至今不明白，这三种指导方针对于他"交织在一起的信仰"有什么意义。人们对他的这份坦白报以雷鸣般的掌声。令他回忆起就觉得好笑地是，只有路德教世界联盟的创立者、汉诺威主教约翰内斯·里尔耶（Johannes Lilje）事后拒绝接待他，因为他显然不够信仰路德教。

其他任何地方都不像在教会的庇护下那样，"让他同思考'重要的是什么'这个问题的人们进行全然简单明了的初次会面"。这也可以称作政治吗？光是由于赫尔穆特·科尔的原因，回忆起这个来历对魏茨泽克来说就已经很重要了。科尔无论是担任党主席和总理期间还是在他的回忆录中都曾无比频繁地坚决要求魏茨泽克不要出口对政治的僵化状态、政党的支配权和"概念性东西"的缺陷作出批判性评价，并同时回击道，毕竟是他科尔最终为魏茨泽克铺平了通往政治这个职业的道路，可这位男爵却忘恩负义。科尔总是不断地叨念说，要是没有他，魏茨泽克就一事无成，就毫无价值！

相反地，魏茨泽克想说，在他的每个修习之地都事关政治。从纽伦堡经由埃森和英格海姆直到参与回忆录和备忘录的工作，当然更何况身为俗士运动[106]的领袖就更是如此——他就这样慢慢地投身政治生涯。

当他已经是波恩的议员和"职业政治家"，在莱茵河岸边高高的"长欧根"大厦内办公，这个过程也没有就此止步。正是他的教会把自己阵营内最激烈的政治纷争决出胜负。他喜欢参与到这个过程中去。

在就核装备和东方政策展开讨论之后，围绕扩充军备产生的冲突使联邦德国有了下一个更尖锐的纷争，共和国必须学会协调内部关系，达成一致，魏茨泽克也在一道学习。1977年，赫尔穆特·施密特在伦敦发起，并且还在西方推行扩充军装备的决议（所谓的"北约双重决议"），而魏茨泽克本人是扩充军备的一个坚定的拥护者，他绝对没有把这些经历看作自己的困境。相反地，应付这种互相矛盾的主张，与之共存，这在他进入联邦议会以前早就学会了。

关于核能的情况与之相似：反对在维尔（Whyl）和瓦克斯多夫（Wackersdorf）修建核反应堆的抗议声自然一浪高过一浪，奔泻到教会宗教会议和教会中去。里夏德·冯·魏茨泽克不仅仅作为基民盟的政治家而支持核能建设，他在这个问题上有着和两个人民党的多数派一样的思考。核电力预兆着进步！但是他甘愿被纳入教会框架内有关此事的争论中去，他自然而然地同对手坐到一张桌子前，倾听他们的意见。赫尔穆特·施密特作为总理提出下述建议，不公开提出无法回答的问题。魏茨泽克却喜欢这样的问题。

是的，在没有赫尔穆特·科尔积极参与的情况下，魏茨泽克以这种方式逐渐熟悉政治。对此政治负起责任的有家庭、国家、经济、教会，一切。政治散发出一种令人折服的诱惑力，他恰恰总是栖身于那里。不过，在同年即 1964 年，当他接替赖恩霍尔德·冯·塔登－特里格拉夫在教会宗教会议的职务时，渴望开创局面、正在寻找人才的赫尔穆特·科尔向他提议，他可以在他的选区路德维希斯哈芬（Ludwigshafen）竞选联邦议会的议员。科尔需要像他这样的人。这时就连康拉德·阿登纳也写信豁达地招徕他，说理所当然地衷心欢迎他的加入。阿登纳能回忆起某些东西必须给以弥补吗？不，魏茨泽克在回忆录中自嘲道，这位老人对他的"罪行"当然并不感兴趣。他明白：纽伦堡的事情被遗忘了，现在这位信奉基督新教的男爵冯·魏茨泽克简直不负众望——**随着时间的流逝**。

但是魏茨泽克踌躇不决。

六、东邻条约

1969 年，总体上来看这是等候期的终点，里夏德·冯·魏茨泽克作为议员进入联邦议会，时年 49 岁。他投身于他的父亲给予很低评价的"被选择的政治"。

不过，维利·勃兰特在波恩接手"笔记簿"，身旁有之前已在外交部帮助他画线的埃贡·巴尔，当然还有自由派的联盟伙伴瓦尔特·歇尔（自由民主党人）。他还在选举之夜驳回赫尔伯特·韦讷和赫尔穆特·施密特的意见——两人更愿意继续组建大联盟——，决定进行一次试验。他想让他的社会民主党同自由民主党结成小联盟，瓦尔特·歇尔和他的自由民主党人对这一转折策略怀有信心。

议会里支持他的人刚好占到多数派席位。但是勃兰特想冒险一试，因为他终于看到可以实现他的德国政策和东方政策的机会。原则上来看，这关系到四年之前德国基督新教教会的东邻备忘录也曾建议实行的政策。备忘录合著者手中掌握的这样一个推行该政策的机会是稍纵即逝的。

魏茨泽克在回忆录中对这位社会民主党的总理表示尊敬：维利·勃兰特的政府声明已经向东方开辟了道路。他同数十年来坚守的波恩禁忌决裂。该禁忌规定，从根本上忽视民主德国，不仅在政治演说中应当弃之不顾，而且应当把它视为好比是空气的国家——或者万不得已时把它放在引号中使用，以便直截了当地否认它的合法性。里夏德·冯·魏茨泽克这样评论勃兰特思想的转变："但他想尽可能做得不动声色，似乎是顺便而为的事情。因此，他把他主要的观点隐藏在一个不引人注目的从句中——'即便德国存在两个国家，它们对于彼此来说也不是外国。'这个观点用西德官方的语言第一次使人看到了把东德当作德国自己的国家看待的世界之光。勃兰特为迄今为止所有的政府声明创造了这个最为著名的从句。这在公众间几乎掀起了无尽的振奋感。"107

那么他魏茨泽克呢？他必须观望。反对党就是反对党。民主，它就是这样！从此以后，他见识了一个受挫的大的议会党团的精神生活及其无数个自我。他很快叹息道，如此多的议员，如此多的神经症者。但是，他在学习。在魏玛时期还被当作聊天室加以谴责的议会能从可听性和可视性的角度带给他快乐，他在会场大厅讲起话来感到得心应手。

怀抱着从教会宗教会议时期就形成的关于东方政策和德国政策的思想，他难道会在从 20 世纪 50 年代起就已选定的党内感到怯生吗？不，里夏德·冯·魏茨泽克回答道，赫尔穆特·科尔"一定知道我是怎么想的"。如同很快表明的那样，尽管对这位美因茨的总理来说，最重要的是凭借有吸引力的新人巩固他在国家领导层的地位，在波恩建立一个前哨。他在寻找干将的时候却不考虑正统观念，相反地，越有自由主义思想越符合时代精神就越好。例如，科尔在棘手的波兰问题上没有特殊的态度，但他对此有着怎样的想法，这个问题并不会真的困扰魏茨泽克，在这一点上魏茨泽克很有把握。赫尔穆特·科尔终归把东方政策整个地托付给赖讷·巴泽尔（Rainer Barzel）。

然而，魏茨泽克和科尔两人之间的区别在早期就显露出其动因。还是拿波兰作例子：这位1969年波恩的新来客明确表明，他绝对不是出于服从议会党团的原因而想撇弃他作为教会宗教会议主席和东邻备忘录作者在这份文件中曾经再三支持的观点。他认为东邻条约政策的基本点是正确的，他也想公开表明这一点。他此时必须获悉的事实之一是，基民盟和基社盟组成的反对派的反抗力量更确切地说是还在增强。

这位处于观望态势的总理科尔不想因为东方政策而危及他的权力前途。赖讷·巴泽尔，这位老练的议会党团主席，尽管显然在寻求对条约政策问题的共识，但却不足以强悍到能够顶住弗兰茨·约瑟夫·施特劳斯（Franz Joseph Strauß）和议会党团大多数的压力而成功地实现这一点。里夏德·冯·魏茨泽克必须表明，他在当时是怎样走上自己的道路——却并不透露他之所以从政的原因。由于波兰！

1970年3月19日，维利·勃兰特和维利·施托夫（Willy Stoph）在爱尔福特会面后的第二天，赖讷·巴泽尔在对总理的政府声明作出回复时无意间言明了他的两难境地：如同瞠目结舌的东德国安部探子用心记下的那样，爱尔福特的市民高声呼喊着"维利，维利！"，他们真诚地表达着，他们盼望的是谁——不是维利·施托夫，而是维利·勃兰特。赖讷·巴泽尔必须心甘情愿地替反对派承认这一点，此外他迫不及待地想表明，他不是原则上反对东方政策的人。在爱尔福特出现的情景给人印象太深刻、太明朗清晰了。

但是如果这是意图，那么它彻底没有取得成功。社民党和自民党的联盟放弃了"统一"的目标，巴泽尔在全会上警告说，它由此违背了宪法并遵循苏联的计划，暗地里被莫斯科和华沙的社会民主党人试探摸底。最终，他还感觉需要一种"东方政策的总纲领"。因此，他很是迎合了勃兰特政策的原则上的对手。

里夏德·冯·魏茨泽克这个新手必须在这个议会党团中找到他的角色。我们这些年轻的记者好奇地密切注视着，他将如何完成这棘手的"走钢丝表演"。人们把当时的议会终归还完全视为国家的舞台。事实上，魏茨泽克发表的关于东方政策和德国政策的第一次讲话与联盟党议会党团的阵营里那些大多数或刻板公式化或自相矛盾的文稿相比，显得分外突出并很受欢迎。魏茨泽克想从勃兰特那里确切地了解，当他有下述表示时是什么意思：他觉得需要由基督教民主党人作出"同过去彻底决裂"的举动，此外却力争双方开展合作，并最终表明，在这个问题上多半达成一致意见。

魏茨泽克的讲话与弗兰茨·约瑟夫·施特劳斯和库尔特·格奥尔格·基辛格的讨论稿之间的差距"大约有一光年"，具有天赋异禀的国会议员自由党人卡尔·默尔什（Karl Moersch）对这位新人表示尊敬，这表现出施瓦本人的团结精神。引起默尔什注意的是，魏茨泽克讲的是民族的统一，而不是国家的统一。默尔什听得很仔细。

魏茨泽克接下来在议会发表的其他讨论稿不久证明是小小

的辉煌成就，他总是不得不从外交上平衡他的少数派立场，却并不把它隐藏起来。这听上去，似乎他是在同社会民主党人和自由党人进行辩论。然而，他的秘密收件人首先是自己的阵营。事实上，他首先坚持"民族"的统一并坚持公开要求东柏林实行"自治"；另一方面，他同时对回到旧有的不承认政策和一揽子建议政策的"战壕"中去的做法表示抵触。

魏茨泽克的这种保留态度实在是给推行缓和政策的社会民主派政治家们出了难题，东柏林统一社会党（SED）的头头们感到自己的力量与其说被他们壮大了，倒不如说被他们削弱了。很少有人以这种方式同巴尔的"接近以促其转变"的策略进行论争。魏茨泽克的论点是：列宁说过，每个统治阶级只有在经过激烈的反抗之后才肯让出自己的位子。他指的是资本家们。但是他的这条真理也适用于共产主义者，适用于统一社会党。他接着说，可以觉察到，共产党人不希望同胞们永远接受统一社会党政权的统治。然而必须认清，内部关系的变化不能从外部实现，"既不能通过**遏制**[108]策略也不能通过**推回**[109]**策略**，但更不能通过那边[110]不过视为从外部进行改变的尝试的最危险和最狡诈的形式的东西来实现，也就是通过走倡导自由的社会民主党人所奉行的接近以促其转变的道路。"[111]

维利谴责反对党的请愿书，说它实际上是拿"联邦德国受到孤立的危险"当儿戏，阿登纳和俾斯麦已经警告过这一点。维利的这种谴责不是攻击性的论战，而是切合实际的。魏茨泽克明白这一点，因为东邻备忘录已经因为美国和法国紧锣密鼓地努力推行缓和政策而受到鼓舞。因此，联盟政府的政治家对待魏茨泽克如同对待易碎品——他们需要倾听各种声音。他找到了怎样把民族问题上的合作同明智的意义结合在一起的声调。他用谈话的方式阐明问题的天赋同这些年纷争不断的议会是相匹配的。

魏茨泽克在许多讲话稿中把自己的意图归拢为这样一个基本信念——这几乎可以称作魏茨泽克真正的行为准则："除了我们对统一的基本要求外，我们在整个欧洲的缓和进程的意义上坚信，德国的两个部分相互之间以及对外有怎样的作为是起决定作用的。联邦德国成了西方的东方，民主德国成了东方的西方。尽管德国是这种双重的边缘地区，它仍然始终深深打上中部位置的烙印。中部被分割开来，但它仍旧是中部并且作为这样的中部有它的利益和它对整个欧洲的责任。我们自己的实现统一的想法若是没有我们周围大陆的和平发展将仍然是完全不现实的。"112

赖讷·巴泽尔暗暗地希望魏茨泽克路线能够取得成功，却在他异乎寻常得激情洋溢的喋喋不休中还继续隐藏这一点。魏茨泽克在他的回忆录中描述道，当这位议会党团主席在自己的信念与被激化的多数派情绪之间身陷绝望处境时自己是如何试图帮助他的。

几周以来，基民盟议会党团内的冲突达到尖锐化的程度。在联邦议会，"倒戈者"——主要是来自自民党民族自由派一翼的阵营，但也有社会民主党人——导致政府多数派逐渐出现分化。东邻条约的草案的第一次宣读时间确定在1972年2月，巴泽尔向基督教民主党人宣布了一句"现在不行"和"这样不行"——基民盟本性难移。他在拖延时间。

魏茨泽克后来为他的议会党团主席辩解道，他明白外交政策是国家行政权的事情，并且也明白，西方大国认可了勃兰特的方针政策。关于直接关系到西方大国的《柏林协定》[113] 的谈判还在全面进行当中。魏茨泽克在讨论中含糊其辞地谈到，法国总统乔治·蓬皮杜（Georges Pompidou）赞扬联邦政府，因为它承认了民主德国，至于这一举动明确地贴着怎样的标签，这无关紧要——魏茨泽克是将此归罪于勃兰特还是最终想支持他，从他的讨论稿中没有明确地表明这一点。

基督教民主党人退伍军人格哈德·施罗德（Gerhard Schröder）所持的立场明确得令人惊异。他是阿登纳时代的外交部长，是1968 年魏茨泽克在被提名总统候选人时的党内竞争对手。施罗德在东邻条约草案第一次宣读的时候就站到了基民盟的多数派一边，对条约表示坚决反对。

东邻条约草案的第二次和第三次宣读的时间确定在 1972年 5 月。社民党和自民党的联盟在巴登 – 符腾堡的州议会选举中甚至丧失了它在联邦参议会的多数席位。在联邦议会中，无数次的议席变更导致原有的 12 票的优势（254 票对 242 票）终于归于票数持平。东方政策的命运由此掌握在基督教民主党人的手中。这自然是魏茨泽克做梦都没有料到的结果。

弗兰茨·约瑟夫·施特劳斯，基督教社会联盟（CSU）的这位实权人物，不仅反对条约政策，还利用票数的持平关系推翻政府，因此让巴泽尔大跌眼镜。另一方面，赖讷·巴泽尔认为，可以指望在表决中再出现两个"倒戈者"。他蓄谋进行一次反对勃兰特的不信任表决。而他所没有料到的是，他为自己的毁灭做好了准备。首先，不信任表决行动失败了，5 月，议会党团在关于东邻条约的表决中拒绝一致为巴泽尔效力；在

1972 年提前进行的、对勃兰特及其东方政策来说成为全民投票的联邦议会选举中，巴泽尔完全败北。

里夏德·冯·魏茨泽克在这个步骤中陷入一种特别尴尬的角色。他意识到，反对勃兰特的不信任表决也针对东邻条约，基督教民主党人站错了队，想要千方百计地挣脱出来。而魏茨泽克对勃兰特政策的核心是明确认同的。

他在联邦执行委员会同汉斯·卡策尔（Hans Katzer）和格哈德·施托登贝格（Gerhard Stoltenberg）对试图推翻联邦总理的举动联手提出警告，但徒劳无功。魏茨泽克明白，如果德国政府签署了条约，整个世界对新的形势做好思想准备，然后，政府却被不信任投票的表决所推翻，那么基督教民主联盟就会置身"全面的国际混乱中，它是要为此负责任的"。被驱逐者的命运不能是政府政策的唯一标准。东方政策尽管在基督教民主联盟党内存在分歧，但它在外界却不断获得支持。

妙极了！但魏茨泽克不能说服执拗的基民盟首脑层，他们三人始终是失利的少数派。魏茨泽克在那时的每个细节的有关谈话中都在场：不出所料，人们要求他也参加议会党团的讨论，因为他发表的反对不信任表决的演说已经众所周知。赖讷·巴泽尔甚至劝告他说，他应当使人辨清，他总的来说还是"这个议会党团的一分子"。这真是太令人恼火了！

魏茨泽克凭借下述论点向议会党团多数派迈进了一步：总的来说应当提起这样一个提案，宪法赋予议会党团这样的权利，社民党和自民党联盟中对此意见发出"愤怒的腔调"是错误的。这样一个决议要有多少票数才能通过，这不能改变宪法的状况。这三个人最终声明准备好投多数派的票。在许多历来

卡尔·弗里德里希和里夏德·冯·魏茨泽克：年长 8 岁的哥哥，核物理学家和哲学家，在联邦德国享有无与伦比的声望。性情相差悬殊的兄弟俩相处得很融洽——有几次特殊情况除外。

怀着好感密切注视魏茨泽克挽救东邻条约的努力的那些人看来，这个决定却无异于"原罪"。

里夏德·冯·魏茨泽克谈笑风生地回忆道，他的兄长及其夫人"同其他许多和我要好的人一样，对这个过程深表抗拒"：如果人们像他一样主张承认边界，那么他"也不能参与推翻那些推行这项政策的人的尝试",卡尔·弗里德里希为了规劝他,对他进行了这样一番友爱的严厉训教。"他的意图很明显,我因此事而对他介怀于心。"如果我理解正确的话,那小小的伤口虽然愈合了,但是伤疤犹在。兄长"同政治中实际存在的运作"之间的关系有些不健全,但是他之后总归谅解地补充说,"这是我们之间唯一一次闹成这个样子"。

他在政治舞台上出于策略上的原因而向强硬路线者作出让步,背叛了他自己的信仰吗?对魏茨泽克来说,这个问题要更加复杂。1972 年 4 月 27 日,就不再选举勃兰特而选举巴泽尔作为接班人的问题进行投票表决。结果是缺少两票,如同瓦尔特·歇尔曾为巴泽尔正确预言的那样,他的"根基如同建立在沙滩上一般不牢固"。

东邻条约还是始终处于困境。在联邦议会继续存在势均力敌的局面——尽管不信任表决失败了,勃兰特一方也没有掌握多数派。魏茨泽克认为,这最终关系到包括同民主德国签订的《基础条约》[114] 和《柏林协定》在内的这些条约,他在回忆时也有这样的表述。巴泽尔从他的毁灭性的失败中吸取教训,向勃兰特求和并向他保证,他要协助挽救条约,哪怕是通过他的议会党团投弃权票的方式。勃兰特应当为此在他那方面对基民盟作出让步。

关于此事,在魏茨泽克的《回忆录》中写道:"基于联邦议会中的持平局面,政府只需要来自反对派阵营投上另外仅有的一票以支持条约。这一票应当是我的份儿吗?"[115] 这是棘手的问题。在基民盟 / 基社盟接下来的议会党团会议中,他请求发言,并承认道:我们迫切需要同波兰取得谅解,"疆域迁移"

是无可更改的，必须获得认可。明确的意思是，边界必须得到承认，绝不可以归于破产。

情形并没有要求他扮演孤胆英雄的角色，但是他下定决心，"为此作出'自我'的一份贡献，以使条约不致破产，尤其是对华沙条约表示支持"。他受到社民党议会党团的强硬手段的威胁，因为他在全会上对条约的内容进行批评，但这同在自己的议会党团内的处境相比还是没有惹到什么麻烦的。在议会党团的会议上，当他宣布与同仁埃里克·布鲁门费尔德（Erik Blumenfeld）和温弗里德·平格尔（Winfried Pinger）共同支持《华沙条约》时，招致了一片骚动和混乱。他听说，有人咒骂他说见他的鬼去。他认真地权衡是否应当退出。难道他入错了党吗？但是对他来说，重要的仍然是把条约贯彻实施，"而不是为哗众取宠上演一出轰动的个性化的戏剧"[116]。

当魏茨泽克在议会党团的最后一轮会议中仍旧声称他将支持波兰条约时，有人投纸团击中了他，"而且是相当硬的"。较为年迈的同事约翰·巴普蒂斯特·格莱德（Johann Baptist Gradl）反驳他说，他懂得，莫斯科条约必须获得通过。另一方面，在格莱德看来，"主要议题"是奥得－尼斯河边界，但是这个目的只有经由莫斯科条约才能达到。魏茨泽克对格莱德的观点提出异议说，相反地，他认为《华沙条约》有优先权。支持条约的朋友的队伍从22人缩减到4人。瓦尔特·赖斯勒·奇普（Walter Leisler Kiep）、诺伯特·布吕姆（Norbert Blüm）、奥拉夫·冯·弗兰格尔（Olaf von Wrangel）和他留了下来，他们继续考虑挽救条约的问题。

这好似大型戏剧，即使它在回忆录中可能看来有些次要——**现场直播**版的政治。为了使他的议会党团在投票表决时实现弃权，赖讷·巴泽尔建议，议会应当尽可能地在基础条约上追加一个决议。巴泽尔公开威胁说，如果没有追加的决议，通过这种"没有经过充分协商的条约"要比不通过更加糟糕，因为这会带来无法控制的后果。

特别是当时的内政部长汉斯－迪特里希·根舍（Hans-Dietrich Genscher）对这个想法提出肯定，如同他在谈话中明确表示的那样，这不是出于暗藏的疑虑，而是为了使条约得到保障，不被起诉到宪法法院。维利·勃兰特开始谋划在一封说明函中把条约阐释得至少可以使基民盟让它通过。

然而，卡尔斯鲁厄法院并不是令里夏德·冯·魏茨泽克头等担忧的对象。对他来说更加重要的是，赖讷·巴泽尔是否会至少达成与他的议会党团一致的立场。既然末了无法投赞成票，那么将仔细斟酌，考虑弃权。弗兰茨·约瑟夫·施特劳斯起初在为说明函寻找措辞的时候开展合作，由此应当会实现弃权。仍旧没有争取到强硬路线者。最终，大家在苏联大使瓦连京·法林（Valentin Falin）的协助下采用使这封说明函让条约支持者尚可接受的有关重新统一的措辞而相互沟通了思想。尚未可知的是，莫斯科官方将如何认定这千辛万苦议定的文本。令人惊讶的是，施特劳斯，如同基民盟党内一门**永远没有约束的大炮**[117]，在一夜之间改变了他的立场，又踱回到无条件地坚持否定态度的人的阵营中去。

然而，按照计划，在联邦议会没对说明函最后取得一致时，应当先行表决。魏茨泽克回忆道，很显然，"条约在这样一种正式的表决中会破产，因为还没有出台整套的一揽子计划"。必须请赫尔穆特·施密特出山！魏茨泽克同勃兰特内阁的这位实权人物相处融洽，尽管在联邦议会彼此有些龃龉。因此，他请求施密特设法延迟表决，否则条约便无法得救，不能安全抵岸。施密特向他坦言，他本人为此诚然要向自己的议会党团作出让步，参与弃权，然后才应当把莫斯科条约和华沙条约提上议事日程。

这难道不正是在议会写就的战后历史的政治刑侦小说吗？是的，而且魏茨泽克置身其中。他不是行政机关的人，在反对派里他不是"司令"，但他也不仅仅是一个团副官。当初由于魏茨泽克父亲的原因阻挠年轻的魏茨泽克进入外交部门的瓦尔特·哈尔斯坦从官方的立场出发主张弃权。他的投票表决是有分量的：哈尔斯坦具有很强的影响力，被公认为条约的坚决反对者。但他主张，鉴于目前的分裂状态，要优先考虑议会党团的一致性，而这只有当持肯定意见的人和持否定态度的人都弃权的条件下才能实现。于是，就进行了协调工作。

与赖讷·巴泽尔和魏茨泽克原本希望的不同，决议也并没有因此最终开辟一条通往"是"的道路，而是促使他的议会党团进行微不足道的弃权。令魏茨泽克极度失望的是，表现出更加糟糕的情形：就连弃权也没有实现。基民盟内有 10 名议员投票反对莫斯科条约，17 名议员投票反对《华沙条约》。但是毕竟——条约在最终表决时在议会获得通过。

后来赫尔穆特·施密特充满指责地质问他，为什么要弃权。这听上去不那么缓和，这种批评仍然痛彻地折磨着里夏德·冯·魏茨泽克。他反驳赫尔穆特说："否则就不会有条约。"这也是与他的信念相契合的。他耸耸肩说，但是这"或许成为施密特和我之间没有完全分出胜负的冲突点之一"。

他自从蒂宾根备忘录起就支持的政策得以贯彻。但这个躁动不安的时代带来的"伤痕"没有愈合好，里夏德·冯·魏茨泽克如是说。在就一个关乎德国人生存的中心问题进行的猛烈舌战中，"基民盟这座大山阵痛，却产下一个瘦弱的弃权老鼠"[118]。在我们国家起决定作用的一个决定上，议会中有半数成员给人造成似乎他们没有意见的印象。他简练地得出结论，他所做的"还不够"。在我看来，这是一个自我批评式的、诚实的总结。

波恩的新闻评论观察员也属于失望而归的人，他们寄希望于借助东方政策在联邦德国和欧洲开启一个真正的新开端。对基督教民主党人失望了，也对魏茨泽克失望了。然而，隔着必要的距离从另一个角度看这个问题：很难要求一个人埋头于关系到权利问题、牵涉到同盟与妥协的政治，而当他浮出表面，恰恰这种妥协的意愿便成了不被接受的政治。

魏茨泽克的同路人马里昂·登霍夫伯爵夫人，是勃兰特东方政策的极为热烈的支持者，她在《时代》周报上已经出版了蒂宾根备忘录和德国基督新教教会备忘录，她在这个问题上始终果断地维护魏茨泽克：她评价道，里夏德·冯·魏茨泽克事实上以他的行动挽救了东邻条约。最后条约竟越过了一切障碍，她坚信这也是同有权威的几个声音在道德上所施加的压力有关的，他们自从 20 世纪 60 年代初期就顽强地力争达到这个目的。

他在回首过去时也有类似的看法吗？魏茨泽克有些迟疑地回答，这个说法是对的，对他来说重要的是东方政策和缓和政策的命运，是的，就这点而言他参与了联邦德国在寻找自我的过程中经历的这个决定性的阶段。他认为，围绕东邻条约的争论像其他为数不多的事件一样对于国家有着促成一致性的作用，这是毫无疑问的。他补充说，基督教民主联盟的副主席恩斯特·阿尔布莱希特（Ernst Albrecht）则在联邦参议院"凭借他的爽直坦率"挽救了《华沙条约》。

况且：他想要着重认可的决定性的事情"已经通过勃兰特／歇尔政府的签字而完成"。他们办到了这件事，"这始终是他们的功绩"。"世界把签字当作付诸行动。而字是总理签的。"这个曾拿起枪去反抗希特勒的人。

＊＊＊

1988年秋，魏茨泽克为了向卸任总理、诺贝尔和平奖得主维利·勃兰特表示敬意，在勃兰特75周岁寿辰之际大宴宾朋。世界各地的朋友们齐聚一堂：布鲁诺·克赖斯基（Bruno Kreisky）、弗朗索瓦·密特朗（François Mitterand）、希蒙·佩雷斯（Shimon Peres）、英瓦尔·卡尔松（Ingvar Carlsson）、米奇斯拉夫·拉科夫斯基（Mieczyslaw Rakowski）、马里奥·苏亚雷斯（Mario Soares）、雅克·德洛尔（Jacques Delors）、卡莱维·索尔萨（Kalevi Sorsa），还有赫尔穆特·科尔、埃贡·巴尔、汉斯–约亨·福格尔（Hans-Jochen Vogel）、瓦尔特·歇尔和汉斯–迪特里希·根舍等人。

魏茨泽克转身向勃兰特讲道："康拉德·阿登纳设法同西方达成了和解，而您同东方达成谅解，实现两者并行而立。新不是对旧的更替，完全相反：是东方政策在西方的牢固确立给了您推行新东方政策的可能性，使您能够利用这个机会。"他不失时机地补充道："勃兰特先生，您的生活经历是本世纪当中德国的命运，历经德国的战火与和平，在本乡本土和异国他乡，饱受束缚和重获自由……就您的政策而言，您将某些极为非凡的事情做成功；就您的人格而言，您打破了权力与道德之间的紧张局面。没有权力就没有政治责任，没有权力的道德是不能解决问题的。"[119]

人们看得出，魏茨泽克想胸怀坦荡地承认，勃兰特正是由于他完全不同的生活经历而成功地搭建起桥梁。这应当从这一面来看。魏茨泽克当时称其为"当权派中"一位"异于他人的人"，他后来有时还这样反复地评价勃兰特。《华沙条约》承认了奥得－尼斯河边界。这是联邦政府走出的最深层次地激起人们情感的极为痛苦的一步。"在这里，在同波兰的关系上，同德国原有的省份、同战争中残酷的罪行、同惨无人道的驱逐行为之间的关系上，远远不仅仅是冷静的政治头脑的问题。"

魏茨泽克在这个生日宴会上赞同并援引勃兰特当时的下跪举动的一位见证人写下的话："然后不必这样做的他跪下了，为所有有必要这样做但却没有下跪的人们。"这是一个闻所未闻的过程，一个"无法想象的瞬间"[120]。

作为勃兰特东方政策基础的思想动因显然也和魏茨泽克的思想动因相一致。12月7日晚间，德国电视台拍摄到，勃兰特在条约上签字后还从华沙发出声明说，一份"清晰的历史觉悟"是必要的。不是联合政府，而是希特勒的帝国政府为德国的东部负有责任。莫斯科条约并不会令谁损失什么，《华沙条约》也不会使任何东西成为牺牲品，那并非早就被葬送的东西，"不是葬送在我们这些在联邦共和国承担过和承担着政治责任的人手上，而是葬送在一个罪恶的集权统治之下，葬送在纳粹主义手里"[121]。

这些话完全合乎魏茨泽克的口味，这是对恶行的根源加以考察。15 年过后，他在自己 5 月 8 日的讲话中明确地梳理出这条线：我们不应当把战争的结束看作逃亡、被驱逐和不自由的原因，这些厄运的原因更在于战争的开端，我们应当把目光一直投射到 1933 年。在德国人有计划地杀害和贬低其他民族的岁月，一个对自己来说重要的是公信力的政府应当认下为战争本身所负有的责任。

是的，魏茨泽克早已参与寻求新的东方政策——并协助挽救条约。他大概还是会赞同彼得·本德尔（Peter Bender）的下述评价："联邦德国的总理当中唯一的一位受纳粹迫害者"[122]由此才使得向东方搭设桥梁成为可能。

这个姿态[123]来自"左派"，这一点在特别的范围内有助于公信力的提高。与之相类似，魏茨泽克的讲话的意义或许在于，它发生在"右派"。或者，如同本人曾参与东方政策成文的彼得·本德尔满怀敬意所写下的那样："不是一个流亡者，而是一位前线军官；不是一个无神论者，而是曾经的教会宗教会议主席；不是一个左派分子，而是一位先前的基民盟政治家摧毁了联邦德国的生活谎言——它只是不幸关系的牺牲品。"[124]

魏茨泽克与勃兰特：谈到这种对从德国人的历史错误中产生的德国人的责任的评价，他们有着很接近的见解。他们在迥然不同的生活中在这些观点上彼此靠拢。

也许这些相反的生活经历能够解释何以人们总是有这样的印象：似乎尽管魏茨泽克明确表示对勃兰特有多么尊敬，在联邦德国的这位卸任总统和从社民党当中产生的第一位总理之间还是存在一丝隔阂。始终留存有一些疏离感，这种感觉在字里行间被隐约意识到的比直接读出的要多。

是这样的吗？魏茨泽克几乎仅限于这样的评论：他如今依然认为，1970 年 12 月 7 日，勃兰特在原犹太人居住区的纪念碑前下跪的这一谦卑的姿态——勃兰特通过这一谢罪表示承担了责任——是"不折不扣的政治的和历史的一步，是很难解释的，是有着浓重情绪化色彩的"。这是经过深思熟虑的，还是不由自主的触景生情，魏茨泽克对此不想多说。是的，他只是说，这是"令人深深地为之动容的"。不管怎样，他对这一举动在世界上产生的影响"感到由衷的欣喜"。但是同时，如果人们正确理解的话，有些同他关系要好的人在思想上进入了误区，这使他忧心忡忡。东方政策若是没有勃兰特的这个姿态也会实现吧？下跪的举动能配合勃兰特的东方政策，但它与自东邻备忘录时期就令魏茨泽克烦恼的那些动因并不契合吧？

人们在倾听他们的讲话时会认为，维利·勃兰特所走的道路完全不同于恩斯特·冯·魏茨泽克及其儿子们。他在 1945 年深秋也匆匆赶去参加纽伦堡审判案，他作为早期受希特勒的迫害而流亡的某个人自然目睹了这个场面。他从那里回来后紧接着在 1945—1946 年写了一本名为《罪犯与另外的德国人》（*Verbrecher und andere Deutsche*）的书。副标题叫作"1946 年德国纪实（Bericht aus Deutschland 1946）"的这本书主要讲述了纽伦堡审判案初审的情形。2007 年底，这本书由维利－勃兰特基金会首次完整地以德语再版之后，里夏德·冯·魏茨泽克才读到这本书。他们在纽伦堡法庭或许甚至碰过面，可是却互不相识。

魏茨泽克在德国历史博物馆推荐这本书时承认，人们不得不为作者"难以置信的知识、道德的肃穆感和历史的公允性所折服"[125]。这时的勃兰特——当时刚刚 32 岁——和像他一样的年轻人之间的反差是再大不过的了。人们在战后不久为糊口、为取暖而奔波，"一砖一瓦地搭建"，对日常起居和生存的操心占据了生活——这时，这位同魏茨泽克的哥哥姐姐年龄相仿的勃兰特，却记述时代关系，评说德国成为一个国家的艰辛，道明无法培养一个可信赖的市民阶级的无力感，他公正地叙述第一次世界大战的结束和《凡尔赛和约》，谈起一个"欧洲的德国"——特别是，他想向欧洲的邻国阐明，除了坐在被告席上的罪犯们还有"另外的德国人"。

魏茨泽克在阅读这本书时发现，作者像他自己本人一样相信这些少数派在道德上进行重建的力量。魏茨泽克曾在第九步兵团随部队横贯东欧；勃兰特曾从斯堪的纳维亚通过进行秘密的地下活动对希特勒发起反抗，还同西班牙的佛朗哥进行斗争。可是，他们却怀有这份共同的信念。勃兰特认为，这些少数派能够而且应当承担责任，"是责任，而不是罪责"。是的，他认为审判是合法的，虽然没有他原本可以引为依据的国际法。魏茨泽克和布舍在纽伦堡法院门前曾喊出的那句"弄走这玩意儿，开进来我们的"，勃兰特并没有喊出来。里夏德·冯·魏茨泽克质疑道，坐在法庭上审理此案的并非合适的人选，他抱有极大的疑虑。勃兰特也认为，应当有一位德国法官坐在陪审席上。他们完全取得一致的方面是都怀有这样一种感觉：这也关系到作为德国人的他们，这里商谈的是自己的事情。魏茨泽克由此发现勃兰特早就是自己的一位志同道合者，他那种在欧洲的背景之下思考问题的方法远远比他更胜一筹，而他当时还是脱下军装不久的"学徒"。

如同魏茨泽克谈到这里回忆的那样，安东尼·艾登[126] 在1945 年从总体上认为，"在德国人中间没有我们可以信任的理智的人"。7 月 20 日刺杀希特勒的行动失败后，英国的外交官们欢呼雀跃，施陶芬贝格的企图没有得逞，这对于他们来说更好——再也不能推出"优秀的德国人"了。温斯顿·丘吉尔尽管把反叛行动蔑称为纳粹内部的权力斗争——但毕竟还自我批评式地谈起第二次世界大战是一场"不必要的战争"，大不列颠原本应当采取更多的措施以阻止战争的爆发。

使魏茨泽克感到惊异的是，勃兰特对这些总括性的评价不置一词。勃兰特在对"另外的德国人"的描述中甚至提到了魏茨泽克的朋友阿克瑟尔·冯·丹·布舍曾试图刺杀希特勒的行动。他写道，对反叛行动的"牺牲者的名誉"进行攻击是卑鄙的。不管他们在这期间是属于总参谋部还是普通的知识分子，是属于经济圈或官场人物还是工人阶级，他都维护他们。他尤其维护普鲁士的军官们——"7 月 20 日是一场革命"。

但是，这位当年的"德国驻挪威新闻记者"勃兰特[127] 概括道，令人匪夷所思的是，当时的情况下会有这么多的团体、这么多的会议和谋划，人们却没有在更早得多的时刻对整个这一切展开讨论。几乎令人无法相信的是，这一切处在"盖世太保横行和谋杀行为猖獗的帝国里"竟成为可能。还要补充一点，更加令人难以置信的是，在非常多的密谋行动当中，败露的却非常之少。"大家知道，有几位年轻的军官甘愿冒一切风险，但同时人们又不禁有一种鲜明的印象：'责任重大的'高级军官们无法下定决心参加一致的强有力的行动。是这一点——而不是'天意'——成为整个这一切终究毫无结果而渐渐被淡忘的原因所在。"[128]

勃兰特对那些有魄力开拓一个"道德的新开端"的"另外的德国人"表示崇敬：德国人多数派和德国人少数派的生活道路诚然大相径庭，这里却存在一个把他们联系在一起的基本认同点。于是，他们将那些隐藏在生活经历中的抵牾加以打磨和调和，尽管有些无法消除的痕迹残存下来。正是他们之间的基本认同成为联邦德国赖以建设的根基。

七、1985 年 5 月 8 日

里夏德·冯·魏茨泽克说，他对自己担任联邦议会的议员感觉很受用。人们知道，基督教民主联盟秘书长布鲁诺·赫克（Bruno Heck）在 1968 年就已经向这位教会宗教会议主席探听，他是否想在来年竞选联邦总统一职。基民盟是想借此阻止他作出一个有利于社会民主党候选人古斯塔夫·海涅曼（Gustav Heinemann）的决定。自从古斯塔夫退出这个全德的政党转而加入社会民主党，以便在那里继续谋求他的实现德国统一的最高目标，基民盟的人就把他视为叛徒。魏茨泽克犹豫不决，因为他觉得自己的经验不够丰富，但在分别任联邦总理和党的主席的赫尔穆特·科尔和库尔特·格奥尔格·基辛格的催促和劝导下，他还是允诺称是。

几个月后，议会党团以 60 票赞成对 20 票反对的结果明确推举前外交部长格哈德·施罗德（CDU）。魏茨泽克坚决拒绝退缩和放弃，尽管有人劝阻他。他想参加竞选，即使他没有机会胜出。他实在是个讲求实际的人。至于权力政治的技巧，他已经表明是有能力学会的。体面地认输，这在这个舞台上难道不也是使他日后可以从中获利的一种收获吗？的确是由于这段前史使他获得了信誉，让他脱颖而出，获得基民盟领导层的瞩目。

1969 年：议会外的反对派在 20 世纪 60 年代展开了反对大联盟[129]（1966—1969 年）的僵化状态、反对自阿登纳时代起联邦德国"复辟倾向"的动员，特别是父辈和德国的精英们因拒绝为"第三帝国"效力之后遭到排挤的现状引起议会外反对派的普遍重视。维利·勃兰特之所以在年轻人那里赢得格外多的拥护，就是因为他作为流亡者同希特勒进行斗争，并通过下述允诺而开辟社民党和自民党共同执政的时期：民主没有到达终点，它才真正开始。

魏茨泽克在回忆录中承认，他对这句话不敢苟同。他觉得这简直是狂妄傲慢，完全是愚蠢！"1969 年，在经过 20 年之后说这样的话，这行不通。"基民盟也不是完全止步不前的！光是美因茨的赫尔穆特·科尔就证明，自从阿登纳时代起发生了一些改变。

不过，经过 1969 年的权力更迭之后，对于像魏茨泽克一样的人们来说，在议会的处境犹如逆水行舟。他的政党更加坚定其立场，特别是在让他感到困扰的问题上——东方政策、同东柏林的关系和民族的处境问题。在反对东方政策的问题上，基民盟实在没有摆脱战争之路。1975 年，它接下来又犯了一个毁灭性的错误：它强烈拒绝参加赫尔辛基安全与合作会议（KSZE）——在会上，东方和西方、莫斯科和华盛顿以及东柏林和波恩同心协力地测试并鉴定一条关于缓和政策的方针路线，鼓起勇气重新接触以在更大程度上改变彼此的关系。莫斯科甚至详尽地讨论了传奇式的"第三个篮子"[130]，一份保护人权和少数民族权利的声明，东欧的持不同政见者不久后从中获益无穷。

又是里夏德·冯·魏茨泽克再一次被归入少数派。基督教民主党人的政党和议会党团告诫他们，出于纯粹权力策略方面的考虑，不要坚持同赫尔穆特·施密特的社民党与自民党联盟之间的对抗状态，并且同时不要在外交政策上保持与世隔绝。

魏茨泽克的一些党内同志所宣传的关于对内政策的敌对声明，的确根本不符合他克制的、原则上谈话式的风格。无疑地，魏茨泽克并不是左派。但是像"要么自由，要么社会主义"这样的反对社会民主党人的战斗口号又怎么理解呢？这不是他的世界。令他也始终感到不可思议的是，赫尔穆特·科尔迫于压力转而支持反对派的路线。魏茨泽克想必坚决地主张推行一个新的原则纲领，赖讷·巴泽尔在最终不得不屈服于科尔之前，还将魏茨泽克请到纲领委员会的首脑位置。

里夏德·冯·魏茨泽克觉得，20世纪70年代这十年是一个"最活跃的政党民主"的时期。这话当时对他来说绝没有什么令人不快的味道。尽管他处于确实无权的反对派中，联邦德国却表明是个起教育作用的"徒工培训车间"：基督教民主党人也在魏茨泽克的领导下在自由、团结和公正的主题上互相沟通思想，如同魏茨泽克所说的那样，讨论围绕着"关于人类的总看法"展开，因此也围绕一种"道义上的资本主义"展开，当然也包括这样一个问题：究竟是否存在这样的东西。

魏茨泽克和海讷·盖斯勒（Heiner Geißler）想以一种自愿的团结精神对抗在和强大的利益集团的冲突中争得的社会民主派的团结概念。如同魏茨泽克所表述的那样，这是"上层的团结"。不过，他不想否认，在政治上贯彻这样一条路线并从中得出实际的结论是何其难也——但是即使同另外一个人民党的关系有多么亲近，这里同时就要和它划分清晰的、原则上的界限。

在那个时期，维利·勃兰特轻蔑地称魏茨泽克为"基督教民主党人的堂吉诃德"，那个同风车进行战斗的人——远离实际的冲突。勃兰特嘲讽道，然而在真实的世界那里，他的上级也根本不青睐他。魏茨泽克还无比清晰地记得这一切。

魏茨泽克回忆道，赫尔穆特·施密特任联邦总理后，这种腔调才又加剧起来。魏茨泽克本人也曾告诫他的政党基民盟，不要过于抽象地就基本价值的问题进行讨论，因为人们可以对它轻易地而无后果地起誓发愿，人们也由此使这个问题失去价值，变得无效。更加重要的东西是"职责和义务"。他在这一点上同勃兰特的考虑是一样的。一方面，魏茨泽克对勃兰特的继任者——1974 年勃兰特因吉永事件[131]引咎辞职——，这位新当选的联邦总理表示钦佩；另一方面，他对其明确的实用主义思想颇有微词，表示出强烈的不满。施密特最喜欢援引卡尔·波普尔（Karl Popper）的话：政治家是社会导演，他们必须凭借自己的双手造就一部一部的剧情。也就是：千万不要信口开河，不要乌托邦，不要理论。恰恰由于这是他的层面，所以魏茨泽克觉得自己受到施密特的吸引和挑衅。因为他特别戏剧化地觉得施密特时期缺失社会方案，而在施密特之前则是存在很多社会方案的。施密特颁布命令：谁有幻想和憧憬就应当去看医生。魏茨泽克毫不反对幻想。

事实表明，基民盟在他的领导下辛勤地为这个代表着组织名称的"C"[132]，为从政治上和合乎时代精神地诠释"自由"和"平等"而笔耕不辍。他很快被公认为负责"道德"的那个人。他的对手们津津乐道地描绘这位超凡脱俗的男爵的形象，党内同志弗兰茨·约瑟夫·施特劳斯自然比言语尖刻的社会民主党人赫尔穆特·施密特还要更加起劲地参与进来。

魏茨泽克从第一天起就反对这种割裂，似乎在政治中，一些人可以负责务实地"做"和重大的对抗，而另一些人可以负责原则和标准方面的事情。因此，他公开结交朋友，特别是在倡导自由主义思想的媒体，在自己的阵营里，共鸣声往往是和其他声音混杂在一起的。可是，基督教民主党人感觉到，他们依旧迫切地需要一位像他这样的人物，而且比往常还要更加迫切。他们显然是与时代精神背道而驰的，而他则不然。这不是纯粹的形式问题。

1974年，魏茨泽克父亲的资料令人惊异地发表出来，这一时间招致激烈的争论：历史学家莱奥尼达斯·希尔（Leonidas Hill）发表了《1900—1932年的魏茨泽克卷宗》（*Die Weizsäcker-Papiere 1900—1932*），同时把这份东西与一个决定性的阐释联系在一起：恩斯特·冯·魏茨泽克不适宜做民族主义思想过于强烈的海军军官的典范，不适宜做魏玛共和国极右的反对者的代表，不适宜做"典型的纳粹"的先驱者。希尔认为，魏茨泽克在1933年之后也没有彻底改变，而是始终忠于自己。希尔想借助这些文件证明"他的一生中的"这种"坚定性和始终如一的精神"。希尔在对魏茨泽克父亲的评价方面的干预时常受到攻击，被指责对恩斯特有所偏袒和试图为其辩解。但是，这场争论——里夏德·冯·魏茨泽克在他的《回忆录》中对此保持沉默——不久逐渐平息下来。无论人们如何评价父亲，里夏德·冯·魏茨泽克通过出任教会宗教会议主席，并凭借其在东方政策上的作为而解放了自己。人们越来越能够拿他独自而公开主张的观点来衡量他的为人。

就在同一年，事情变得清楚明了。1974 年，赫尔穆特·科尔再次建议由里夏德·冯·魏茨泽克——"魏玛遗老的总司令"（指阿登纳——译者注）都甚至由于他的姓氏而想阻止他进入政坛——担任总统一职；这一次，尽管在东方政策的问题上存在紧张关系，议会党团并没有又立即对此事加以阻挠。社民党和自民党联盟那一方提名外交部长兼自民党主席瓦尔特·歇尔。更确切地说：歇尔把自己本人牵扯进去，而社民党尽管心存担忧却不敢反驳，否则就会失去一根顶梁柱使大联盟这幢大楼坍塌下来。

1968 年，时年 49 岁的里夏德·冯·魏茨泽克比自民党根本不愿推选的格哈德·施罗德（CDU）具备更大的胜算——因此，如同海涅曼言简意赅地断言的那样，他的接班人选举意味着"一种权力更迭"。然而，1974 年确定下来，魏茨泽克只能成为一个凑数的候选人。自由党人怎么会让自己的人自寻倒霉呢？

1974 年 5 月 6 日，勃兰特辞职。5 月 15 日，要选举海涅曼的继任者。接下来的一天，新的联邦总理的选举被提上议事日程。魏茨泽克不动声色地担当起毫无胜算的候选人的角色——竞选不会有损名誉，竞选失败倒是会对超乎全部政党派别之外赢得尊敬的魏茨泽克有所帮助。有两次徒劳无功的尝试：通往外交部长一职的道路被封锁之后，总统这个角色诱惑着他，这是显而易见的；在这条道路上的失败也就是如此。民主就是这样？是的，民主就是这样！人们可以同他一道学习。

如同魏茨泽克喜欢承认的那样，他在担任柏林市长不到三年的时间里积累起唯一的真正的"行政经验"。赫尔穆特·科尔在 1978 年春就已经推荐他作为状况欠佳的柏林基民盟的种子候选人竞选柏林市长一职。科尔想从各个州开始，同汉诺威的恩斯特·阿尔布莱希特、基尔的格哈德·施托滕贝格和威斯巴登的瓦尔特·瓦尔曼（Walter Wallmann）一起重新建设他的政党，魏茨泽克的想法十分合乎这个样板。柏林的基督教民主党人缺少任何恢复生机的力量，他们迫切地需要外部的一个新鲜的推动力。科尔和魏茨泽克两人可以开诚布公地讨论的原始状况准备就绪。

魏茨泽克：然而，科尔和他之间未说出口的一些附带的有关情况处于准备阶段。科尔试图阻止，魏茨泽克——科尔曾两次推举他竞选总统一职——从中也许生出要科尔在 1979 年第三次为自己做这样的宣传的要求。这一次，这位基督教民主党的候选人在联邦大会上有胜出的机会，可这时偏偏是科尔退缩了。这位反对派首脑的主要关注点针对另一个阵地——施特劳斯自己想成为总理的候选人并将科尔排挤掉，于是科尔必须全力以赴，控制住或者安抚住施特劳斯。

然而可以确定的是，弗兰茨·约瑟夫·施特劳斯将运用基社盟的一切权力阻止魏茨泽克当选。他在基社盟强行通过不断挫败魏茨泽克的反对东方政策和社民党与自民党联盟的粗蛮策略，另一个保守派的"夺标热门"也已经进入了他的视野：卡尔·卡斯滕斯（Karl Carstens）教授。科尔不想抵触这个人。

《法兰克福汇报》（*FAZ*）首先对赫尔穆特·科尔的"柏林政变"高声欢呼雀跃。它说，他由此摆脱了在自己的队伍中长久以来存在的东方政治家和德国政治家的二元论问题。这确是如此，但同时也让人想起《法兰克福汇报》对于魏茨泽克对德国政策的态度提出的质疑。不过，因为他代表一个更加倡导自由主义思想的现代的联盟，因而科尔当初想让他听自己的指挥。正是缘于此，这时他却带来了麻烦。

魏茨泽克开始卷入其中，他认为，党内有意提名卡斯滕斯为候选人，他对这件事总是了然于心的。可是——柏林仍旧是柏林，这座城市令他着迷。1979 年，他在被分割的这座城市作为候选人参加竞选。1981 年 3 月 21 日，他当选为柏林基民盟的州主席。战胜社会民主党的迪特里希·施托伯（Dietrich Stobbe）而赢得竞选的前景并不乐观。事实上，基民盟尽管有它的候选人但几乎没有获得收益，魏茨泽克起先失败了。同年，他迂回地通过关于举行全民公决的提议反对当时的参议院，再次朝着目标迈进——反对在此期间为挽救疲弱不堪的社会民主派从外面"飞入"[133] 的汉斯－约亨·福格尔（Hans Jochen Vogel）。

***

1983 年，里夏德·冯·魏茨泽克在沃尔弗·约布斯特·基德勒出版社出版了题为《德国的历史在继续》（*Die deutsche Geschichte geht weiter*）的一部讲话和论文集。这些文章兑现了基德勒所期望看到的东西：身为柏林市长的作者，在这期间踩着伟大的前辈如恩斯特·罗伊特（Ernst Reuter）和维利·勃兰特的足迹前进，他用文献资料证明在他的思想中占中心地位的是什么：柏林、德国问题和同东方之间的关系。但更重要的是：同时从文章的要旨中也可以获知，他想力求在德国政策和东方政策上保持连贯性。

缓和政策的命运在此时，即 20 世纪 80 年代的头五年内，绝不是清晰的。这期间，施特劳斯尽管作为联邦总理候选人来到场上并完败于施密特，但经过 1982 年从施密特到科尔的政府更迭以后，科尔避免毫无保留地奉行外交政策上的连贯性。他想继续推行缓和政策，但又想掩饰这一点。吃了糕点还要占着一些——这就是科尔。

只是，必须承认，缓和政策的框架条件在施密特时期就已变得模糊不明，在科尔上台后也没有明朗起来。1980 年 12 月，军队开进阿富汗[134]之后不到一年，雅鲁泽尔斯基（Jaruzelski）将军在波兰实行战争法规，以阻止人们大批投奔到团结工联举行的工会运动旗下——大概也特别是为了阻止俄罗斯通过干涉战事的决议。1983 年，有数百颗新的核导弹——潘兴 II 号飞弹（Pershing II）和巡航导弹（Cruise Missile）——部署在德国南部。施密特推动决议，科尔支持他。在华盛顿，罗纳德·里根（Ronald Reagan）面对"罪恶之国"还加重了声调。对德国总理没有什么可以期望的，可以听到他会跟里根唱反调。此外，莫斯科也发送了非常矛盾的信号，"鹰派"人物[135]在那里也占主导地位。

此刻，魏茨泽克的政治通告是这样的：人们不要受到蛊惑。绕着缓和政策的路线没有道路可走。他最终成为柏林的市长，这是科尔所愿意看到的。冷战的局面愈演愈烈，这肯定不符合这座有围墙穿行于其间的城市的利益。虽然只是落在纸上，可他比总理要更加清楚。

从这张嘴里吐出的文字，简直是一场政治事件。尽管"政治上可行的道路"无人知晓，但他在自己的文集序言中讲述了旨在圆满完成统一和自由的基本法的序言中所规定的任务如何得到履行的相关理念。他以他的基本经验反驳塞巴斯蒂安·哈夫讷的判决——一个中欧的德意志民族国家书写的篇章业已画上句号，1945 年是一个演奏了 130 年的"民族国家的插曲"的休止符：一个问题不会"因为没有人知道它的答案"[136] 就会停止存在。

他不谈围墙的清除，不谈"政治的统一"，而是完全以勃兰特和巴尔的语调谈起走怎样的道路可以减少分裂的理由。埃贡·巴尔在十年之后对新的东方政策进行总结时说，它不负所望地没有封锁民族之路，而倒是搞活了它，让它更加有活力，对这个总结"不容易做到置之不理"[137]。

他的建议：我们应当集中精力实行"积极的政策"，全神贯注地同苏联搞好关系，而不要等待下去，直到它变成一个自由的社会，并像我们一样保护人权。他接着讲道，我们应当动用我们不受其影响的独立性同它搞好关系，而不是和它划清界限。此外，在同盟内部就有关政策中的具体步骤可能会产生冲突，但不要"只是为了达到好的氛围"就回避这些冲突。他把这一切归拢起来说，历史的道路通向希特勒时代，分裂就是"对他的回答"。对德国问题，将不会存在孤立的民族的答案。

1972 年，魏茨泽克在同艾哈德·艾普勒共同拟定的德国基督新教教会公共事务理事会备忘录中就已经表述了这个信念。艾普勒是社会民主党人，担任勃兰特内阁的部长，这一点不仅没有令他反感，相反地——他钦佩艾普勒并想表明这一点。在好的想法面前就是不会因党派差别而划分界限。是的，在 1965 年拟定的德国基督新教教会东邻备忘录和 1962 年拟定的蒂宾根备忘录中，都已最终确立了这一点。

在口吻上是审慎的，而在事情上却是态度明确的，魏茨泽克由此试图弄清勃兰特和施密特曾遵循的方针路线。是的，不管是落在纸上还是在作为市长的实践中，他对此的看法都没有什么不同。他想消除西方和东方的军备竞赛可能引起的政治后果，在它们确实戏剧性地变得显而易见以前就这样做。对于埃贡·巴尔的名言"接近以促其转变"，他起初曾加以指责，这时已把它当作"完全是从社会政治方面对外交政策的定义"[138]而认可。他在文中运用各种辞令表示种种让步，向他的党内同志清楚明确地阐明这对他来说意味着什么。他不想同他认为是正确的德国政策和东方政策脱钩，而他认为它们是正确的这一点不受变化多端的经济形势的影响。

他证明他的自主权——尽管有政党的制约。

魏茨泽克后来经常宣称，他完全能够设想长期待在柏林。毕竟：他在威尔莫斯道夫（Wilmersdorf）上的小学，从生活感情来看和作为政治支点，它成了他的城市。吸引"执政者"的是大的国家问题。但日常生活是另外一番光景：被占领的家园、拉帮结派的议院、腐败现象、土耳其人的克罗茨贝格区[139]、财政上对联邦的依赖，这都属于行政经验。他埋头苦干，孜孜不倦。他说，他根本不觉得境况有多么困难。他作出小小的策略

上的让步，这在政党政治的世界里是习以为常的事情。因为他
从外部带来几位用于"输血"的议员，如诺尔伯特·布吕姆和
汉娜 – 蕾娜特·劳利恩（Hanna-Renate Laurien），因此他也随心
所欲地驾驭柏林的基民盟：他偏偏推选亨利希·鲁默尔（Hein-
rich Lummer）——任内政议员，此人为极右分子，他的思想带
有民族主义色彩，为那些认为多元文化的共存乃骇人听闻之举
的人所崇拜。这还是倡导自由主义思想的魏茨泽克吗？他对批
评之声充耳不闻，他教导好奇者：这就是政党民主。

当他在柏林直接察觉到关于东西方冲突和在那里会面的两
个德国国家的一些情况时，他的确对政党民主着了迷。从实践
上讲，说到做到，使两个德国国家继续进行接触，这根本不
是那么简单的事情。他必须表明立场并且也付诸行动：和平运
动没有劝服他，维利·勃兰特和教会朋友艾哈德·艾普勒也没
有说服他，他支持施密特任联邦总理时期订立的北约双重决
议，新的导弹被部署。同年即 1983 年，据说，他要在纪念马
丁·路德 500 周年寿辰之际在维滕贝格为他向这种强硬的态度
说"是"的表态作出解释。他朗读面对讲台的横幅标语："开创
没有武器的和平"。然而，他支持受到猛烈攻击的"扩充军备"
决议。这时，教士弗里德里希·绍尔莱默尔（Friedrich Schor-
lemmer）在梅兰希顿[140]故居的后院开展"铸剑为犁"的和平运
动。扩充军备还是放弃此举？魏茨泽克坚持自己的立场，对另
一种立场他表示尊敬，这就是一种魏茨泽克式的解决方案。由
此形成的同绍尔莱默尔之间的友谊直到今天仍完好无损。

里夏德·冯·魏茨泽克进行了自我定位，赫尔穆特·施密
特的以 1967 年哈默尔报告[141]为依据、面对东方把裁军提议同

扩充军备的宣告联系在一起的双重策略让他彻悟。在这里，赫尔穆特·施密特也估计错误了。罗纳德·里根所做的关于核战争的可获利性的轻松讲话就与魏茨泽克的思维领域格格不入。兄长卡尔·弗里德里希精确无误地把阻止核战争当成了自己的生活主题，而一个握有重权的人会索性莽撞地夸夸其谈吗？

　　魏茨泽克越发坚决地想在舍内贝格市政厅为德国国内的缓和作出自己绵薄的贡献。不管在他自己的政党内对此如何众说不一，他于 1983 年在潘科区同埃里希·昂纳克（Erich Honecker）[142] 会面，单单就是为了表明不看大国的脸色而行事。他认为，科尔也有类似的想法，即使他在公开表态时始终更为谨慎。

　　根据会谈记录来看，这位东柏林的主人想"除去炸药的引信"，缓和冲突，打消莫斯科关于德国人把东西德的接触搞得太过头的疑虑。昂纳克说："我们所谈的重新统一就是这个。我们要知道，它不会等待我们。"魏茨泽克有所克制地说："历史上对于中欧的政治结构的问题总是有新的回答……尽管通过两个大国以特别的方式维持分裂的旧状，但是从中得出结论，在未来不需要对历史有新的想象。撇开人们可能希望的不谈，我认为这是非历史的。"昂纳克："是的，对您这样的描述，我表示赞同。"

　　他表示对这位德国统一社会党的总书记没有什么特别的印象。他之所以能获得好评，充其量是因为命人将弗里德里希大帝骑士像纪念碑重新竖立在菩提树下大街。

　　没有取得突破，但也没有功败垂成：原本可以就这样一小步一小步地取得进展。在柏林这个"工地"上可以搞政治。"德

国问题"在那里被具体地加以强化。如同一度在勃兰特看来的
那样，它在魏茨泽克看来也继续构成东西方问题的支点和轴
心。只有对于柏林和两个德国国家来说发生了某些变化，在东
西方关系上才会实现某种稳定；只有在东西方关系上出现了某
些改善，这才会对柏林和"民族"的问题产生正面的影响。这
使得"执政者"的职责如此令人心驰神往。

但是就在这一年，情况发生了一些变动：令人惊异的是，
卡尔·卡斯滕斯宣布不再担任下一届联邦总统的职务。里夏
德·冯·魏茨泽克尽管想如同他之前多次申明的那样最终留在
柏林，但是形势的发展不以人的意志为转移。他本人一定要做
总统的图景已经摆在面前，而这次机会最终也是力排科尔的异
议而争得的。情形是这样吗？

人们会由此不禁提到里夏德·冯·魏茨泽克和赫尔穆
特·科尔之间的相互关系，谈起其中隐藏着怎样的政治事件。
赫尔穆特·科尔在他的《回忆录》中以一种超越一切常规的方
式几乎只用不恭敬的话从背后呼喝魏茨泽克。他描绘出一个忘
恩负义之人的写照——自 20 世纪 60 年代初期他将此人引领到
政治的道路上来并于 1969 年最终为其在莱茵兰 - 普法尔茨谋
得一个候选人的位子。按照科尔所说的，魏茨泽克仅仅是他一
手创造的成品，是政党机制的产物，这个人在 1969 年经过几
番踌躇之后甘愿把自己的信任交给政党机制。

科尔在他的第一本回忆录中如是写道：魏茨泽克在 1981 年
走向柏林的道路，是说明"后来经常被他和其他人贬损的人事
政策的影响的"一个"经典的例证"。他，科尔，曾付出心血"成
全了一个梦想"[143]。

科尔继而在他接下来的一部回忆录中津津乐道地讲述，1983 年 6 月 8 日，他收到柏林市长寄来的"一封应征联邦总统一职的稍稍加密的自荐信"。这种"在事关自身的问题上热烈奔放的行为"在科尔看来绝对是新鲜的且经过再三斟酌的事情。考虑到柏林，考虑到基民盟的选民们，考虑到施特劳斯——他"不喜欢这位出身贵族家庭的外交官的儿子"，并且还在围绕东邻条约的争论中炫耀自己是"基民盟路线的偏离者"——他有些踌躇不决，而魏茨泽克却并没有放弃[144]。

还不止于此：1987 年，魏茨泽克在同昂纳克的会谈中还奉行社民党所遵循的路线，"由此他不仅偏离了惯常的政府路线，而且对我们的政策简直是以怨报德"[145]。

联邦总统不是爱国主义者？里夏德·冯·魏茨泽克多年间对所有这一切都未公开表态。

1982 年，科尔在有建设性的不信任呼声的阻碍中作为施密特的接班人当选联邦总理，基民盟/基社盟和自民党联合政府的首脑。1984 年，联邦大会选举魏茨泽克作为卡尔·卡斯滕斯的接班人担任联邦总统。当柏林墙倒掉的时候，当 1990 年 10 月两个德国国家统一的时候，两人都还在任，他们的府邸彼此邻近，位于波恩莱茵河畔。

下面的描述交代得一定太过简短，但只是想借此说明一下二人之间的纷争：1984 年，当荣任联邦总统一职的机会对于魏茨泽克来说第一次真的触手可及的时候，赫尔穆特·科尔则更相中了候选人恩斯特·阿尔布莱希特，而乐意把魏茨泽克牢牢地留在柏林。偏偏是科尔在背后大呼小叫地披露了魏茨泽克的"自荐"一事，这始终成为一段独特的噱头。几乎没有人像魏茨泽克这样终其一生顽强地、目标如一地为仕途而奋斗，先是在美因茨，然后还在波恩同施特劳斯对抗。

有一点肯定是正确的：如果没有魏茨泽克的坚决态度，没有阿尔布莱希特对魏茨泽克的亲近关系，魏茨泽克是无法进入哈默施密特别墅[146] 的。如同魏茨泽克后来承认的那样，他当时唯独不是候选人汉斯·迈尔（Hans Maier）的对手。但是两次败北，然后又被敷衍搪塞——这太过分了。不过他还是犹豫不决——因为柏林。

康拉德·阿登纳阻碍他的道路，赫尔穆特·科尔却欢迎他走上政治的舞台。经过 20 年在私有企业的打拼和在教会宗教会议的履职经历，那个舞台对他还是充满了吸引力。魏茨泽克和科尔之间在日后表露出一种极富紧张状态的关系。照片摄于 1992 年，图为科尔和魏茨泽克夫妇，科尔和魏茨泽克分别为两德统一之后的联邦总理和联邦总统。

但是当他下定决心奋力一搏的时候，下述情形确定下来：他不愿意再次纯粹作为凑数的候选人而登场，他鼓足了干劲儿，想要赢。摘掉"丝绒手套"，露出来的是一双"铁拳"。

总理科尔从未有建设性地利用过不同寻常的声望，而这种声望则是魏茨泽克直到 1994 年在两届任期内所享有的。事实表明，这绝不仅仅同从柏林到波恩完成总统角色的转换这段颇有争议的前史有关；或许这同科尔的变质有关，魏茨泽克刚认识这位年轻的美因茨人时是另外一番样子，他对新事物保持开放态度，在内政和外交问题上是一个现代派，可他在激愤的论争中却逐渐变得狭隘起来，他作茧自缚，对政党利益和权力利益给予优先照顾。

不管怎样，人们从基督教民主党人作为反对派的那些年里可以预知某些情况。施特劳斯竞选联邦总理失败以后，清楚地表明是什么使科尔和魏茨泽克存有分歧：不管是关系到对自己的过去怎样看待的问题，还是从总体上理解整个政治，或是牵涉到将来的德国政策或波兰西部边境问题，他们的基本态度都不大协调不大一致。

魏茨泽克和科尔：这里并不是两个昔日的朋友发生矛盾这么简单的事情，而如果说一位踌躇满志的总统和一位大权在握的总理不可避免地发生了碰撞，这也根本解释不了什么。1992年，魏茨泽克直言不讳地公开了两人之间的这种纷争——并没有提及科尔的名字——，他也对此提出了自己的看法。政党常常是兼具"醉心权力和遗忘权力"这两种特点的，他也由此说明了日益滋长的对政党的厌恶情绪。

这样一种出自哈默施密特别墅的尖锐有力的批评完全是

不同寻常的情况。毕竟科尔作为"统一总理"而在世界范围内
获得溢美之词。魏茨泽克恰恰把政治的那些内容排在首要位
置——德国的统一，对过去的看待，东西方冲突的终结和这对
于德国以及最终对于欧洲引起的结果，他认为这些是中心问
题。他并不泛泛地只是对政党政治的权力定位诟病非难。欧洲
的统一和德国的统一，历史上这一无与伦比的结果，在他看来
将在波恩政府的日常事务中面临被毁灭的威胁。总理曾许诺说
将使东部呈现一片繁荣的盛景，他想赢得选举——而这之后他
也实现了。掌握政权，但这是为了什么目的？这位总统这样
反问道。魏茨泽克想示范给大家看，怎样回答这个问题，而
这——没有动用行政职务——只是用话语来实现。

总理府在官方言论上保持沉默，但暗藏愠色。科尔和魏茨
泽克的关系破裂是再也无法修复的了。科尔在他的日记里怒
斥道，"如果两个联盟党不是由于'醉心权力'而赢得了选举，
以便能在联邦大会上以多数票选举里夏德·冯·魏茨泽克为联
邦总统"，那么他绝不会坐上这个最高的官位。这让他想起"蔑
视政党的不幸传统"，想起联邦参议院的议员们对此合理地提
出过反对意见。[147]

但是科尔错了。那不是对政党的蔑视。这位基民盟的政治
家兼柏林市长魏茨泽克前往政党民主的舞台，没有怀有原则上
的保留态度。科尔所不想看到的，是政党制度内出现畸变，对
此他也是责无旁贷的。其实有一点被忽略了：即对政治来说重
要的是否不只是权力、悠闲自得的肥差和策略上的优势。这种
批评之声在他自己的政党内蔓延，特别是由于这个原因，党内
同志如海讷·盖斯勒、洛塔尔·施佩特（Lothar Späth）、恩斯

特·阿尔布莱希特和丽塔·居斯姆特（Rita Süssmuth）发出越发猛烈的批评声。1989年，两德统一临近，这最终挽救了他在官场中的命运。

1999年11月末，科尔告别总理府，不久后，可疑的接受捐款事件以及被总理拿来确保其权力的捐款被藏匿于列支敦士登和瑞士的传闻公之于众，这时，里夏德·冯·魏茨泽克认为自己的批评比所期望的更明确地得到了证实。12月22日，安格拉·默克尔（Angela Merkel）在一封公开信中同这位基民盟的名誉主席划清界限。她说，他使他的政党"蒙受损害"。她并没有把这一举动告知党的主席沃尔弗冈·朔伊布勒（Wolfgang Schäuble）。2000年1月10日，科尔在德国电视一台（ARD）承认，他知道发生过接受捐款这回事，但却拒绝透露他的"黑账户"上的捐赠者的名字。这一次，魏茨泽克打破了自己强压着的沉默：他以"权力、法、荣誉"为题加入到大讨论中去。科尔曾对不知名的捐款人发下"誓言"，承诺保持沉默——这太过分了。这位卸任总统坦率地说出自己的意见——正是在长期支持科尔、而对魏茨泽克并不怎么看好的这家报纸上。

魏茨泽克尤其看到他的如下猜疑得到证实：两个联盟党在很大程度上以隐蔽的方式掌控宪法机构。他向科尔表明，"形象与力量、理智和感性、直觉与机遇"长期以来成为他的典型特征。他说，科尔坚定不移并脚踏实地地攀登通往权力的上升阶梯，把盖斯勒、福格尔、劳莉安女士，以及比登科普夫和赫尔佐克这些人吸收到现代的、拥有开放的讨论环境的联盟党中来。是的，还有他。但是，然后从中逐渐形成一种"体系"，随着上升到联邦政治的层面，他把自己对政党的把持"完美化"。此时，他建立自己的关系网，要求团结一致，批评者被认为是"忘恩负义"之辈，被逐出朝野。幸好有若干人与这种"党同伐异"的做法成功地进行了抗争。

魏茨泽克：从外交政策上确定德国统一的方向，大力推进欧洲的联合，说服他的国人接受并使用欧元，这一切科尔都成功做到了。在国内掌握权力的目的获得了"绝对的优先地位"并且自行发展，直到作为总理曾向宪法和法律宣誓的他"违犯了法律"并且还以一个用名誉起的誓言使这一点更加突出。"在同胞们面前援引这样一句'男人的豪言'"是一种不情之请。他也应当为了自己的利益克服这个"低潮"。魏茨泽克当时的建议是：把党的主席的职权限制在理性的步调上。

结果是众所周知的：科尔丧失了荣誉主席的职位，把他的接班人、处于党和议会党团首脑层的沃尔弗冈·朔伊布勒一同拖入深渊——安格拉·默克尔就在这一年春跻身联盟党的首脑层。2009 年 10 月 31 日，在庆祝"1989"的 20 周年纪念日之际，轮椅上那个令人同情的、显然垂垂老矣的科尔，讲话时吐字含混不清，在弗里德里希宫剧场的舞台上，他坐在米哈伊尔·戈尔巴乔夫（Michail Gorbatschow）和乔治·布什（George Busch）身旁。尽管心怀怒气和懊恼，他有种种理由引以为傲。他在 15 分钟的回顾讲话中总结道："再也没有比德国的统一更能令我骄傲的快事了"，他由此换来的是 1 800 位在场者对他的讲话报以慰藉的掌声。

几乎使人没有察觉到的是，这次纪念活动缺少三位声名显赫的客人：当时的联邦总统，里夏德·冯·魏茨泽克；外交部长和关于德国主权的"2+4 谈判"[148] 的发起者汉斯－迪特里希·根舍——魏茨泽克同他相处融洽；曾为德国两个国家的统一做了筹备工作的沃尔弗冈·朔伊布勒。人们大可以认为，他们乐得错失这次机会：他们三人没有一个赞同下述历史阐释：1989 年的统一突然间表明是科尔锲而不舍的精神促成的结果。

魏茨泽克在回首往事时认为科尔对他的批评是"可以解释的"。但他仍旧不想参与这种纷争。科尔被公认为"统一总理"，与之相反，他却什么名号都没有。历史并不总是公正的：它既没有让赫尔穆特·施密特接手西方政策或是东方政策，也没有传承给他"1989"的篇章，然而对于魏茨泽克来说，施密特始终是最强有力的、最令人印象深刻的总理。话就说到这里为止吧。

是的，在魏茨泽克看来，赫尔穆特·科尔在上任之前就起步艰难，这使他倍感掣肘。而最迟到他就职总理并要求掌握"思想道德上的领导权"时，他犯了错误。魏茨泽克认为，总理们都时常表现出夸大其辞的性格特点，正如勃兰特也曾说过：现在，1969 年，民主才真正地开始。不过，勃兰特在位时，"向顶峰推进"、诺贝尔和平奖和东方政策这些荣誉和事件接踵而至；科尔在任时适逢"统一"大业，这是一个奇迹——当然还有捐款事件。

为了减轻这位基民盟党主席兼"司库"的罪责，海讷·盖斯勒出面干预，用他的话说是"神志不清"——这救了科尔一命。这样一来，却引起科尔深深的不满，不过这并不是盖斯勒的责任。这要怪就怪科尔自己。

魏茨泽克在这个背景下也提出这样的问题：他是怎样成为总统的，他是否违背科尔的意愿竞得这个职位。"拜科尔所赐"

的总统？很显然，这一点一定困扰着他。"科尔并不能达成一切。在我选择竞选联邦总统一事上也是如此，因为他心目中的候选人直到最后都不是我，而是恩斯特·阿尔布莱希特。这一点他在回忆录中描述得既清楚又公正。"

科尔的想法比较理智，他期望"基民盟保持好的境况"。可是基民盟却几乎四面楚歌，除了在柏林的情况尚可称道。魏茨泽克强调说，科尔从未同意由他来做卡斯滕斯的接班人。可想而知的是，由于这个原因，早在 1968 年，布鲁诺·黑克就找到科尔并提出无理的要求说要参加竞选。但这是另外一个问题，难道不是吗？

1968 年，当已确定将选举吕布克[149]的继任者时，历史向魏茨泽克显露出这样的面目：科尔和巴泽尔在围绕联盟党的领导权进行竞争中产生如下想法——教会宗教会议主席里夏德·冯·魏茨泽克应当做候选人，但施特劳斯说他还从未听说过有关魏茨泽克的情况，从而成功地予以制止。

当基民盟提名魏茨泽克为候选人时，当时的自民党议会党团主席克努特·冯·屈耳曼－施图姆（Knut von Kühlmann-Stumm）男爵给他写信担保说，他将负责设法助其在选举中赢得多数票。当科尔了解到施特劳斯也支持自己心目中的候选人时，他向魏茨泽克建议道：应当放弃，为了成全格哈德·施罗德而放弃。他则回答道："这我不干！"

至于只在柏林待了两年就竞选总统一职的决定——"我从未说过，我想要总统这个职位，我也没有这么认为。"当卡斯滕斯宣布说他不再连任时，"科尔没有说我应当竞选这个职位，而我也没有这么想"。

而这时更是爆发了一场公开的讨论，他的名字迅速地传播开来，最后他自1968年以来就十分经常地被人们提起。不出所料的是，也有人投上反对票，有人想要"我留在柏林"。这些反对的呼声首先是由发表在《法兰克福汇报》上的一篇匿名文章掀起的。文章的作者表示对他深感失望，责备他背叛了柏林，背叛了他的信念。很快有流言传扬开来，说作者就是魏茨泽克的朋友圈子的人——是沃尔弗·约布斯特·基德勒（Wolf Jobst Siedler）。作者写道，当柏林市长此时经过长期的运筹帷幄后向目标走去的时候，他把这座城市曾交给自己的信任退还回去，并逆转了气候，由此也否定了他自己的人格。关于魏茨泽克的争论一浪高过一浪。

党内同志，比如在魏茨泽克担任教会宗教会议主席时就很欣赏他的沃尔弗冈·朔伊布勒，也力劝他留下来。朔伊布勒回忆起曾问过他："如果赫尔穆特·科尔一意孤行，我们该怎么办？"总统一职又算什么，他想委婉地暗示，或许有朝一日他能当上总理。

魏茨泽克后来对赫尔穆特·科尔的犹疑不决完全表示理解。基民盟在黑森和不莱梅的州选举中遭受重挫。魏茨泽克的观点仅仅是，"我们必须弄明白情况"。科尔却既不问他也不问其他人，该如何采取行动。魏茨泽克认为，他的态度就是：大家应当索性继续静观其变。这时到了弗兰茨·约瑟夫·施特劳斯露一手的时候了。偏偏是这位有名的魏茨泽克的批判者，在柏林召开的一次记者招待会上态度如此随意洒脱，来了个180度的大转弯，让公众大跌眼镜：他说，游戏应当结束了，如果魏茨泽克竞选，他将投赞成票。"他没有对科尔和我讲起这话，但却使科尔难以提出否决。"

魏茨泽克回忆起，在基民盟主席团接下来的一次会议上，是他自己本人，而不是总理谈起了这个话题。几天之后，总理公布了提名他做候选人的事情。"我不认为，我的人缘很差。"他觉得他这时已积累起足够的经验。社民党和自民党宣布，倘若他参加竞选，那么将不推选竞选对手，这一点有着特别的意义。

还有一些别的插曲，但这观点是别人、而不是魏茨泽克作为论据提出的：汉斯－迪特里希·根舍作为外交部长尽管在处事上保证最大限度地做到有始有终，但绝不可以确定无疑地认为，东方政策和缓和政策处在华盛顿和莫斯科两个"大国"之间已经变化了的环境下确实还有一线生机。基督教民主党人仍然没有找到他们的路线。面临这种前途未卜的情形，人们可以把提名魏茨泽克做候选人这一事件理解成铺路架桥的伏笔，这本身就是一起政治事件。

***

他们没有行政权力，他们的权限是有限的——可联邦总统一定绝不是因此就毫无影响力。所以，里夏德·冯·魏茨泽克是否还受到他的党外朋友的促动，这个想法肯定不会显得脱离现实生活。那个让他觉得如在家中一般自在的基督新教教会的圈子会愿意把他抛送到联邦共和国的顶端吗？

里夏德·冯·魏茨泽克坦率地承认道："格奥尔格·皮希特、马里昂·登霍夫、路德维希·赖泽尔——我就是从这个巢里破壳而出的"。他曾同库尔特·沙尔夫、艾哈德·艾普勒、赫尔穆特·贝克尔，还有他的兄长卡尔·弗里德里希就波兰、分裂的德国、最近的历史这些问题进行讨论，这让他"思索良久，感到十分充实"。但是这一切与他们是否想要"使他成为"总统这个问题毫不相干。

作为唯一一个出自这个圈子的人，他敢于朝着这个即便不是遭到唾弃也是和这个圈子格格不入的政党政治的舞台走去。他们都想对年轻的联邦共和国施加影响，他们把"**共和国**"的命运完全视为他们自己的事业，他们准备好和它共同迈出前进的步伐——但那是在另外的领域内。

毋庸置疑的是，从这种基督新教的观点来看，在阿登纳庇护之下的莱茵共和国也向天主教一边倾斜。多年以来，主教的紫袍裹挟一股天主的微风吹袭波恩。而他们期望的远远不止是以自己的方式施加影响。格奥尔格·皮希特撰写出具有划时代意义的论"教育灾难"的文章，示范性地进行现身说法。该文发表在周刊《基督徒与世界》（*Christ und Welt*）上，《时代》周报拒绝刊登这篇文章。皮希特的论点赋予这篇文章以无与伦比的价值，在公众间掀起几乎前所未有的狂澜。就连蒂宾根备忘录也没有这样的轰动效应。

这样一种影响力要比"权力"或一种有代表性的职务更加重要。这并不妨碍，年长些的朋友们带着赞许的目光陪伴里夏德·冯·魏茨泽克的官场生涯，马里昂·登霍夫伯爵夫人在《时代》周报上公开表明，她是何等赏识他在政治论争中发出的呼声。而讥讽阿登纳是"基督新教的黑手党"的那些围绕在卡尔·弗里德里希·冯·魏茨泽克和赫尔穆特·贝克尔周围的知识分子，他们终究坚定不移地信仰有发言权的社会道路。

不，事情的精妙之处并不是"造就"一位总统。更重要得多的是：里夏德·冯·魏茨泽克把他的经验，这个让他如在家中一般自在言语的"小房子"，一同带进哈默施密特别墅。他认准一条死理：政治应当首先从头脑中产生，然后再找到多数派去贯彻它。他认为这是正确的顺序。科尔后来把这个顺序颠倒过来。这是他拖进官场的"私货"，魏茨泽克认定这一点。人们可以称之为里夏德·冯·魏茨泽克身上"过时老套"的东西，科尔不想接受它。这被冠以"蔑视政党"的罪名，成为无法了结的事情。

魏茨泽克回顾他参加竞选的那一刻时，说道："拿命运来解释，这是明智的和英明的"，这一刻如果早些时候发生就会是错误的，各种不同的尝试却也没有什么坏处，"我在 1974 年确实还没有什么经验"。

1984 年 5 月 23 日，时年 64 岁的里夏德·冯·魏茨泽克，继泰奥多尔·豪斯、亨利希·吕布克、瓦尔特·歇尔和卡尔·卡斯滕斯之后，当选为第六任联邦总统。他获得 1040 票中的 832 票。在总统选举中还没有出现过这样已是预先摘取桂冠的胜券在握的势头。

联邦共和国自我教育的岁月并没有完全成为过去。赫尔穆特·科尔很快添补的弗利克集团献金丑闻（Flick-Affäre），打着"维护波恩景观"的旗号通过秘密的、财政上的捐款渠道，让思想道德实现转变的诺言成了一张空头支票。而试图借助一场大赦来为捐款事件的肇事者赎罪的举动则几乎并不能减轻事态的严重性。魏茨泽克回忆道，当他入主哈默施密特别墅时，

1984 年 5 月 23 日，里夏德·冯·魏茨泽克继泰奥多尔·豪斯、亨利希·吕布克、瓦尔特·歇尔和卡尔·卡斯滕斯之后，当选为第六任联邦总统———以超过他的任何一位前任的票数。

"政党厌恶症"这个词已经深受青睐。这并不是他杜撰出来的。

1984 年，这个联邦共和国显然充斥着整合与解释的需求。它在文化上存在某种不可调和的东西。此外，冷战的局面愈演愈烈了。的确，思想上的"碰撞"和"挑战"也于事无补，特别是尽人皆知的一点是：科尔在对政治目标的表述上始终是含糊其辞的。这时，主张实行缓和政策的某个人迁入哈默施密特别墅；他甚至认真看待和平运动，比赫尔穆特·施密特和赫尔穆特·科尔都更加认真，尽管他并不和他们一样在扩充军备的问题上持批评态度。[150]

拿赫尔穆特·科尔来衡量，人们对魏茨泽克在重大的有争议的民族问题上所表现出的立场，也大多能获得比对科尔明朗得多的了解。魏茨泽克不是如同总理府背后低声议论他的那样，是因为追随"潮流"而受欢迎。他从一开始就是因为把职务刻入他的血肉之中而受到拥戴。特别是他对自己起整合作用的角色认真看待，这一点他自从在教会宗教会议工作就已经认识到了。

有时候，总统与总理之间的角色几乎翻转过来：特别是在尝试保护两德之间的关系免遭超级大国之间新的冷战所破坏的问题上，魏茨泽克比科尔更加明显地出现在公众面前。关于科尔，大家知道，他不想冻结同东柏林之间的关系，想继续推行施密特的方针路线，但又考虑到弗兰茨·约瑟夫·施特劳斯和他的议会党团中的强硬路线者而公开表示克制。与之相反，魏茨泽克则为对内和对外政策都做好保护工作。不需要有人另外再鼓励他这样做。

1984 年，在他就任总统第一年，这一点就表现得尖锐化：艾里希·昂纳克计划访问联邦德国——之后却一再推迟——，西方的盟国，特别是华盛顿、伦敦和罗马，把昂纳克计划来访解释成德国今后想借助政权而重新统一的标志。基本观点是：遗憾的是，德国尽管被分裂了，但却无意于建立重新崛起的"日耳曼集团"。

泛日耳曼主义？魏茨泽克在一年以前曾作为西柏林市长同昂纳克交谈，他在接受采访时不厌其烦地对泛日耳曼主义表示反对：东西德双方应当最终懂得，德国人对国家的分裂负有特别的责任。他们不能表现得似乎不存在德国的问题。另一方面，他向国内政治表达出这样的迫切希望：不要重复性地复述 1970 年关于德国统一的公开信——当时莫斯科条约被这封公开信从基督教民主党人的一票否决中拯救出来。这封公开信中使用的措辞——即联邦德国的政治目的在于，"致力于欧洲内和平的状况，德国人在此状况下以自由自决的方式重新获得国家的统一"，事实上会引发一些揣测。难道德国人只想利用欧洲来实现国家统一吗？即使是"以欧洲的名义"，也在遮遮掩掩之下谋求一种纯粹民族的目标吗？魏茨泽克试图打消这些忧虑。

魏茨泽克像埃贡·巴尔一样认为，更为重要的是，民主德国的同胞们终于又能够自由地生活。另一方面，在大国之间继续推行缓和政策为此作出了一份贡献。不过，执政党基民盟当时还远远没有走得这么远。只是：魏茨泽克并没有——如同科尔在自己的《日记》（*Die Tagebücher*）里所指责他的那样——接近社民党，倒不如说他在维护着德国基督新教教会备忘录中就已经勾勒出的一条道路。

不管怎样，从科尔执政上任直到柏林墙的坍塌，这六年构成有关历史大讨论的一个"高地"。科尔显示出一种新的无偏袒的态度——这不是因为他想做出什么了断，而是因为他坚信，西德的民主是经受住考验了的，而他自己本人作为两德统一之后的第一任总理（"宽恕这些后代"[151]）也不再属于从军的一代。

单单看 1985 年科尔同美国总统罗纳德·里根在比特堡公墓的会面就显示出他和总统的明显区别，此次会面是在科尔极力推动之下而实现的。里根与这位德国总理在党卫队军官的墓地上方握手，这一举动将向全世界表明美国对德国人的认可。这样一种象征性的和表态性的"处置历史的政策"是同魏茨泽克的思维领域完全格格不入的。

奥斯维辛与较年轻的一代的现实世界脱离得越来越远，它对他们来说是否保持着其决定性的意义，这成为激烈的讨论中的素材。此外，由于戈尔巴乔夫的改革，"东西方对垒的锐度以及由此产生的只好通过转移视线的反共产主义棱镜去把握自身的集权主义历史的倾向"[152] 得到了弱化，和缓下来。1985年 5 月 8 日的讲话正是在这样的时代精神之下准备好的。

有好几位记述讲话的人对总统的这次讲演陷入沉思，特别是米夏埃尔·恩格尔哈德（Michael Engelhard），他是魏茨泽克从外交部借调的。战争结束 40 周年——魏茨泽克很是看重这个时刻，这对他来说意义重大。5 月 8 日从一开始就是首脑的事情。

同比特堡的情形不同，没有人应当向我们签发一个证书，证明德国人现在是经受住考验的、正经八百的民主派。魏茨泽克坚持认为，他们应当在议会相互讨论时把这个周年纪念日和他的讲话铭记在一起，而不使这个日子——如同赫尔穆特·科尔当初力求达到的那样——成为一件与里根和北约共同的事情。那位在纽伦堡法庭上的年轻人表达的心思再次准确无误地响彻四周：我们必须从我们自身当中焕发出开创道德的新起点的力量。这不需要第三者的参与。终于——历经 40 年的小小的延误——跨出这么远的步伐。

国际形势也仿佛奏入管弦乐的一支曲调一道发挥作用。魏茨泽克在对扬·罗斯（Jan Roß）的谈话中比在他的《回忆录》中更加详尽地讲述了他所觉察到的国际环境。20 年前的 1985年 5 月 8 日，当他在议会谈起战争的结束及其后果时，国家尚处分裂的局面，四个战胜国对它的主权还没有被废除。然而同时，却也呈现出触及我们德国人的种种变化。魏茨泽克说："戈尔巴乔夫成了苏联的总书记。无疑地，冷战一如既往地以极具威胁性的方式存在。勃列日涅夫命人研发了新的导弹体系。美国总统里根谈到了苏联的'死亡军备'，在波兰，战争法占主导地位。然而，局势还是出现变化。里根同戈尔巴乔夫在雷克雅未克会晤，顿时即将达成共同裁军的一致意见。在两个国家互相之间的关系中寻求从中欧来推动和平与缓和政策的步骤。总之，我们当时可以并应当在波恩做好准备，正确评价完全独立自主的外交责任和利益集团。我坚信，对纳粹时代和战争的坦诚理解是做到这一点的前提条件。"自己将来的作为能力将会因此而增强。所以，我们"——根据我的看法——，不可以如同起初计划的那样，在议会将 1985 年 5 月 8 日当作北约伙伴关系的节日同里根一起庆祝"[153]。他听取了一些建议，有些意见没有采纳，有些文字经过一些修改和推敲，许多人参与了润色，由他最后敲定文字。经过点滴的渗透，这一天在议会讲话的文稿产生了，而他只带了一份手稿。

就这样诞生了这个讲话。

里夏德·冯·魏茨泽克在 1985 年 5 月 8 日为纪念第二次世界大战结束 40 周年在波恩议会大厅所做的讲话，其中心论点应当在这里再次按照原文简要地复述一遍。

我们德国人在我们中间度过这个日子，这是必要的。我们必须独自找寻到衡量和判断的标准。通过我们自己或通过其他人来顾全我们的感情再也无济于事。我们需要而且我们具有尽力辨清真相的力量，不带粉饰和片面性。5 月 8 日对于我们来说首先是一个让我们回忆起人类不得不受苦受难的日子。它同时是一个思考我们的历史过程的日子。我们越坦诚地度过这个日子，我们就会越自主地准备负责任地面对它的后果。

里夏德·冯·魏茨泽克在讲话一开始就坚持他的基本信念，即清算过程必须发自内心。是的，人们不妨重读 1945 年纽伦堡的那段小插曲：那时，他和阿克瑟尔·冯·德·布舍对由美国人来进行审判、并且法院大楼被他们监视这一情形感到愤怒。读到这些人们会感觉到，似乎德国人不可能做到像讲话中这样清算自己。

5 月 8 日对于我们德国人来说不是要庆祝的日子。一些人回到家乡，另一些人则无家可归。这些人被释放，而那些人开始牢狱生活……一些德国人痛苦地面对破碎的幻想，另一些德国人对所赐予的新的开端心怀感恩。

大多数的德国人曾认为，他们是在为自己国家的美好事业而奋斗而受苦受难。现在则表明：这一切不仅是徒劳无功和毫无意义的，而且它是服务于一种罪恶行为的不人道的目的。

然而一天一天地更加清晰的一点，即今天我们所有人需要共同说的是：5 月 8 日是一个解放的日子。它将我们所有人从蔑视人类的纳粹暴力统治的制度下解放出来。

魏茨泽克由此明确地采取了引发争论的态度，这种争论数十年来始终没有平息下来。这种"解放"的说法违背了联邦德国的民族保守主义的环境。这向"战胜国"表示出过高的尊敬，它也让人感觉，自己内部没有实现这一点的力量。正是有些魏茨泽克的党内同志——带头的是阿尔弗雷德·德莱格尔（Alfred Dregger）——则认为，5月8日不仅仅表明纳粹的暴力统治的终结，而且同时表明受驱逐和东部受到新的压迫的开始，表明我们国家分裂的开始。他们特别着重地指出这一点。

人们当时原本可能这样对魏茨泽克的观点提出异议——这也见于自由主义报刊的有些地方——，"解放"的概念是存在歧义的。因为同盟国想首先将整个欧洲从德国的占领下解放出来，并且他们想占领德国，以便长期内不可能重蹈覆辙。有些容易顺应盛行的观点的人也说"解放"，这背后隐藏着些许机会主义的东西。

在联邦德国的思想史中，这种"解放还是投降"的争论却有它明确的意义，里夏德·冯·魏茨泽克由此成功地对没有说出口的论点——不该将新的主人，"占领者"和"战胜国"也称作"解放者"——提出反对意见。

赫尔穆特·施密特总是对这个问题回答道，他觉得5月8日是"投降"，是"失败"，是灾难的结束，但对他来说明确地形成一点事实：德国得到解放并且必须获得解放。在这个方面，他对这个讲话并没有异议。

魏茨泽克对这个有关"解放"的片段做了一些补充，这可谓他的整个讲话的精髓："没有人会为了这个解放忘记，随着5月8日许多人先是开始经受多少沉重的苦痛，之后又有多少苦难接踵而至。但是我们不可以认为战争的结束是逃亡、被驱逐和受压迫的原因。倒不如说，原因在于战争的发动和那种导致战争的暴力统治的开始。我们不可以将 1945 年 5 月 8 日同 1933 年 1 月 30 日分开。"

讲话者提到 1933 年这个日期，尤其反对下面这种散布开来的倾向：把受难者和罪犯的历史、德国的被驱逐者和逃亡者的历史以及整个欧洲的被杀害者和被迫害者的历史交织着并到一个没有差异的总的环境下去加以考察。

里夏德·冯·魏茨泽克使他的表述脱离 20 世纪 50 年代和 60 年代的模糊描述，根据后者的描述，纳粹主义作为一种事实超乎欧洲之上，是某种罪大恶极的东西，它几乎将所有人一道席卷进去。他的父亲在 1952 年写的《回忆录》中也采用这种比喻的手法：按照这种描述，它是"恶魔般的"、"普遍波及全人类的"，这导致厄运的降临，托马斯·曼将"德国人的不幸"诠释为"全人类的悲剧的范例"，德国人是"受到诱骗的人们"，他们的处境如同献身于魔鬼的阿德里安（Adrian）一般。

魏茨泽克最终更换了其中的密码。外交部长约什卡·费舍尔（Joschka Fischer）在 1998 年红绿联盟赢得大选之后向他表明，如果早些时候发表这次讲话，那么就原本不需要整个学生运动及其反对老一辈受排挤的抗议活动。

讲话者具名指出自己指的是谁。他列举出联邦德国实现统一以来的官方纪念馆即菩提树下大街的新岗亭[154]记录的受难者是不无道理的：[155]600 万在德国集中营里被杀害的犹太人、在苏联和波兰的受难者、自己的同胞、辛提人和洛马族人、同性恋者、精神病患者、宗教的和政治的受迫害者、人质、反叛行动的牺牲者（还有共产主义者）。

诚然，几乎没有一个国家在它的历史上始终保持清白，没有纠结于战争和暴力的罪过之中。然而对犹太人的种族屠杀却是史无前例的。

历史学家恩斯特·诺尔特（Ernst Nolte）一定对这句话特别反感，他认为这是错误的。他主要试图对历史进行复查，在布尔什维克的"原罪"中对过去进行比较和否定。由此产生了1986年写作《史学家争鸣》（*Der Historikerstreit*）这本书的素材。

对罪行的叙述，手头上掌握的东西比较少。这些东西被从公众的视野中屏蔽掉了。但是每个德国人都一道体验过德国的犹太人不得不遭受的苦难，从冷淡的漠不关心演变到隐藏的不容忍态度直到公开的仇恨。在焚烧犹太教会堂、洗劫犹太店铺、用犹太星[156]标识使犹太人受辱、剥夺其权利、使人的尊严不停遭到亵渎之后，谁还能保持无邪念呢？想要了解情况，就不会察觉不到，驱逐犹太人的押运火车隆隆驶过。

他这也是在说自己。当他在柏林读文科中学的时候，他目睹了犹太教会堂遭到焚烧的事件。阿克瑟尔·冯·德·布舍向他讲述了在东部前线杀害3 000名平民的一幕。正是"谁张开眼睛，打开耳朵，……"这句话尤其让他听到强烈的反对之声。那位愤慨的赫尔穆特·施密特不假思索地说出对这句话的理解，说比如他自己的情况就不是这样的。魏茨泽克如今对此这样认为，或许他在表述上有点太不确切，不是在每种情况下都会按字面意思认为有下述情形：他们听到了"驱逐犹太人的

押运火车隆隆驶过"。他说，但是原则上他对自己当时的评论
负责任。

任良知偏离，不负责，不正视，缄默不语，这些行为有多
种形式。当战争结束，大屠杀的全部不可名状的事实败露出来
的时候，我们当中有非常多的人提出下面的话为自己辩解：我
一无所知或我只是有所预感。

他也在说自己吗？我想是的。他所不知道的，他在纽伦堡
的那些年间获知，那些岁月是人生的一课，凯普讷曾说起这
一课。

犹太人民记得这些，并将总是回想起这些。我们作为人寻
求和解。正是由于这个原因，我们必须懂得，根本不会存在没
有记忆的和解。

希特勒成为通往灾难的道路上的推动力量。他制造出并且
他利用群众的狂妄念头。一种弱小的民主没有能力制止它。欧
洲的西方大国——根据丘吉尔的评论"是无邪念的，不是无罪
的"——也由于其存在弱点而对灾难性的发展起到推波助澜的
作用。

父亲恩斯特·冯·魏茨泽克曾铤而走险，努力把英国纳入
反抗希特勒的联盟。他希望，如果他因此迫使英国为反对德意
志帝国而采取干预，那么希特勒便将不敢发动"大规模的"战
争。正是这个地方让我们弄清楚，不同时思考魏茨泽克的父亲
是如何又是出于什么动机而行动的问题，就无法理解、无法领

会魏茨泽克的讲话。

"1939 年 8 月 23 日，签订了德苏互不侵犯条约。这份秘密的附加议定书处理即将来临的瓜分波兰的事宜。该条约的签署，为的是使希特勒有可能进军波兰。当时的苏联领导完全意识到这一点。那时的所有有政治思维的人们都清楚，德苏条约就意味着希特勒进军波兰并从而意味着第二次世界大战。"

所有有政治思维的人们——魏茨泽克的父亲也算是其中的一个。

由此，德国对第二次世界大战爆发的罪责没有减轻。苏联容忍着其他种族的战争，为的是捞取好处。但战争是由德国发起的，不是苏联。是希特勒采取了暴力。

这一点他在父母身边时就已经了解，它可怕地得到证实。

欧洲分裂为两种各不相同的政治制度是有其自身轨迹的。是战后的发展才加强了这一分裂状况。但是没有希特勒发动的战争就不会出现欧洲的这种分裂。

我们不能在纪念 5 月 8 日的时候，不使我们自己意识到，下定和解的决心要求当时的敌人有怎样的克制力。我们难道真的能够设身处地地站在华沙犹太人居住区受害者或利迪策屠杀遇难者的亲属的立场上吗？而要使鹿特丹或伦敦的一个市民支持我们国家的重建也一定是何等困难啊！前不久才落到他们的城市的炸弹正是源自我们国家。

"数百万德国人被强迫迁往西方，随后数百万波兰人和继其之后的数百万俄国人也是如此。这全都是没有被征求意见的人们，是遭受不公平待遇的人们，是成为政治事件的目标的手无寸铁的人们——为不公正的待遇向敌人算账和提出要求进行对抗都不能够弥补给他们所带来的苦难。"

放弃暴力在今天意味着，(……) 将抗争着的合法要求置于谅解的要求之上。

我们德国人是一个种族和一个民族。我们觉得彼此休戚与共，是因为我们经历过体验过这段同样的历史。

在这里，请允许我再考量一下不分信仰对每个人来说都存留有深刻认识的《旧约》。在那里，40 年的岁月发挥着一个频繁再现的、一个本质的作用。40 年里，以色列一直待在荒漠中，然后随着迁入应许之地，历史上崭新的阶段开始了。40 年对于当时负有责任的父辈实现完整的更选是必要的。而在其他的地方——《士师记》（*Buch der Richter*）——记载着，关于有经验的帮助的回忆和关于拯救的回忆有多少次只持续了 40 年。如果回忆戛然而止，那么宁静便到了终点。

他重提《旧约》和以色列，也是想阐明，为什么对历史尽管一再展开争论，然而这种纷争被推移得越久远，就变得越发生动鲜活——此外，为什么这时能够而且必须说出在 40 年里逐渐酝酿成熟的某些事情。

魏茨泽克本人在他的《回忆录》中用朴实无华的笔触称这个讲话是他在任期间"最带政治性的同时也是最通人情的"[157]讲话。这个评价毫无疑问是很贴切的。正是这种结合成为这个讲话的特别意义。对于每句话，都可以默默地补充进去关于他的、他父亲的或全家人的生活内容。

这只会是历史的一个注脚：他起初的意图——在这个讲话中要求赦免鲁道夫·海斯（Rudolf Heß）——很可能会骗走他大部分的影响力。在最后一刻，魏茨泽克听从总统府外的建议，将这一段从文中删去。[158]总统在他发表于1985年12月20日的圣诞致词中补上了有关此事的内容：几天之前，他在一个圣诞市场上同柏林的市民谈起被关押在斯潘道监狱的一个囚犯，鲁道夫·海斯。作为希特勒的副手，他被判处无期徒刑，这同我们的正义感是相符合的。现在他受到惩罚，服刑有44年，他成了一位92岁的白发老人。宽恕是正义的支柱，他也应当获得它（几个星期之后，海斯在监禁中自杀身亡）。

他由此还招致许多批评，这主要是因为他在他的圣诞致词中还态度鲜明地为被关押的萨哈洛夫（Sacharow）和曼德拉（Mandela）说话，现在又是海斯，这样他无意间跟他们站到一条战线上。但是，最终这次演讲获得认可，他本人凭借5月8日讲话本身消除了人们对他的动机的怀疑。

赫尔穆特·杜比尔（Helmut Dubiel）令人信服地解释，魏茨泽克的讲话何以在世界范围内获得如此强烈的反响。他的那句话我想在此着重指出：他写道，到那时为止，联邦德国在其历史上还从未有过一位代表人物这样恳切地和确切地承认德国人对其纳粹历史所负有的特别的责任。杜比尔说："联邦德国的大多数政治家在40年间以顽固的纠缠不休的架势使用一种由错误的认同感所规定的回忆模式。他们要么把德国人纳入战争或所谓的暴力统治的受害者的群体，要么（经常也同时地）

在——面对纳粹时代只是重新编码的——反共产主义的框架内同得胜的西方大国融为一体。与之相反,魏茨泽克从反思自己责任的犯罪者那一代也的视角出发讲述自己的观点。在联邦德国的历史上第一次有人以这种毫无保留的形式表态。"[159]

事实上,他凭借他的职权的解释力量不容争辩地所明确指出的几乎一切东西,在当时还是存有争议的。结论是:他讲话的主题要点"从正面"针对"那些阐释模式——共和国的保守派精英们 40 年以来试图借助这些阐释模式牵制自己的负罪感,不使其迫近"。[160]

我回忆起,当时整个会场的听众立刻产生这样的印象:魏茨泽克尽管没有说出大家并不熟悉的实情,然而我们这些年轻的记者——或许有几个希望对盛行的思维模式进行更强烈的抵制——却立刻意识到,其中没有什么是不言而喻的事情。这是个悖论:这些认识并不新颖,尽管如此,它们撩开了一张面纱。这令人长舒了一口气。

勃兰特的下跪举动最终促成 5 月 8 日的讲话吗?我想,其实这里面存在内在的联系。勃兰特的姿态,如同他一再声明的那样,是自发自然地作出的。这位卸任总理勃兰特后来解释说,在他要探访纪念碑并签署条约的那一天的早上,他就明白了,这一切不可能只是按部就班地进行。魏茨泽克的讲话是在内政和外交的大讨论的背景下诞生的,他花了几个星期的时间精心准备这个讲话。

下跪的举动作为暗号获得其永恒的意义,因为它是一个为反抗希特勒而斗争,但一道承担起所有的德国人的责任的男子所作出的反应——而他在联邦德国却从未有一瞬间手指着"多数德国人"发出谴责声。他促使自己朝前望去。他认为,"另外一个德国"是存在的,它将被普遍接受。

魏茨泽克本人曾在 9 月 1 日进军波兰,就这点而言,他的讲话作为暗号获得其意义;再者,他的父亲脱胎于那个既讲求政治策略同时又失策的、在纽伦堡被提起控诉的精英圈子。未言传的这一切仿佛多重奏中的一支曲调一道发挥作用。鲁道夫·冯·塔登满怀尊敬之情地说道,作为恩斯特的儿子,魏茨泽克的一生中所做的许多事被无声无息地独独冠以"**补偿**"的标题。为什么要跟他唱反调呢?

维利·勃兰特在华沙犹太人居住区纪念碑前的默默无语可以解读为里夏德·冯·魏茨泽克所润色好的在波恩议会的讲话稿的对照物。勃兰特的那句"我们承担责任"并没有谈起集体的罪责;魏茨泽克的呼吁依托确切的回忆道出自己的坦诚——在回顾中这获得一种内在的逻辑性,似乎不仅仅是事出偶然。两者的共性在于,这是在通往关于我们同历史的关系以及关于我们自己的国家的自我理解的道路上的关键驿站。更确切地说:这是停留在历史长河中的两个驿站。两人都为全国上下在什么应当是联邦德国的立国之本这个问题上达成一致作出了贡献。

勃兰特无言的姿态是不可逾越的和不可逆转的,它激起世界范围的共鸣,但它特别是对内产生影响。魏茨泽克的讲话大概获得更广泛的认可,其反响是无与伦比的,在前民主德国也是如此,但它也许更多的是对外产生影响。

此外,魏茨泽克明确表示赞成绿党人在战争结束 40 周年纪念日之际的前一天前往奥斯维辛的举动。如同魏茨泽克向当

时的议会党团发言人安特耶·福尔默（Antje Vollmer）所保证
的那样，他觉得这个最年轻的政党的这个姿态并不是同周年纪
念相对立的安排。奥斯维辛之行与他作为参加战争的那一代的
代表想传达的东西是彼此相协调的。

弗兰茨·冯·施特劳斯讥讽这篇讲话是总统府的"专用良
知载体"，但是这徒劳枉然。"把永久地战胜过去当作社会的长
期赎罪任务"[161] 不合总统的口味。但可以想见，魏茨泽克这
时候对付这样的批评已经具备免疫力。

由于这篇讲话非常成功，它减轻了罪责。它使联邦德国如
释重负，因为不提出将奥斯维辛作为"道德棍棒"的论点——
如同马丁·瓦尔泽（Martin Walser）时隔一年后所表述的那
样——联邦德国就不能作出了结。关于往昔的争论没有因此结
束——这也是根本不可能的——，他自己本人也没有卸下同父
亲的名字联系在一起的个人包袱。

魏茨泽克也并不认为，他自己的 5 月 8 日的讲话成为德国
探求如何恰当地对待历史的一个漫长阶段的终点。他清楚地
知道，历史没有结束语。很快将会证明这有多么的正确。1986
年的史学家争鸣可以理解为对魏茨泽克的讲话的反响。

但他后来表现得有所保留。他在德国史学家大会上请求发
言时的确克制地讲道，历史不单单属于历史学家，一切都是在
历史进程的纷繁交错中发生的，而历史上的一切就是独一无二
的。然而他坚决坚持被恩斯特·诺尔特提到 5 月 8 日演讲的中
心地位的让往日流逝的观点，于是他多次公开地反复提到它：
"奥斯维辛能否经得起同世界上的其他任何什么事物进行比
较，这对我们会意味着什么？奥斯维辛成为绝无仅有的事物。

1987 年，总统应邀出席哈佛大学的庆祝活动并讲话，同时被授予名誉博士。他由于在战争结束 40 周年之际作了 5 月 8 日的讲话而在世界范围内受到赞扬。但是在哈佛，他也受到激烈的抨击——原因是他的父亲在第三帝国的身份，而他曾为父亲辩护。

它以德国的名义假德国人之手而发生。因此它是不容辩驳的，也是不会被遗忘的。"在西部，我们有幸已经有较长的岁月生活在民主之中，这种民主特别是"以其面对自己历史的开放性"而经受住考验。[162]

从此以后，他本人向德国人所提出的处置历史的衡量标准，人们也拿来当作尺子去衡量他自己。他只是要求别人诚实，抑或他也要求自己足够坦白呢？

这些对总统的反问第一次被觉察到，是在他应邀出席哈佛大学（剑桥／马萨诸塞州）的**毕业典礼**并在会上**致辞**的时候。校方同时想在那里授予他名誉博士的荣誉。哈佛大学法学院的一位教授艾伦·德肖维茨（Alan Dershowitz）愤怒地站在前沿阵地攻击他：里夏德·冯·魏茨泽克是曾经担任"希特勒的首席外交官"的官员的儿子，他的父亲曾是一位受到审判的纳粹战犯。如果哈佛大学表彰这位儿子，这就"辱没"了这所学府。里夏德·冯·魏茨泽克尤其受到指责的一点是：他曾为写下如下语句的父亲辩护：人们知道有集中营的事情，"但我们不知道那里发生了什么事情"。如今这位儿子也持这样的观点，德肖维茨提出这一点作为论据反对这位来访者。他认为，一方面，里夏德·冯·魏茨泽克承认了——也就是在他的 5 月 8 日讲话中——他自己以及他那一代人所负有的罪责；另一方面，他坚持认为，他的父亲"并不知情"，这一点是无法让人接受的。

几天以后，德肖维茨还有话要说。他叱责道，不，魏茨泽克不是库尔特·瓦尔德海姆（Kurt Waldheim）[163]。总统不应当列入那些不允许入境的人的名单。应当允许他在哈佛讲话，但这是极限。德肖维茨接着说，"或许一位儿子不应当因为他无视父亲的罪责而受到审判。但是反过来，他也因此不能受到尊敬。"[164]

与之相似，哈佛大学的报纸《哈佛大学生报》(The Harvard Crimson) 也严厉地怒斥：作为首席外交官，他的父亲一定知道在集中营里所发生的事情。该报谴责道，一方面，有人不能"原则上"承认种族屠杀；另一方面，有人否认"最近的罪责"。[165] 不过，这份大学生报比较公正地转述道，这位德国总统由于发表这篇纪念战争结束的讲话以及由于他在历史问题上的总体态度而恰恰受到犹太人的颂扬，被称作是新德国"无与伦比"的人物。

也有魏茨泽克的辩护者请求发言，"魏茨泽克"在一夜之间成了美国的一个话题。亨利·罗索夫斯基（Henry Rosovsky），这位出生于但泽的犹太人，是这所举世闻名的学府的经济学家，他提出如下论点反驳所有对魏茨泽克的谴责：魏茨泽克的 5 月 8 日的讲话应当被公认为对当前欧洲历史的"政治的和道德的伟大"贡献之一。他承认道，当他听到这个讲话时，他心中的一块石头落了地。

罗索夫斯基的话一定赢得和反映了人们广泛的认同：两万人在哈佛大学校园草地上倾听这位德国人的讲话，在大学校长德瑞克·伯克（Derek Bok）授予他名誉博士的荣誉之后，大家起立并向他报以表态性的掌声。

魏茨泽克的 5 月 8 日讲话引发了对魏茨泽克的一致认同，其实再也无人对这种一致认同提出严肃质疑，无论是赫尔穆特·科尔、格哈德·施罗德还是安格拉·默克尔。

他付出心血，对外赢得政治上的信任，这一点是有深远意义的，是难以估量的。汉斯－迪特里希·根舍自己本人在 20 世纪 80 年代下半叶孜孜不倦地为赢取信任的大事而奔波，他这样评价道：魏茨泽克的讲话如同其他为数不多的事情一样，有助于消除邻国反对出现一个统一的德国的顾虑，因此这个讲话属于使 1989 年 11 月 9 日成为可能的众多因素之一。

由此会不会有某种东西也得到修复呢？根据里夏德·冯·魏茨泽克的评价，在魏玛非常缺少一个"'公民'这个意义上的"有政治觉悟的市民阶级。这是德国人的疏忽行为。其中也包含他的父亲。他并不是谴责他的父亲犯有纽伦堡法庭所惩处的："反人类的罪行。"他和他的兄长一样认为这是一个令人费解的错误。

除了刑事裁判上的罪责之外，还有另外一个法律上不可思议的罪责。父亲的一位传记作家这样评论道，那就是"面对魏玛的正直良善的力量拒绝施以内心的支持"。到这里，里夏德·冯·魏茨泽克似乎认为父亲身上重大的疏忽行为"并不在于为希特勒的帝国协同效命，而在于疏远魏玛共和国；不是受到惩处的参与，而是免予惩处的拒绝"[166]。

哈拉德·史蒂芬（Harald Steffahn）在为作为儿子的魏茨泽克写的传记中问道，恩斯特·冯·魏茨泽克为什么要拒绝呢？答案是显而易见的：他自己的父亲，斯图加特州州长倒台了。习以为常的秩序被分辨不清的力量横冲直撞地打乱。而现在需要在希特勒的旗帜下为反抗其他更加扑朔迷离的力量获得支持。只是缺少这方面的辨别力。最年幼的儿子将目光投向废墟，投向功败垂成的魏玛和功成名就的波恩，看上去似乎他"想要将父亲的有所保留转化成自己的无所保留"[167]。我想，这个评价是让人茅塞顿开的。

从里夏德·冯·魏茨泽克 1947 年的纽伦堡辩护，到他 1985 年 5 月 8 日在波恩联邦议会的讲话，幕后并没有老谋深算的计划一步步地起到引导作用。正如勃兰特的下跪举动也没有经过什么谋划一样。但他的内心想必早就坚如磐石：他的父亲在纽伦堡的露面，这不会是魏茨泽克氏在这个国家的最后发言。

八、统　　一

　　魏茨泽克希望看到一个有独立主权的联邦德国，但这个国家并不放弃关于在历史中成长起来的"民族"的思考。是思考民族，而不是思考国家的统一。

　　在他的政党中，民族保守派一翼没有意识到在关于承认的政策中蕴藏着辩证法。但魏茨泽克并不单单是借此表明，他认为自己是政治上的总统。他迅速被认为是保障外交连贯性的一种保证人，这与外交部长汉斯－迪特里希·根舍相似——魏茨泽克同根舍相处融洽，几乎心照不宣。可以说：他们两人都为方针协力工作，尽管没有制定方针的权限。根舍仗着他在外交部有着办事的老套路和在这块地盘说了算的自主权，魏茨泽克也有发表意见的绝对权威。同时，魏茨泽克这时也意识到，可以选择在机构当中施加影响和借助访谈或讲话干预这些盘根错节的道路。因此，他有意识、有节制地考虑使用这些手段。

　　魏茨泽克作为总统的确不再属于"被选择的政治"，他既不属于议会，也不属于政府。但是他上任的最初一段时期适逢这绝无仅有的十年，这十年在冷战的白热化和戈尔巴乔夫的改革之间，在轮番的扩充军备和和平运动之间，在缓和政策和威胁的姿态之间起伏跌宕，直至 1989 年的终局。

在大国之间的这种冲突中，德国人起初以 1969 年以来勃兰特实施的东方政策、继而以 1977 年施密特就扩充军备问题所做的伦敦讲话或多或少公开地要求有某种参与发表意见的权利，即便不是要求暗地里扮演领导角色。自 1983 年起，科尔起初根本无意于朝这个方向迈进，但他认为——并非全无道理地——可以通过友善的拥抱对罗纳德·里根和乔治·布什施加影响。但是，在总理为一方、他的外交部长和——间接地讲——总统为另一方的这两方之间的冲突潜移默化地膨胀起来，特别是自从莫斯科一位新的总书记上台，大谈"开放"与"改革"，这种势头就有增无减。

长期以来，科尔对米哈伊尔·戈尔巴乔夫及其对开放和改革的声明就不特别引以为意。1986 年底，他在接受美国的新闻杂志《新闻周刊》（*Newsweek*）的采访时甚至拿公关大师戈培尔[168]来同这位苏联的总书记做类比。他由此使莫斯科遭受的损失是相当大的，戈尔巴乔夫很长时间都对这个德国人报以不信任的态度，就是在时隔 23 年之后的 2009 年，他在柏林同赫尔穆特·科尔和乔治·布什一起庆祝拆除柏林墙周年纪念日的时候，这位卸任总统仍不禁影射了这位德国总理那方面对他造成的侮辱。人们应当把戈尔巴乔夫的话当真，1997 年 1 月，根舍急忙试图弥补这个损失。

里夏德·冯·魏茨泽克（同根舍）迅速地被派往莫斯科，提前进行国事访问，以缓和戈尔巴乔夫的怒气。他和外交部长一样获得一种印象：一场变革逐渐映现眉目。统一之事已露出地平线依稀可见？没有人这样认为，他也是如此，但这话蓦然

总统和外交部长，魏茨泽克和根舍，二人相处极为融洽，沟通顺畅，像在球场上完成漂亮的"传接球"动作。不仅在 1987 年（如图）奉命出使莫斯科时，更在 1989 年 11 月 9 日之前充满戏剧性的两年里默契如初，以后都是如此。他们预料到变革时期的到来，仍继续紧锣密鼓地要求推行缓和政策，而不是开展新一轮的军备竞赛。

间被解除禁忌——由戈尔巴乔夫。魏茨泽克对米哈伊尔·戈尔巴乔夫在这次会谈期间的简短评论记忆犹新：一个"公开的德国问题"并不存在，但人们应当放心大胆地交给历史去解决问题，有谁知道，在"未来十年"又会发生什么事。又是一个新的论调！

有谁知道，历史会带来什么？在 1987 年这个有决定意义的年头里——在魏茨泽克的回忆中这一年是确定了发展方向的一年——就接下来要走的道路这个问题又一次发生了冲突。有些人又察觉到，东、西方之间的缓和政策能够取得成果将会带来契机；有些人试图更加着力地同摇摆不定的苏联进行对抗，可以最后再用力推它一下。有些人想同戈尔巴乔夫之间实现一种关系上的转变，因为他们担心，其他所有一切因素将延长冷战的时间；有些人却想迫使戈尔巴乔夫在经济的压力和新的军备威胁下表现出政治上的降服。魏茨泽克和根舍则寄希望于缓和与合作，科尔仍在左右摇摆，迟疑不定，因为他不想同华盛顿的路线脱钩。

令人毫无准备的是，要签署一份国际裁军协议的事情渐露端倪，而这自从 1983 年部署潘兴导弹以来就被一推再推，似乎变得遥遥无期，此事更是引起轰动。弗兰茨·约瑟夫·施特劳斯（在 30 年之前就是反对格廷根物理学家的敌对者）、基民盟右翼和一些新闻评论方面的呼声对此强烈反对，发出一片愤慨声：不允许对莫斯科作出妥协，如果美国退让，那么德国将失去它在核武器方面的保护伞。

里夏德·冯·魏茨泽克这时已经是联邦总统，他无法公开表态，他的职务不允许他这样做，但他试图从内部遏止反对这种裁军机会的政治阻力。当华盛顿的鹰派人物甚至以在德国的土地上部署新的短程核导弹相威胁的时候，外交部长作出激烈的反应。他向总理作出前瞻性的断言：如果他转变方向走美国的路线，那么这将变成联盟政府的问题。魏茨泽克当时坦率地向《费加罗报》（*Le Figaro*）的法国通讯记者让－保尔·皮卡佩尔（Jean-Paul Picaper）承认道，现在表明，在欧洲部署潘兴二号导弹根本不是为回应苏联的 SS–20 导弹而准备的，他意识到，"零选择方案"[169] 是一纸空文，它不是华盛顿真心想要的。

鹰派人物想扩充军备，以逼迫莫斯科屈膝就范，而不是如同赫尔穆特·施密特原本努力达成的那样，实现双方的裁军。

德国的统一或欧洲的统一还没有露出一线曙光。但是，有某种东西是呼之欲出的。魏茨泽克曾坚决支持扩充军备，但这并不是就意味着，他对于"强权政治"有什么期望。强权政治垮台了，在这一点上他和施密特的意见是一致的。勃兰特和艾普勒始终警醒大家不要对来自华盛顿的裁军声明当真，说其实

"出动消防队"：联邦总理科尔曾把前苏联总书记戈尔巴乔夫同戈培尔及其宣传伎俩进行比较。这之后，联邦总统魏茨泽克和外交部长汉斯－迪特里希·根舍不得不于1987年赶往莫斯科进行国事访问，以便在克里姆林宫"黏合被打碎的瓷器"。在1989年庆祝柏林墙拆除20周年纪念日上，戈尔巴乔夫还在公开场合回忆起科尔的辱骂，但也回忆起两位来自波恩的访客那次成功的出使。

他们是想让莫斯科缴械，让莫斯科裁军！魏茨泽克则轻而易举
地清理掉那些表明是错误的观点。他非常擅长诠释和解说，他
在这方面是有天赋的。根舍就他那方面而言也力挺总统反对开
展新一轮的扩充军备运动。

　　总统对他非常敬仰的佛朗索瓦·密特朗说，他希望，科尔
有这样的"好朋友"：能警醒他在拒绝新一轮的大规模裁军的
情况下防止使联邦德国陷于孤立的险境。这是一个再明显不过
的示意。

　　1987 年 5 月 13 日，总理和总统就这个问题开诚布公地进
行商谈。魏茨泽克没有权力。但是在这件事情上，他同外交部
长兼自民党主席根舍毕竟还是达成了一致意见，根舍对这个
问题如此看重，以致他为此冒着让联盟政府经受严峻考验的
风险。经过两天的商谈，总理作出让步，回到副总理根舍的
路线上来。波恩不赞同华盛顿的计划——该计划将两个德国国
家变成一场核冲突的决战地——最终的决议日期年复一年地被
延迟，在此期间柏林墙被拆除。推行缓和政策的政治家取得
胜利。

　　在当时人们就可以看出：魏茨泽克尽管是一个跨大西洋关
系的坚定拥护者，但这并不意味着，他对欧洲作为一个因变量
表现出满意的态度。他经常这样说，我们所称的西方，并不是
美国，而是欧洲，而使美国人西方化的东西也是欧洲所特有
的。他这样说的意思，在 9 月 11 日之后表明：魏茨泽克当时
也没有奉行反美的路线，连做梦都没有想过，但他坚持认为，
欧洲必须独立自主地作出决定，如同想要处理阿富汗或伊朗的
事态那样行事。这不能叫作反西方，因为欧洲自己本身就是西

方——因为这个欧洲蕴藏在美国内部。

再者，究竟如何实现德国的统一，德国人应当能够就这个问题一道商讨，这是他坚定不移的信念。德国人在发生变动的时刻为何要完全信赖华盛顿的建议呢？

有一点儿豁然明朗：是什么使魏茨泽克和施密特、根舍和巴尔、勃兰特和登霍夫这一代人不谋而合。他们或多或少地都具有跨大西洋关系的思维。但是德国人自己应当启动"道德的新起点"——他们这一代人对这一点的确实性深信不疑。因此，尽管有千丝万缕的"西方纽带"存在，这个共识自然而然地促使他们想一道发表意见。这种内在推动力是科尔所感受不到的，这位联邦总理是下一代人。

在我看来，这说明：若干"老一辈的人"在 20 世纪 80 年代下半叶比其他人表现得更加敏感。他们总是想要证明这一点，不期然的是，在他们面前出现了这样的历史契机：再次修改雅尔塔体系[170]所规定的欧洲秩序或至少——做自己家里的主人。

里夏德·冯·魏茨泽克于 1987 年 7 月 9 日参观了列宁格勒的皮斯卡廖夫公墓。当年，他是一名 22 岁的上尉，属于那些驻扎在这座城市 15 公里开外的德国围攻部队中的一员。在那里，47 万人长眠于地下。1973 年，在更早的一次参观时，他承认道，他在第二次世界大战期间属于这座城市城下的"德国野蛮人"。

在参观这天的晚间，他再次对此有所暗示："我自己本人在战争期间是驻扎在这里不远处的一名士兵。我们所不得不共同经历或预料的战争中的苦痛，深深地影响着我们。如今我来到这里，是为了尽我所能使后代免于遭受战争所带来的暴力、苦难和死亡。"难道他原本会在这个地方宣传有别于为"去除敌视"而努力的平衡政策的另一种政策吗？这难道不是证明，从本能上讲，对于像他（或根舍）一样的人来说，欧洲的这次震动一定有着对下一代人来说——科尔也是其中一分子——不同的意义？

当他作为总统第一次对莫斯科进行国事访问的时候，他可能会怀有怎样的感想呢？里夏德·冯·魏茨泽克在他的《回忆录》中对此的回答仅限于寥寥数语：1941 年至 1942 年的冬天，他是"战斗在最前线阵地的德国步兵之一，士兵们顶着触目所及的莫斯科上方的高射炮火力摸到城下，之后俄国人的阻击和严寒迫使我们撤退"[171]。

他承认有第二个德国国家这个事实，这一点他已经在 20 世纪 70 年代初围绕维利·勃兰特的政策进行论争的时候阐明过，也曾于 1983 年担任柏林市长时在舍内贝格市政厅明申过——他担任总统期间也不想掩饰这一态度。

总统不管在哪里露面，都坚持缓和政策的思想。与这种基本态度相符合的是，他也认为统一社会党与社会民主党之间开展对话是正确的，这在 20 世纪 80 年代初激起了沸沸扬扬的激烈争论。尽管魏茨泽克在公开场合保持克制，但他在幕后却毫不犹豫地在这些问题上亮明立场——即使"他的"政党基民盟痛斥社会民主党人同统一社会党之间的这些对话是对统一思想的背叛。该对话是魏茨泽克在供职于德国基督新教教会时期的知己艾哈德·艾普勒建议启动的。

尽管联邦总理自己原则上下决心特别是对东柏林继续推行

对话式的路线，但他不想公开地放弃对社会民主党反对派进行声讨，谴责它与共产主义政权的关系太过于密切。他这样做，是一如既往地遵循阿登纳的严厉批判政敌的策略。就连维利·勃兰特在 1985 年也受到指责，称他没有从华沙绕道前往但泽表态性地做行程外的访问，以证明他同莱赫·瓦文萨（Lech Walesa）[172] 之间存在团结互助的关系。这也证明，社民党其实是向共产党人靠拢的。由于科尔没有从攻势上捍卫他的路线，在戈尔巴乔夫时代盛行的那种回到威胁姿态和对垒言论这些旧政策上来的倾向又在他的党内突然滋长起来。

魏茨泽克如同根舍一样属于那些许诺使东部呈现更鲜明的自由化局面的人，许诺不是撼动、而是营造信任感。他的脑海中萦绕着种种经历：1952 年的东柏林、1956 年的匈牙利和 1968 年的布拉格。他同早期的大多数东部政治家一样无法想象出，下层的反对派可以施展出多少固有的活力。莱比锡的十月革命者、但泽团结工会的塔德乌什·马佐维耶茨基（Tadeusz Mazowiecki）[173] 和布罗尼斯瓦夫·盖莱梅克（Bronislaw Geremek）以及如布拉格的瓦茨拉夫·哈维尔（Vaclav Havel）的坚定不移的斗士，依据赫尔辛基会议（1975 年）的最后文件为不可逆转地实现和平革命作出决定性的贡献，这让他在 1989 年时的激动兴奋之情更加热烈，更加率真。

赫尔穆特·科尔在围墙拆除后不久便大胆抓住这个机会，不使人们对联邦德国植入欧洲体系这一点产生疑虑，里夏德·冯·魏茨泽克对此始终毫无保留地予以赞赏。他甚至明确表示肯定，科尔作为施密特的接班人，自 1982 年底就任联邦总理以来令人信赖地保持了他的前任们所造就的德国政策的一贯性。这个评价一定会引起争议，而汉斯－迪特里希·根舍呢，联想起他同总理之间发生的无数冲突则大概会有所保留地作出评价。从 1989 年 11 月 27 日提出十点计划[174]直到于 1990年春在高加索同戈尔巴乔夫开展会谈，科尔审慎而坚定地驶向统一的目标，这更加深了魏茨泽克对总理的敬仰之情。

　　但是，这对他来说并不意味着，科尔从就任总理起就以

　　1989 年 11 月 11 日，人民军队的一位少校在欢迎越过边境到东柏林随便走走的西德总统时，说道："总统先生，我本着无比服从的精神向您报告，在我负责的路段没有发生什么特别的事件！"魏茨泽克在时隔 20 年之后回忆起这件事还是觉得有些好笑："语调这么急促！似乎他是在我当年所在的步兵团里学到的。"1990 年 10 月，他从官方上讲成为德国统一后的第一任总统。

"统一"为目标有所构想地奉行一种德国政策。在魏茨泽克看来，赫尔穆特·科尔终归不是一位有战略计划的总理，他对"德国问题"的处理也是循规蹈矩。不管怎样，他没有奉行一条从"1961 年"到达"1989 年"、从筑墙到拆墙的长远的路线，人们也不能事后穿凿附会地认为在科尔的这种政策中隐藏着上述长远的策略。魏茨泽克在这一点上很肯定。荣誉属于应得它的人：科尔——尽管顶着压力——在实践上继续奉行勃兰特和施密特的政策，这已经不错了，不是吗？

里夏德·冯·魏茨泽克这时已在任五年，（原东德共产党）中央委员会政治局委员君特·沙波夫斯基（Günter Schabowski）当时在电视镜头前向全世界通告这一大事，他那时几乎忘记了某些事情，即——边境通道已被开放，当被问到自何时起开放边境通道这个问题时，他在他的字条中翻找并咕哝道："这按照我的理解……是立即的，刻不容缓的。"

1990 年 10 月 3 日，魏茨泽克成为这个国家统一之后的首任联邦总统。在蒂宾根备忘录时期——或者不如说，自从父亲同"凡尔赛和约"据理论争时起——就伴随着他的"德国问题"，出乎意料地由历史作出回答：德国又成为一个国家，不再完全保持昔日的帝国疆域，——这也是不可能的——但却统一为一体，并成为一个确保被包入欧洲襁褓的国家。

这成为可能，欧洲的邻居们（除了玛格丽特·撒切尔夫人是个例外）也信任德国人，谁应当为此领受胜利的桂冠呢？魏茨泽克对平民社会的力量、对但泽的船坞工人以及在参与社会变革的过程中产生惊天动地的影响力的星期一示威游行活动表示尊敬，这种敬意是同样具有巨大影响的。

但是，他在谈话中总结道，没有人"积极主动地推动"统一。魏茨泽克："基民盟没有完全撇清重新统一论调的力量；社民党没有不受限制地参与两国政策的绝对力量。但这也就意味着，没有人真的'想要'实现统一。"

魏茨泽克回忆起，在此前不久，勃兰特还称重新统一是一个"生活的谎言"，这说明魏茨泽克所言不差。与之相似的是，科尔对言谈冒失的党内同志感到愤怒，他坚持认为，"德国问题"不在议事日程之上，请他们也不要将此事高声张扬出去。他说，如果人们坦荡诚实，那么一切都会出乎所有人的意料之外。

维利·勃兰特在11月9日说过，那些休戚相关的东西，现在紧密结合在一起。勃兰特的话一定也表达出围墙倒塌之后魏茨泽克的感情。魏茨泽克常常讲述起那则轶事：城墙开放后的几天，他在穿过波茨坦广场朝东柏林的方向闲逛的时候，迎面遇到一位人民警察局的上尉，这位上尉向他急促地敬了个礼，"就好像他是在我当年所在的波茨坦步兵团里学到的那样：'总统先生，我本着无比服从的精神向您报告：在我负责的路段没有发生什么特别的事件。'"真是不可思议！

勃兰特所说的"紧密结合"的话，迅速地成为一句至理名言。魏茨泽克不久后对此补充道：德国人确实应当紧密结合在一起，但是请"不要如荒草般丛生在一起"。他的关于"驻足停歇"的建议也是朝着这个方向提出的。他想放慢步伐，负有责任的人应当阐明，他们想实现什么。因此，他怀着坦率的同情关注着东德的公民权维护者试图制定一部要取代基本法的共同宪法的举措。

简而言之：可以看出，里夏德·冯·魏茨泽克对德国的这个开端的设想与他所具体描摹的不同，与科尔所筹划的也不同。在总统那里，这一点在如下演说中达到顶峰：民主德国不应当简单地依据基本法第 23 条加入联邦德国，似乎这不过是一个新的联邦国家。他清楚明确地倾向于依据第 146 条实现统一的目标。他在回忆录中力劝道："不要像尤尔根·哈贝马斯（Jürgen Habermas）[175] 干得那般激进"，但是，是的，他何尝不希望自己如此。"为什么我们所拥有的不叫'宪法'，而是叫作'基本法'"，这一点是"一清二楚的了"。因此，同样清楚明了的是，"表决的程序是恰当的"。

宪政法学家——其中包括沃尔弗冈·朔伊布勒和汉斯－约亨·福格尔——却对此提出异议：第一，"对于基本法文本之外的其他东西进行全民表决"是"不可能的"。如果宪法中采纳了一些改动，比如一条有关就业的基本法，而这要提请表决，就是行不通的。第二，时间紧迫，戈尔巴乔夫必须在莫斯科准备实现连任，没有他的同意，"2+4"谈判有关德国主权的结果也会受到威胁。第三，东德多数人怀揣下述愿望："毫不迟疑地抵达联邦共和国，达到和它一样的生活水平，也分享其自由，这种愿望是无比强烈的。"

魏茨泽克在两德统一 20 年后认为：为了赋予这个新起点以更多的合法性而希望实现表决的愿望，因此在 1990 年 10 月只剩下了选举下届联邦议会这一件事；更多的人不想要政府，东德的多数人也不想要。这时他承认，福格尔反对走另一条统一的道路是有道理的。是的，缺少的是时间和广泛的愿望。直截了当地说，他在当时没有意识到这一点。

如果说两德统一 20 年之后延斯·莱希（Jens Reich）[176] 或弗里德里希·绍尔莱默尔（Friedrich Schorlemmer）[177] 总结道，自那时起统一本身就背负起民主的赤字，那么他可以回答道："的确是的。但是走另一条道路也并非易事。"如今偏偏是他还在叹惜说，西德的公众"没有对东德的完全和平的公民运动给予应有的重视"。魏茨泽克认为，至少反对派的意愿是合法的，"我们必须改革我们的民主德国"，因为他们简直不能想象出德国的统一会是什么样的前景。没有人可以设想出这幅图景，除了若干目光长远的波兰人。东德的民权维护者却因此受到指责，说他们无视现实，或极端幼稚，说这背后或许其实隐藏着他们私下反对分裂的国家实行统一的保留意见。

从魏茨泽克那里原本从未听到过对东德的反对派作出这样的傲慢而屈尊的评价——他认为自己也并没有期望实现统一。"但是也有一个事实是存在的：与此相对立的是，12 月 19 日在德累斯顿圣母教堂前欢呼雀跃的人群，他们不想再等下去了。"就连科尔也没有料到，但是他本能地接纳了这些人的感受。科尔在德累斯顿说过的每句话[178] 都是正确的，并没有太感情做作的语句。魏茨泽克认为，对德国人言明摆在他们面前的真相，"这不仅是必要的，这也是可能的"。

驻足停歇，而不是丛生蔓杂；公平的负担平衡[179]，而不是依据基本法第 23 条"加入"——总理一定仔细地记下了总统在 11 月 9 日之后的这些争辩，他一定认为，这些意见总起来说是总统对国家权力的一种反抗。难道这个邻居胆敢掣他的肘吗？

科尔的《日记》中随后果然也记录下他同这位难以驾驭的

里夏德·冯·魏茨泽克在这个问题上进行的清算。科尔说，魏茨泽克原本倾向于让两个德国国家的现状延续下去。姑且不论，科尔自己还在十点计划中提到长期实行"邦联式的结构"。姑且不论，勃兰特也是就在不久之前还梦想建立一个"德意志邦联"。更不用提，"德国问题"——在波兰问题之外——已经成了魏茨泽克的日常话题。谁想实现统一？科尔的回答是：继阿登纳之后首先就是我了！除此之外寥寥无几。就算他在2009年参加在弗里德里希剧场举行的围墙倒塌20周年庆典之际已是垂垂老矣，重病缠身，他仍然抱定这个观念。乔治·布什为追求自由的人民的勇气起誓，米哈伊尔·戈尔巴乔夫有所克制地解释道，11月9日不是从天而降的，许多人为此做了铺垫。只有科尔将统一阐释成他的事业——这是亲爱的上帝的杰作。

1994年7月1日，就在里夏德·冯·魏茨泽克的总统任期已满的这一天，《法兰克福汇报》准时地发表了一篇不同寻常的"被毒化的"回忆录，这篇记述这十年历程的文章出自维利·勃兰特的遗孀布里吉特·赛巴赫–勃兰特（Brigitte See-bacher-Brandt）之手。文中首次公开阐明一些内幕，这些东西在民族保守派一翼那里有传闻，而一向只能在幕后窃窃私语：这位联邦总统并不想实现统一，而是在寻求民主德国的"自治"之路，他希望承认东德的"自治"。总之，统一是阴差阳错地落到了他的头上。因此，他反对东德迅速加入联邦德国。他同上层的那些人，特别是东柏林的上层串通一气，他是戴着基督新教教会的眼镜看待民主德国的。他不想听取"民众的呼声"，因为他只自上而下地俯视，东德人就是想毫不迟疑地直接被一体化，相反地，魏茨泽克则与时代精神达成和解，试图对此加以遏制。

这篇文章发表时，维利·勃兰特刚好逝世三年。这自然会引人发问：难道她一直压到现在才散播的这些东西也是她的亡夫的意思？里夏德·冯·魏茨泽克和她谈起过自己十年任期内的事情。但是，显然她从一开始就已摆明她的评论。

这个插曲值得一提，只是因为它证明，魏茨泽克的总统职位在深入人心的形象的对面承载了哪些政治冲突的素材。也许不是公开的，但在表象之下确实如此。布里吉特·赛巴赫－勃兰特写的这份几乎没有包装的论战性小册子是一个特殊情况。几年之后，科尔才东窗事发，当时总统早就离任了。

他想要的是"国家"，但不是统一？对于里夏德·冯·魏茨泽克来说，这个新起点再一次折射出德国的那个开端中的某些东西，那时他还是个年轻的小伙子。那是在1945年5月8日后，他作为纽伦堡审判的旁观者想最终再见到自己的父亲。

他当时内心怀有一种动力：年轻人应当把起点握在自己手里。在围墙倒塌之后，他也有类似的看法。他们出乎意料地勇敢地说：我们可以这样做！他也确信，他们真的也能够这样做！他认识他们当中的几个，比如绍尔莱默尔。1945年，他觉得自己的周围有这样的朋友，他们向他证实：有"另外一个德国"存在。这话不绝于耳——在另外的层面上，至少在1989年10月以来的东德反复提起。

在对少数派表示尊敬之外，他不想对多数派作出道德的评判。他在20年之后也依然强调指出："当然，在错误的生活中存在正确的生活。"如果这句话适用于纳粹年代，那它用在民主德国更有何不妥。后者与希特勒执政时期相比简直不可同日而语，对这一点他很肯定。

根本不应当利用此后的生活，利用"青年时期的罪过"之后的生活施加影响，这个观点他不想接受。这毕竟也牵涉他本人。如果在错误的生活中存在正确的生活，那么也不应当敲响重大的清算时刻的钟声。

这个国家地处欧洲的中部，周边的邻国非常之多：最后，这成了他所有的讲话、文章和著作中的话题。在父母身边的时候他就对这类话题耳濡目染，凡尔赛的错误，魏玛的失败，民主派的缺失——这始终永远是经验之谈。战后，其他内容占据主导地位——德国被分割，但也不清楚它是否不会因此在道德上永远颜面尽失。对他来说，不能将魏玛的问题与波恩的问题割裂开来。在他看来，两者共同成为"德国的问题"。

1991 年，总统在杜塞尔多夫市政厅领取海涅奖时斩钉截铁地说道："亨利希·海涅根本不属于任何人"，这句话仍使人记忆犹新。这就是说：如果他不属于任何人，那么他属于每一个人，魏茨泽克要求这个时代追寻海涅精神。就是那个为使我们免遭教条坑害而一再唤起自己的和我们内心中批判的质疑声的亨利希·海涅。魏茨泽克接着说："海涅精神就在于不会不带感性地去思考或缺乏思考地去感知；在于抱着打破宁静的怀疑对待救世说；但是在应当体现道义和人性的地方，它要求毫不犹豫地把思考转化为行动。在这里，海涅对我们来说也是不会过时的。而我们在他那里并不能查阅到解决我们这个时代问题的纲领。"

魏茨泽克：勇气是使馆，它在每个人的生活中都有一方天地。在这条路上——一个无刺的海涅？——这位海涅奖得主开门见山地谈到他的那个确实很大的话题，民族的状况。即：德国在分裂状态下的历史、同一性和政治道路。魏茨泽克问道："什么更令人痛苦？德国人感受到的'海涅伤痕'（泰奥多·W.阿多诺语）？还是海涅生命中的'德国伤痕'"？

很显然，"德国伤痕"引发魏茨泽克的思考。20世纪50年代早期回国的流亡者泰奥多·W.阿多诺（Theodor W. Adorno）则关注"海涅伤痕"。魏茨泽克从中再次辨清自己的切身问题。

阿多诺评述道，在海涅那里，启蒙还没有丧失社会的刺激，它没有突变为"肯定命题"。海涅是"受排挤者"的象征，是无家可归者和正在逐渐开化的野蛮人的譬喻。阿多诺忧虑地接着说，在一个"达成和解"的社会，海涅的伤痕才会愈合。

尤尔根·哈贝马斯在对亨利希·海涅的刻画中一反他通常兼收并蓄的态度，比阿多诺走得更远：他认为，德国人不能原谅海涅这位浪漫主义作家，因为"他从浪漫主义遗产中拿走完全是民粹主义的东西，拿走虚伪的历史化，拿走起美化作用的悲天悯人，返还给浪漫主义遗产以自身的根本的本源"。他把"花和夜莺的党"同革命联系在一起。1945年以后，海涅的思想遗产才在形成传统的意义上产生影响。哈贝马斯说，即使海涅的精神为保守派所接受，他"或许的确很快"属于"所有人"。

人们应当还海涅以其根本的本源吗？总统并不这样认为。对被排挤者和多数德国人之间的裂痕有多深这个问题他并不深究。我们可以推测，海涅在他看来是完全令人同情的持不同政见者，好似古代的瓦茨拉夫·哈维尔（Vaclav Havel）[180]，专制国家驱逐海涅，使其流亡巴黎，病卧"床墓"。魏茨泽克对海涅崇拜至极，称他是诗人、思想家、政治家，能够调和自己内心的不平衡。他活在真理中，行走在边缘上。让魏茨泽克穷究不舍的不是阿多诺或哈贝马斯的下述问题：德国人是否以及何时与作为受排挤者、少数派、思想者、犹太人的代号的海涅在内心达成和解，而是探究德国伤痕的问题，探寻权力与精神、政治与道德、公民与国民的问题。这一定是可以理解的，因为这对里夏德·冯·魏茨泽克来说关系到他的切身问题。

为此他需要海涅。尽管是出于其他的原因，他也曾为德国伤痕而遭受苦难。他有时把保罗·蒂利希（Paul Tillich）的话"活在边缘"和自己本人联系起来。在这些极点之间，在思想与政党政治之间，他看到了他自己。这绝不是狂妄之说。

延斯·莱希所说的源自总统的"观念上的权力"，让他很是认同，这并非偶然。是的，他也是这样认为，也这样理解他的角色。但总统在领取海涅奖时发表的讲话还有另一个副效应。它使魏茨泽克作为知识分子的形象获得普遍接受，这使他从敌视知识分子的波恩运作中脱颖而出。这在那个身居要职的邻居的衬托下显得格外突出。

哈尔穆特·冯·亨蒂希（1925 年生人），这位魏茨泽克的朋友、教育家，曾在第九步兵团与魏茨泽克并肩作战，战后他这样描述道："我们一道品读'艰深难懂的东西'，从中我们毫不费力地重新认识到里夏德·冯·魏茨泽克的另一面：充满预感、冷静克制、对无耻的语句能敏感察觉。"战争一结束，阿克瑟尔·冯·德·布舍就住到格廷根卡尔·弗里德里希那里，在这个住所他第一次遇见里夏德；冯·德·布舍请他吃早餐，"拄着他的带有 CARE[181] 包装的拐杖活动"[182]。亨蒂希的这句话中"无耻的语句"是指什么？在战后几年，这意味着什么？

这个问题让人容易想到，里夏德·冯·魏茨泽克是如何领悟所有经历、预感和内情。1945年起，他在思想界、人文界很快获得好评。这个领域给予他支持，为他指明方向，它既是防御城堡又是切入点。他蛰伏于这个地方，从那里他也可以重新发起冲锋，然后再蛰伏，再发起冲锋……

这份经历或许使里夏德·冯·魏茨泽克不管在怎样的公开舞台上露面时都如同在进行漫长的走钢丝表演。他的总统职务也可以理解成对这种"伤痕"的回答。魏茨泽克的完美表现让人觉得，似乎他要培养免疫力，对抗一切坠落的危险。他对完美无误的表现和完美无缺的形象的渴求看来不可分割地与上述那份经历联系在一起。

这同父亲有关系吗？儿子里夏德说过，起决定作用的是父亲的"本质"，而不是他的"行动"。这个"本质"却一直被掩盖着。儿子里夏德是在为它辩护，而不是在为行为辩护。

这里表现出精神与权力达成和解这一预期结果的短处吗？这是否是伤中之伤，是受引诱和易受诱骗的弱点，而思维也对它无能为力呢？它使得权力近在咫尺却视而不见？这样看来，格格不入并不是问题所在——海涅就是一个突出的格格不入者——，问题在于"隐藏的肯定命题"，它也能隐藏在精神与权力的和解之中。"海涅伤痕"意味着，人不能放弃自己的原则而与权力达成和解。于是他选择流亡。

相反地，里夏德·冯·魏茨泽克则恰恰要表明，这种"和解"是可能的。此外，他同马里昂·登霍夫在这一点上取得一致意见。他索性寻找能说明这一点的证明——1989年，他在瓦茨拉夫·哈维尔身上找到一个例证。

但是就这样，他成了总统，不仅"国家"让他殚精竭虑，而且这个职务也要求在政治中拿捏分寸。这给他带来钦佩和赞赏——也带来质疑，这质疑声正是从活跃的政治家派系发出的，他与他们保持距离。

***

1993 年底，由于他阻止东德的施泰芬·海特曼（Steffen Heitmann）成为可能的接班人而招致特别激烈的批评。魏茨泽克当时想必无法想象，怎么能偏偏让像海特曼这样的人迁入总统府。这位东德的候选人对慢慢完备的、正在自省的民主并不是深信不疑。魏茨泽克认为，人们应当保护他免遭一场只可能让他落败的挑战。相反，当绿党提名《新论坛》（*Das neue Forum*）的合伙创办者、基因研究人员延斯·莱希为候选人时，人们清楚地看到，他恰恰是多么乐意看到一位东德人接替他的职务。他为这样一位民权维护者而欢呼，这个人体现了他对政治上被启蒙的市民阶级所设想的一切。对海特曼说不，对莱希说是——魏茨泽克在这些问题上是毫不妥协的。他认真看待这个职务。

被人们视为讲求政治策略的总统，在某种意义上也令自己无懈可击，他怎样成功练就这样的本领呢？他并没有高声夸耀自己，而是在有迫切现实意义的问题上掌握好自己的立场，如穆斯林教徒的整合、东西部之间的围墙、东扩问题。他无论如何不倾向于极端化的处理方式。但是人们一定留下这样的印象：他总是占据中间派的领地——科尔尽管在选举中经常赢得多数派，但却是通过结成阵线而达到目的的。他的座右铭是：不顺我者必逆我。科尔所控制的话语场，是与魏茨泽克格格不入的。这就是自由派公众为什么强烈维护这位"保守派"总统的原因。

这是否说明，正像他的批评者——一直到总理——强加于他的评价一样，他纯粹是跟在时代精神的后面亦步亦趋？不是的，他试图对"时代精神"一道加以解释和定义。他想占领中间派。用话语实现。这种立场在联邦德国虚位以待。

"思想道德的主导权"——这是对这种形势的讽刺——按照发展趋势倒向了总统一边。联邦德国的大多数人从中重新认识自己，他们——完全抛开统一不谈——在文化上发生了鲜明的变化，他们变得更加开放，更加崇尚自由，也更加"绿色"。只是人们在政治事务中同科尔这个"现状的体现者"打交道时要谨慎行事，似乎仍然还存在旧时的联邦德国。

总统在任期间：他在接替卡尔·卡斯滕斯的职务后刚刚一年，就凭借5月8日的讲话崭露头角，这次登台为他的总统身份打上深深的烙印。他从而已经变成一位"有政治策略的"总统。他对内对外掌握着联邦德国的立场。

值得注意的是，在他发表了那个引起世界反响的讲话之后的几个星期，一位他很看重的批评家发表谴责的言论，声称他在冒着成为"不讲政治策略"的总统的危险。而引人注目的是，这位作者鲁道夫·赫尔曼（Ludolf Hermann），这位英年早逝的记者对魏茨泽克的讲话只字不提。他的主要论点是：总统总是想从各个方面发现"正面的迹象"。这虽说并不是逢迎谄媚，但是：

"大献殷勤地寻求和谐，长此以往将不会消除联邦德国遭受的低迷境况，反而倒是会助长这种态势，无论如何必须提醒有这种危险。联邦总统应当注意，他所寻求的多数派，并不是没有政治头脑的多数派。政治阵线如今表现得神秘莫测，因为它们试图否认自己的实质并且其影响微弱，这不可诱使下述结果出现：从似乎占优势的相对主义的立场出发使政治阵线另外又变得卑鄙。"鲁道夫认为，以基督新教的弦外之音所暗示的这个源自魏茨泽克家族的宽容概念，在他看来太过分了。因此，总统的公开表态是以牺牲"道德的坚定性"[183]为代价的。

魏茨泽克想要做一位"有政治策略的"总统，如同他设想的那样，他在议会的登台（没有里根！）和那篇精心润色的文章本身说明了这一点。但同时，这一点很明显：他看来在早期的这一刻就已经如此完美而无可非议地全身心投入到他的角色中，以至于人们会认为，他的表现出神入化，无懈可击。5月8日的讲话又将这一点提升了一步。魏茨泽克看到了这种矛盾，想要化解它。上述单刀直入地谴责他不讲政治策略的质疑声就直指这一矛盾。

称他以总统身份秉承时代精神的辛辣批评，使他的心情不能平静，于是他拿起了笔。他答复鲁道夫·赫尔曼说，他也注意到国内有不讲政治的倾向，但他寻求和谐并没有助长这一点。"您要我好好地记住，自由若缺乏辨别力，长期下去是没有生命力的，您这样的话确实使我感到惊愕。您认为我违背了这句话吗？"[184]

其实人们并不能从5月8日的讲话中得出他有意抹杀政治差异的这种指责。至于我们同历史的关系，这个讲话澄清了更多的问题，比已知的科尔的"历史政策"体现出更加负责任的态度，科尔的"历史政策"因为在比特堡公墓握手言欢的表态而归于彻底失败。

更进一步来说，联邦德国根本没有遭受"低迷"的境况，倒不如说，这种陈词滥调是在散布国家治理不力的言论，因为妇女运动、和平运动、核能运动以及绿党的作为都说明，一种不言而喻的进言献策的愿望在议会中得到实现。这显露出更充盈的活力。这个国家变得更加善于处理争端，变得更加倡导自由主义思想。

这位批评家大概不想公开承认他对 5 月 8 日的讲话有所保留的态度。最终，所有的异议都归结为以下的观点：魏茨泽克奉行一种"时代精神"，落脚到德国的情况就是：赶政治的"时髦"，并逃避掌握政党。只有一点是正确的：即他尽可能地协调了联邦德国的内在状态。联邦德国在这 15 年期间发生了一系列的变革：组织议会外的抗议、成立公民自发组织、发起女权运动和绿党的成立和运作，总理对这些质的变化加以阻挠——总统则不是这样。如果魏茨泽克的批评者的意思是，德国缺少一位从道德和思想上对总理的政策助一臂之力的总统，那么他不能指望在哈默尔施密特别墅（总统府）会出现转机。魏茨泽克不适合做有"联邦总统"这个头衔的政府发言人。

诚然，他就是只能发表讲话。这样一来，充其量是"大气候"而不是政治受到影响。基民盟和自民党的联合政府不动声色地清除了基本法的核心内容，即提供政治避难这一条，而总统恰恰在此前还宣称基本法的这条内容是"绝对不可触犯的"。这表明，魏茨泽克作为总统尽管是一个不能完全忽视的主管机关——但他却不掌握权力。

倡导自由主义思想的联邦德国同样希望这位受尊敬的总统有时能表现得更有立场、更坚决，但这是从另一个动因出发来说的。在关于德国的外籍人士和政治避难权的争论中听到的"无耻言谈"和仇怨情绪，在两德统一后通过默尔恩（Mölln）、索林根（Solingen）和霍耶斯韦达（Hoyerswerda）的刺杀行动而发展到登峰造极的地步——在联邦德国直到20世纪90年代初期都涌动着某种暗流。光靠政府不瘟不火地警告示意是不够的。

魏茨泽克并没有站到抗议队伍的前列。但至少人们可以相信，在关系到与外籍人的纠结问题、新纳粹的征兆、反欧仇恨情绪或我们同历史的关系这些方面，总统会发表正确的言论。的确不错，汉斯·马格努斯·恩岑斯贝格（Hans Magnus Enzensberger）曾说过，终究令人欣慰的是，至少总统"使共和国的道德状况和审美状况变得可以过得去一些"。

他对东西部之间重新接近的过程显然另有所望——但他并不掌握直接影响它的"权力"。在围墙即将倒塌之前和在这之后，他要那些怀有忧虑的人们放心：不要担忧，"可恨的德国"一去不复返了，我们不会再受民族主义的蛊惑！这可以被认为是他对发生在1989—1990年的这次非凡的欧洲革命和德国统一的最大贡献。

他宣传道，邻国们可以信任德国人。在他努力求得法国人、荷兰人、意大利人还有以色列人的谅解之时，他自己自1938年起的生活道路或他父亲的人生轨迹并没有构成障碍，这一点很快得到证实。在这个国家完成兼容并包于欧洲体系的过程中始终如此。说明这一点的一个小小标志是：他与波兰第一位非共产党党员的总理塔德乌什·马佐维耶茨基建立起至今仍维持的友好纽带。

捷克的"马佐维耶茨基"叫作瓦茨拉夫·哈维尔。从他们第一次会面起，人们就见证了这对兄弟志同道合的情谊，他们都喜欢使用讽刺的词句，有时有些狡黠，处事老练善交际，他们了解彼此的怪癖，他们想以欧洲为契机有所作为。

哈维尔对魏茨泽克来说简直是体现了身为总统的公民的典范形象，是一位思想独立的杰出人物，他为人坦荡而率真，是一个健谈的人。他活得很真实，这样说并不带矫饰的感情——这话还能用在谁身上呢？反过来，哈维尔在时隔20年之后回忆起他们的第一次会面时这样感慨道：里夏德·冯·魏茨泽克教他明白了总统究竟该是什么样子的。

这做梦也难以想象是真的，是吗？毕竟要在错综复杂的德捷历史的背景之下认识这一点，而总统的父亲又在这段历史中留下印迹。因为恩斯特·冯·魏茨泽克在1938年还对进军捷克的举动表示赞成。是的，在第一次世界大战之后，特别是对当时的捷克外长、后来的总统爱德华·贝奈斯（Edvard Benes）——他们的相识始于国际联盟——，恩斯特怀有一种强烈的反感，"他将这种反感——表面看来是无意识的——转而推及整个国家上"[185]。

魏茨泽克说，父亲并"不是"哈维尔和他之间的"话题"。他们二人的接触始于下述机缘：这位布拉格的作家因为发起"七七宪章"[186]并大胆援引赫尔辛基安全与合作会议（KSZE）的最后文件作为依据而在1989年10月被授予德国图书和平奖。

魏茨泽克要为哈维尔颁奖并致颂词。但哈维尔取消了前往法兰克福的行程，因为他接到通知说，他可以出境，但不允许再回国。他在写给魏茨泽克的信中向他表露了他本想在保罗教堂[187]说的话：他对1945年德国人被他的国家驱逐出境一事深表遗憾，人们不能用"以怨报怨"的方式做同样的错事来制裁犯下罪行的一方。魏茨泽克对这种高姿态的表示感到很激动。另一方面，在哈维尔看来里夏德 · 冯 · 魏茨泽克获得了特有的声望，这一声望完全不会因为种种家庭的前因而遭到破坏，这是完全有目共睹的。

几个月之后，哈维尔的又一封来信翩然而至，这时他已经从政见反对派被抬升到总统的城堡中：他衷心地希望，魏茨泽克能来拜访他，并为纪念希特勒的装甲部队1939年占领布拉格古堡区的那一天，邀请他一道从旧城出发徒步登临古堡。当然，魏茨泽克不假思索地接受了这一邀请。

在对联邦德国不断增加的自我认识中，魏茨泽克从一开始就为了维护国家而激烈地批驳那些自1991年海湾战争起和在巴尔干战争初期就指责德国"胆小怯懦"或"斤斤计较"的人。这些批评毕竟针对一个他本人曾参与其自省过程的国家。他在这一点上的想法与科尔、根舍或施密特这些人并没有区别。当德国人被斥责成怯懦之辈的时候，魏茨泽克一反常态地直面给以回击——这种指责主要来自本国的右翼思想势力，他们在统一之后指望德国"高调亮相"，他们认为，应当使他们新的民族主义的价值发挥不同的作用——这种论调叫嚣着：收起克制的态度！

魏茨泽克说：联邦德国应当秉承历史道德的一贯性而理解

统一带来的任务。1989 年 11 月 9 日所意味的重大转折是"强有力的",而历史上还没有出现过一个划时代的时刻。魏茨泽克接着说:"希特勒纳粹独裁的经历就是我们的意识的组成部分,这是我们的厄运,我们要试图摆脱它。我们将不会从中制造一把衡量其他国家的标尺。基于我们特别的历史经验,我们在统一之后自然也不应该跳出来标榜自己是负有责任的帝国主义分子。"[188]

里夏德·冯·魏茨泽克在巴尔干战争期间,在科索沃争端中以及 2001 年 9 月 11 日以后一直坚决奉行这条理论路线。这既不能杜绝德国参与北约地区以外的境外派兵行动,而他也并不认为,德国人明确表态参与这样的武装干涉行动就是表明民主主义意识终于再度膨胀的一个标志。不,他不想为联邦德国量体裁衣,缝制一件新装,德国在 1989 年以前就已经不是一个玩偶或傀儡,它通过入盟西方、推行东方政策和负责任地处置历史而证明了这一点——它也有各种理由坚持不懈地抱定这种基本态度,在张扬自我意识与保持低调克制之间寻求一种仿佛走钢丝的平衡。他对一切意在搞民族主义的弦外之音都始终保持免疫力。

在魏茨泽克任职 10 年后卸任时,马里昂·登霍夫伯爵夫人谈起他追述道:"他是一位为所有公民服务的总统",他"顽强而执着地"代表着他们这个整体,却对此"浑然不觉"。他头脑睿智,性情朴直,在思想观点和政治见解上有自己的主见,在作风和姿态上也是如此。但使他真正成为起整合作用的人物的亮点是他的公信度。伯爵夫人总结道:"总统应当在迷惘彷徨的时代帮助人们找到方向,应当为我们披荆斩棘,做开路先锋。这就是里夏德·冯·魏茨泽克所做的。他的人格形象和他的世界观在他身上深深扎根，这种深度甚于通常情况下的政治家，他很可能正是因此而为所有人接受。"[189]

可以说，这是在差旅的尾声，共和国一位孩提时代的亲密知己对他的赞誉。她在他的身上一定重新认识了那些她尤为关切的东西，特别是基本态度，人们应当重视自己的生活，但不应该过高地评估自己。她心目中的普鲁士典范形象蕴藏于这句话中。

但不单单是伯爵夫人报以这样的喝彩，他几乎毫无例外地赢得四面八方的掌声。这是从何而来呢？魏茨泽克作为总统尽管"受人欢迎"，但他同时也设立距离；他不是老伙计，而是代表，说他是公民的总统不如说他是国家的总统。或许正是这一点，正是这段微妙的距离，才真正使他可能成为赢得如此多人认同的人物？无论如何，他获得一种超乎职务之外的威望，这一点与施密特有相似之处。

九、"退　　休"

1994 年，魏茨泽克卸任总统职务。但他一直就是"总统"，即便不身处望景宫。他在可见与不可见之间平衡着他卸任后的角色，以致不同任何一位在任总统发生抵牾，从而发挥出高超的政治驾驭力。

他变成一支独立的"呼声"，尽管没有正式的职能。他的朋友瓦茨拉夫·哈维尔是怎样对他们共同的命运自我解嘲的？而魏茨泽克则坐在一旁报以会心的微笑。总统——会始于某时，也会终于某时。而卸任总统这个身份则会一直相伴，直至生命的终点。

当瓦茨拉夫·哈维尔在欧洲革命 20 周年纪念日之际来柏林进行访问时，他们自然一起在广大的公众面前露面。在美茵河畔的法兰克福，克劳迪奥·马格里斯（Claudio Magris）为颁发德国图书和平奖发表讲话期间，魏茨泽克坐在保罗教堂的第一排，似乎那里有他的专座。他顺理成章而理所当然地属于联邦德国的宝贵财富。

他有时发言表态，是因为其他人不讲话。或者——因为他们忘记要说些什么。是魏茨泽克在美国总统奥巴马获得诺贝

2009 年：第一位公开选举的捷克斯洛伐克总统瓦茨拉夫·哈维尔和里夏德·冯·魏茨泽克 20 年之后在柏林一同回顾在 1989 年成功进行的欧洲革命。哈维尔说：他从魏茨泽克身上学到了，真正的总统是什么样子的。魏茨泽克说：他从哈维尔那里明白了，尽管总统身份不知何时会结束，但卸任总统的头衔永远有效。

尔和平奖时热情地祝贺他，并且他借颁发这项"勉励奖"的机会，激励那些冷漠麻木的欧洲人，他们应当在小布什经历灾难之后更加坚决、更加自信地支持他。巴拉克·奥巴马至今"只是做口头上的文章"，这种指摘让魏茨泽克感到愤怒。这是胡说些什么呢？奥巴马肩上承担了许多东西，他迫切希望欧洲人在"言行"上都站在奥巴马这一边支持他，并提出他们的呼声。魏茨泽克觉得他们太冷漠了，柏林人和布鲁塞尔人都是如此，奥巴马的一点儿干劲对他们并不会有什么害处。批评者们难道没有听到他在开罗就穆斯林世界和西方世界之间的关系所发表的看法吗？他难道不是试图从各个层面上调整外交政策的路线吗？他需要支持，需要很自信的伙伴的支持！

当柏林对擢升托尼·布莱尔（Tony Blair）为欧盟的主席这个想法令人尴尬地表示沉默时，里夏德·冯·魏茨泽克洒脱不拘地喊道："够了！"他预言道，这首先遇到的困难在于，"这位历史阅历丰富的政治家，对乔治·W.布什错误地发动伊拉克战争曾令人吃惊地、紧锣密鼓地起到推动作用"[190]。

赫尔穆特·施密特，这位孜孜不倦著书的作家建议说，他们应当——以出书的形式——让他们的政治遗嘱跃然纸上。魏茨泽克回答道，他的心里根本没有想过这样的遗嘱。当然，之后他也开始写书。

总的来说，这二人：他们现在似乎心照不宣，不发一言就彼此心领神会，配合默契，好像完成"传接球"动作，虽然并不总是意见一致，但总是彼此亲密和睦。德国这对不同寻常的二人组：魏茨泽克和施密特，一位被视为"理想的"总统，另一位被视为是"理想的"总理——他们自何时起关系如此亲密，这一点又如何解释呢？

他们必定很久以前就互相钦慕，但是在马里昂·登霍夫伯爵夫人1993年创办的星期三协会上才开始定期会面座谈。魏茨泽克在卸任总统职务以后加入进来。

马里昂·登霍夫伯爵夫人在20世纪50年代在汉堡结识施密特，这是在她第一次遇到魏茨泽克几年之后。在她的每个月聚会一次（选一个周三的日子）的协会里，他们三人才坐在一张桌子旁，一位基督教民主党人，一位社会民主党人，一位新闻记者。魏茨泽克和施密特彼此久仰大名，互相钦慕，但拿施密特的话来说，他们——"步兵卒子"和"男爵"——真正的

　　安特耶·福尔默，成立绿党的元老成员，对于魏茨泽克来说是体现了一个崭新的、自信而有奉献精神的市民阶级的典范形象。她和魏茨泽克一样是"星期三协会"的会员，该协会不公开地每月聚会一次，探讨国家的形势。马里昂·登霍夫把他们全都聚到一起。图为他们在柏林共同庆祝伯爵夫人百岁寿辰。弗里茨·施泰恩（Fritz Stern）也在场，但在这张照片上看不到。

分歧和一致大概等坐到了桌旁才发现。在联邦德国，要求自主权的呼声日益高涨。

　　魏茨泽克和施密特几年以来喜欢共同出面做事，这已经成了常态。他们一起编书，一起坐在脱口秀节目的镜头前，似乎他们结成了一个秘密的同盟。我们可以说，这个"魏茨泽克—施密特派"，这个年长智者派，乐享收视率和发行量冲击最高点的势头，尽管政党政治的收视率和发行量降到低谷。

　　马里昂·登霍夫伯爵夫人，他们当中最年长的一个，对这位汉堡人和这位斯图加特人都同样赏识。如果人们留意魏茨泽克和施密特两人在桑德拉·迈施贝格（Sandra Maischberger）[191]的节目中，如何耐心地容忍一切可能的问题——有时候关系到公众问题，但也常常不是这类问题——，那么会突然从中发觉，这里同时要考虑到伯爵夫人的形象。赫尔穆特·施密特担任的角色是来者不拒，毫无怨言；魏茨泽克则相反给人的印象是：他宁愿打断谈话，因为他总归不愿把私密的事情、个人化的东西都公之于外，在转动的摄像机前更是根本不想这样——只是因为"赫尔穆特"的原因才陪坐在一边。毕竟——他们在工作。人们暗自揣摩，马里昂·登霍夫伯爵夫人要是接受这样的采访则会起身走掉。

　　在魏茨泽克当选总统之后，施密特对魏茨泽克表露出深切的尊敬——因为他没有在科尔的阴影下覆灭。二人对科尔的总理职位所作的评价——统一阶段除外——总归是完全一致的。但真正使他们团结一致的，并不是科尔，而是他们发现彼此抱有共同的基本信念，这些信念是他们在联邦共和国自省自查的岁月中就一道产生的。

魏茨泽克和施密特始终彼此钦慕，魏茨泽克十分赏识赫尔穆特·施密特，认为他是出类拔萃的总理。他们自 20 世纪 90 年代起就成了朋友，图为魏茨泽克和施密特的夫人洛基在一起。

但他们之前走过迥然不同的道路。他们在大多问题上观点一致，只有少量若干分歧确实再也无法克服，尽管二人亲密无间。里夏德·冯·魏茨泽克和马里昂·登霍夫伯爵夫人乐于参与关于未来问题的讨论，如果这听来有些乌托邦那也无妨。甚至是冯·德·布舍、舒伦堡和施陶芬贝格不也是追求一种"乌托邦"的理想吗？马里昂·登霍夫博士研究生心目中的另一个神秘的德国，这不也是一种"幻想"吗？相反地，施密特则对生活有这样的教诲：不允许有一切乌托邦式的东西存在，人在青年时期太容易受到蛊惑！他从自己身上意识到这一点。

约阿希姆·费斯特对于像阿尔伯特·施佩尔（Albert Speer）——纳粹建筑师——这样的人表现出明显的祖护，这种对希特勒时代的特殊观点一定使里夏德·冯·魏茨泽克大为不悦。但最低点并不在这里，使他的的确确同费斯特格格不入的是，后者公开责难一切乌托邦式的东西，说它们是错误的和意识形态的思想。在这个意义上，魏茨泽克——这一点在这里很重要——始终同某种保守主义保持距离，这种保守主义赖在它的保险箱里不肯出来。就是出于这种太过熟悉的"公民性"，他直截了当地卸任了，丝毫不讲客套。

施密特对一切"乌托邦式的东西"尽管有所保留——这对魏茨泽克来说却属于完全是另一个范畴的东西。其实，魏茨泽克把这位自 1974 年至 1982 年在任的联邦总理视作"实干家"，他喜欢砍掉一切看起来好像是未来计划的萌芽。社民党的"理论家"，比如艾哈德·艾普勒——施密特很难同他们打交道——的确总是跟魏茨泽克走得更近一些，他们处在共同的思维领域，在交谈时如在家中一般自在。相反地，施密特则认为，这些不切实际的思来想去只会妨碍像他这样的务实派，他可不愿和没有结果的原则有什么瓜葛。如果确实值得，魏茨泽克在各种机会下都乐意一道学习，即便什么事可能听上去还不完全成熟，但就是要先听进耳朵里。这种好奇心——也针对左派思潮的话语、68 年学运参与者和绿党人——几乎无所顾忌。因此，他对所有想参与发表意见和想有所干预的人原则上都是欢迎的。就是在 20 世纪 70 年代和"红军旅"[192] 发展到高峰的"德国之秋"[193] 期间，他也没有放任他的党怀疑整整一代人抱有搞暴力的意愿，放任它诋毁有批评意见的思想家是莫斯科的"第五纵队"[194] 或是赞同下述抱怨：在法兰克福列车始发站韦斯特（West）、在维尔核电站或在波恩王宫花园草地上举着反原子弹的标语牌示威抗议的人，竟让这个国家变得无法治理。有人说，政治必须彰显权威，它不应该回避"大街上的压力"。总理赫尔穆特·施密特也巴不得给这个不平静的共和国摁上盖子，而魏茨泽克对这种涌动着的活力却并不表示憎恶。这位身为社民党人的政府首脑和这位身为基民盟党员的国会议员完全扮演了相反的角色。

魏茨泽克早就纠正了对施密特的评价。或许是因为他在卸任总理身上发现了当时没有看到的另一面——或者这是施密特在同魏茨泽克的党产生冲突时绝不想暴露的。在星期三协会，他们之间的争辩缓和了些。

分歧依然存在：施密特与魏茨泽克不同的是，他坚决宣称，对希特勒时代所犯罪行的规模一无所知。然而，他任总理期间同魏茨泽克任总统期间一样，并没有表现出忘记历史的态度。从哈尔穆特·索埃尔的传记中可以得知，他生活中所经历的这个巨大过错一直是一个创伤。施密特从中吸取了教训，并找到他自己的尺度。但纠缠在他身上、使他寸步难行的是另一种完全不同于里夏德·冯·魏茨泽克的"家庭背景"。

在施密特任总理期间，有人刻薄地嘲讽曾在第三帝国任"少尉"的施密特是"威廉二世"，或者讥讽他对德意志的崇拜是"次级美德"，施密特深受其苦。1984年，在他卸任总理两年之后，人们才知道他的祖父是一个犹太人。他的传记作者索埃尔这样感同身受地解释对此事长期的守口如瓶：即使这个犹太出身的情况在1933年即在那个"身为犹太人就变成了负面事物的化身"的时代曝光，施密特对有关犹太的事情却是并不熟知。索埃尔问道，他是否在服兵役前就已经不得不掩盖这段来历，把它埋藏进"他的灵魂深处"？然而他认为自己的这个判断并不能令人信服，因为施密特在他的《童年记忆》（*Kindheitserinnerungen*）（1992 年）中声称，自从和母亲谈起祖父是犹太人这件事之后，"我就确实从内心无法变成纳粹分子了"。"表面看是膜拜希特勒的狂热少年，内心却置身事外？"这让索埃尔感到不解。施密特坚决放弃历史政策，他对一切乌托邦式的东西都有所保留——这也许是对在他的人生经历中纠缠他的深恶痛疾之事的回答。

尽管在出身和人生经历上有种种差别，魏茨泽克、施密特和登霍夫三人都得出相似的教训，这使他们互相走到一起。对魏茨泽克和勃兰特来说，也类同于此。他们从对联邦德国的这种理解中达成基本共识，这种谅解常常是需要漫长的时间来实现的。不过很早就确定的一点是，他们反对年轻的联邦共和国事不关己的"无我"态度，坚决主张"有我们同在（mit uns）"和"我们能（wir können das）"的立场。这种改天换地的动力把他们联系在一起。它后来促使他们顶着来自四面八方的藐视者捍卫联邦德国这一杰作，帮助它渡过难关：不管是反抗 1968 年的议会外反对派（APO）——反对派这时论调骤变，大谈左倾的"制度批判"——还是反对 20 世纪 90 年代盛行的右翼论战，说联邦德国不应当韬光养晦，不敢重新做大，而应当更加自信地以军事外扩，染指世界的争端。

卸任生活：卸任总统里夏德·冯·魏茨泽克迁入一个与身份相当的办公室，在柏林市中心区的库普费格拉本大街，位于佩加蒙博物馆的斜对面。安格拉·默克尔就住在旁边，她手边离不开他的扶助。他在任期间博得的威信和他的国际声望持续产生反响。

自从"纽伦堡"的经历以来他就一直同共和国进行内心的对话，并始终如一地继续下去。他有时沉默静听，有时断然而性急地参与进来发表意见。可以这样解释，人们在他身上每时每刻都有这样的印象：他无论何时都没有置身事外——女总理在 9 月 1 日与图斯克[195]和普京同行，在维斯特布拉德半岛的成功露面、社民党毫无道理的遭遇、欧洲令人痛惜的现状、巴基斯坦的爆炸性混合物、乌克兰内部的分裂，还有他的朋友哈维尔对达赖·喇嘛不明智的欢迎，这些都是他生活中的素材，每天早晨在读报的时候又都发现新鲜的事情。

这说到底意味着什么？如果说父亲出身于那个在魏玛无力防止灾祸发生的市民阶级，那么他代表的是一个完全不同的市民阶级。我想，如果要里夏德·冯·魏茨泽克通过与父亲划清界限来强调这一点，那么这在他看来就显得卑劣了。他过去不想这样做，现在也依然不想这样做。这听起来很可笑——他最后终归要自己澄清，所寻找的、所需要的这另一种市民阶级是什么。在我看来，这是不言而喻的目的。

这就是说，这个国家愿意学习，并且把这件事付诸实施。他想现身说法地表明，他也在一道学习。是的，他喜欢被看作"学徒"，而不是说教者或提早"知道"的先知。

魏茨泽克随发展趋势始终站在那些只要有可能就想同批判思想家交谈的人一边。他怎么会不倾听尤尔根·哈贝马斯的声音呢？还有格拉斯（Grass）？还有温克勒（Winkler）、雷佩尼斯（Lepenies）、绍尔莱默尔（Schorlemmer）、高克（Gauck）、克里斯塔·沃尔弗（Christa Wolf）和玛丽安妮·比尔特勒

(Marianne Birthler)？他看重的是这种相互之间的认同。毕竟这个"圈子"的人是他从"格廷根声明"、蒂宾根备忘录和教会宗教会议辩论时期起就了解并赏识的。

如果说魏玛共和国失去了民主党人这个看法是当真的，那么人们很难抱怨，思想界或绿党人或放肆的记者们和其他擅自发言者想就他们的共和国参与发表意见。他对这一点深信不疑。

他认为，1968 年和 1989 年发生的事证明：人们可以相信，按照孟德尔遗传定律诞生出一个新的市民阶级，它不向内心深处逃避，从原则上不会为虚伪的权威所蛊惑，绝不会简单地唯命是从。他们会像在 20 世纪 90 年代初一样进行反抗，那时对穆斯林教徒和深肤色人种的冲击事件猛增，沮丧绝望的政治家们畏首畏尾，缺乏仗义执言的骨气。

不止于此：魏茨泽克也习惯了就自由主义的和批判性的呼声所争辩的问题进行论争。在 20 世纪 60 年代，这些呼声认为，对最近的历史处置不力，他们抗议越南战争和"晚期资本主义"，抗议大联盟执政时期自上而下的统治。然后，在 20 世纪 70 年代，他们结成阵线反对不顾自然的无差异增长政策（包括被理解为经济发展顶峰的核能）。最后，在 20 世纪 80 年代初，他们反对大国开展军备竞赛和进一步轮番进行核武器扩军——即使他另有想法，这一切难道本质上不是非法的吗？这一切难道不是值得深思的吗？

那些有社会地位的政治家对这个动荡的共和国通常发出的任何抱怨，在魏茨泽克那里是听不到的，他也一如既往地驳回不断尝试对"68 年搞学运"的一代进行总清算的意见，1998

年这一代人的代表在最后一刻仍然入选政府职务。当造反派在法兰克福进行斗争的照片被街头斗士费舍尔披露之后，魏茨泽克并没有对他展开论战，没有，格哈德·施罗德和外长约什卡·费舍尔组成的红绿联盟有魏茨泽克这样一位惊人地大度的同伴，就因为后者承认，这是关系到在继科尔之后的执政期代与代之间的某种文化和解。联邦总理对伊拉克战争说"不"，这一表态为此再添一笔！对魏茨泽克（和施密特）来说，这是明智之举，在这个问题上尽管众说纷纭，不过欧洲最终会对德国的这个举动感到庆幸，更确切地说，这对欧洲人来说是众望所归的。

批评过多？参与发表意见的愿望太多？不，这不是这位卸任总统的特点。这话只能用在民主派身上。终生的学习？在这一点上魏茨泽克以身作则，马里昂·登霍夫也是如此。在这方面他们常常一道做足功课。

这唤起这样的印象：随着年龄的增长，他越发脱离他那保守的、自由主义的环境，越发疏远他在青年时代、在1954年加入的那个政党。在其他人喜欢在柔和的暮色中美化旧时光的时候，——就连赫尔穆特·施密特现在也从心底把他曾经的对手埃贡·巴尔称为"朋友"——他对新事物的热情倒是有增无减了。这大概也有"左"的嫌疑吧。他更不为该站到哪一边这个问题而发愁。只是在与右倾划清界限、在驳斥一切离开话语论争这个基础的人的同时，他一直属于基督教民主党人的民族保守派一翼。

魏茨泽克说：无论对美国的忠诚和感激之心有多么浓厚，这也绝不能为对伊拉克发动一场"错误的战争"进行辩护，相反地，这使我们有责任公开表达保留意见。人们能够迫使这样一个在宗教上四分五裂的国家聚合成一个民主的整体，即使没有希望看到取得军事胜利那一天的到来，这从一开始就被认为是幻想——他从 2002 年开始辩论的第一天起就对这一点深信不疑。格鲁吉亚也必须加入北约？他宁愿事先搞清楚：到底是什么致使对俄短期战争的爆发，切尼和布什在背后扮演着什么样的角色，假如华约的军队驻扎在美国的大门前——比如古巴——，那么美国又会采取什么行动？

当君特·格拉斯（Günter Grass）坦承自己在青年时期曾加入党卫队服役几个月时，报纸的副刊纷纷攻击他，这时魏茨泽克保护了他（约阿希姆·费斯特就属于那些为"道德机关"终将格拉斯揭露而得意扬扬的人之一，这又成了魏茨泽克疏远费斯特的一个缘由）。比如艾哈德·艾普勒在政治上和思想上都向这位里夏德·冯·魏茨泽克密切靠拢，几乎还要更甚于在教会宗教会议共事期间的情形，不管后者现在反驳新自由主义的市场激进主义，反对为"国家"唱终曲，还是赞成对科索沃的武装干涉行动或支持对伊拉克战争说"不"——大多数媒体（也包括自由派的）认为反对伊拉克战争是"反美"的表现。乔治·W. 布什（George W. Bush）的设想是要作为总统在人间执行"**天命**"吗？何等狂妄。魏茨泽克如何评价由欧洲八位政府首脑签名发布的"八国公开信"？他们在信中一致表示声援布什反对萨达姆·侯赛因（Saddam Hussein）的行动。他们这是给欧洲"帮了倒忙"。在波兰和捷克部署导弹防御体系，据说是要防备俄罗斯，而这没有事先试图同柏林达成共识？这不行，不久他也要在华沙这样说——这是暗度陈仓。

是否如传闻所言，西方在阿富汗增派军队，德国的议席也增加了呢？危机区域向巴基斯坦扩展，"如果我们认为，我们必须依据北约成员国的模式在阿富汗造就一种法治国家的民主，那么我们就是在追求一种我确信我们将无法实现的目的"。魏茨泽克"从来不认为"，我们在兴都库什山脉沿线捍卫我们的自由的观念"有多么令人信服和合情合理"，德国尽管不该充当四处游荡的恐怖主义的温床，但它也没有能够"在同西方打交道中学乖"。

人们可以随意扩充这份小小的清单，他在几乎所有有争端的问题上都表明立场，尽管不总是公开地表达看法。他大多在

自从 1945 年初次结识就一见如故的朋友：马里昂·登霍夫伯爵夫人和里夏德·冯·魏茨泽克。《时代》周报的这位女出版商在魏茨泽克和施密特之间穿针引线。照片上右面的是前美国国务卿亨利·基辛格，他同这三位德国人都相交甚厚。

幕后公开发表意见，而不是在台前，但他知道，这也能发挥作用，有时甚至影响更大。他没有因此而变成一位"赤色的"魏茨泽克，但也绝不是保守的魏茨泽克。可以这样说：他完全没有停歇下倾听与好学的脚步，没有放弃在必要的时候采取干预的决心。

马里昂·登霍夫伯爵夫人在1997年出版的一本小册子中用强调的语气敦促道："使资本主义文明化！"这本《反对漫无节制的12条论纲》（*Zwölf Thesen gegen die Maßlosigkeit*）的副标题叫作"自由的界限（Grenzen der Freiheit）"。其主题思想是：我们生活在一个过剩的社会，它常常孤注一掷地着眼于增长，对政治的厌恶情绪增强，但凭借更多的独自负责态度和常识可以不仅成功地反对经营管理的经济化，而且能够卓有成效地反对整个生活的经济化。当然，文中又出现若干普鲁士反叛派的名字，他们成为明显的范例，文中特别提到了"老弗里茨"的名字。马里昂·登霍夫因此势必走在了前列，而里夏德·冯·魏茨泽克——自己在工业领域里开始自己的职业生涯——对这位从事新闻业的同路人提出的批评毫无保留地表示赞同。

另一方面，赫尔穆特·施密特认为，社会福利国家是欧洲最伟大的历史成就，绝不要让它牺牲在经济全球化的祭坛上。魏茨泽克从这位社会民主党人朋友的这条"遗嘱"那里也找到和自己趣味一致的地方，它和自己寻求联邦德国早期经济的社会伦理纽带的历程联系在一起。与施密特相反的是，他在评论北约区域以外、在纯粹的防守任务之外进行境外军事行动的问题时不是那样完全从根本上持怀疑态度；他也宣传要尽最大可能地保持克制，但如果联盟的成员国下定决心采取武装干涉行动，他会不会完全清心寡欲？这将会使我们孤立！

几乎总是有来自他的生活的主题，这些主题他先是在总统任职期间，后来在之后 16 年中遇到，它们一直让他无法放手，这是始终未变的。

父亲在担任外交官时被派往日内瓦国际联盟任职若干年，他曾公开为世界组织的弊病感到痛惜，原则上与其保持对立。儿子魏茨泽克在 20 世纪 90 年代中期应联合国秘书长布特罗斯·加利（Boutros Ghali）的请求，同前巴基斯坦总理莫因·库雷希（Moeen Qureshi）一道领导联合国的一个改革委员会。他原则上总归是一个强大的世界组织的热情捍卫者之一。他们在委员会中寻求着不仅使世界组织更高效，而且使其在政治上更强有力更果断自信的道路。

委员会建议，联合国应当在结构上反映人类安全的广泛概念。安全理事会中应当补编经济理事会以及社会福利理事会。世界银行和国际货币基金组织应当首先被吸纳进来，发挥更强大的作用，以便可能实现持续性的发展，实现富有的北部和贫穷的南部之间的社会均衡，并卓有成效地同贫困和饥饿作斗争。而要达到这一目的，就要尽可能地投入一支自己的干预部队，以防止继续发生如波斯尼亚、卢旺达或索马里的事件。

在这方面，里夏德·冯·魏茨泽克对无动于衷的美国议员提出严厉责备：他在对华盛顿进行访问时提出，他们终究要作出决定，他们是否想加入联合国，是或否。

德国政治要在国际舞台上有发言的一席之地，还要将这一目的付诸实施，这已凝成了坚定的信念。德国人应当在布鲁塞尔自信地提出，他们对欧洲有怎样的设想，然后欧洲人应当在华盛顿自信地阐明，西方是他们共同的事业，他们想共同参与决定战略问题。魏茨泽克卸任总统职务一年之后，提请当时的科尔政府、并且还有反对派考虑："不管我们沉默还是讲话，人们都在倾听我们的声音。"[196] 这就是说，不要忘记，德国是强大而有影响力的，因此应当同它打交道。

他希望德国发出更强有力的声音吗？魏茨泽克："是的，的确如此！几乎自从德国建国起我们就一直是让人惧怕的邻居，而如今我们德国人不再是这样的面目。如今比如在丹麦这样的国家可以听到人说：亲爱的德国人，你们在减轻税负和'哈尔茨 IV'方案[197] 的问题上进行了根本性的谈话，但我们所听到的你们在外交政策方面的声音有点太少了。我们并不顾忌听到德国在外交政策上的高昂声音。相反地，我们对此心存向往。"[198]

恩斯特·冯·魏茨泽克还是德意志帝国的一位海军军官的时候就目睹了德意志威廉帝国的覆灭，他见惯了民族主义的傲慢习气。儿子魏茨泽克在卸任之后仍不厌其烦地告诫犹疑不定的基民盟——他本人也是其中的一员——，不要把国家界限解释成文化界限或者在新的民族障碍后面形成文化设防的结果。他的原话是："将多元文化的概念理解成某种危险的东西，这是那种政治民族主义造成的在今天仍没有绝迹的迟发后果之一。这种政治民族主义为了国家主权的自作主张，过分强调差异性而排斥深深植根于历史的共性。"

他又更加深入地谈下去：至今有 700 万人没有合法地入籍，尽管大多数人已经在这里生活了 10 年，他对此表示愤怒。我们是这样"一个国家，它比其他任何一个国家都更急于实现欧洲的共生"。但同时，几乎只剩下我们德国人还信守国籍法，"它源自民族国家的思想不幸被反常化为民族主义的顶峰时期"。推行一种广泛的移民政策是必要的，联邦议会中有多数派赞成此举（魏茨泽克表达这种看法的时候，科尔尚任总理）。我们终究必须学会，"无畏惧地与差异共处（阿多诺语）"[199]，他要那些供奉民族主义的死硬派好好记住阿多诺的这句话。

他不再任职，他已经感到得心应手。他参与拟定"纲领"，他喜欢在小范围的谈话圈中参与发表意见，他集中精力研究那些在他看来德国政策和欧洲政策一定关心的问题。是的，他一直都是卸任总统的角色。

这个当年第 23 步兵团的步兵，在开战时的 4 点 45 分一定在穿越巴特洛夫边境，并急速向魏克塞尔方向进军，在"卸任"后他更加频繁地作客华沙，邻国的国人倾听着他的评论。

谁知道，这位当年 19 岁的青年对波兰曾有着怎样的印象？这种印象是否受到盛行的德意志傲慢情绪的渲染？他的内心受到质疑态度的折磨吗？至于他早就看透了什么还是怀有疑问地另搞一套，魏茨泽克在他的《回忆录》中只字未提。相反地，他相信了许多人所相信的东西。他也并不是发自内心地认为，哥哥的死会使他幡然悔悟。他是曾盟誓发愿的士兵。由此一来，他使波兰成为自己关注的焦点这样的举动所引起的效果就更加值得重视。

这起初表现在他对边界问题的承认，他在任总统期间在这一点上极其坚持己见，他向比如罗马尼亚人齐奥赛斯库（Ceaucescu）（1986 年来访）的东欧来访者保证，不会再发生改变边界的问题——为此，他激起了民主主义一翼愤怒的抗议声；另一方面，科尔在以下问题上的态度摇摆不定：应当如何处置被驱逐者联合会提出的口号"西里西亚是我们的"……

他曾计划接受波兰的邀请，在 1989 年 9 月 1 日赴维斯特布拉德半岛，50 年前身为年轻士兵的他在完全不同的情形下曾到过那里。但当时总理阻止了这个计划。科尔了解，在华沙，魏茨泽克在边界争端上的态度是众所周知的，他的表态太过头了。

魏茨泽克作为卸任总统一如既往地恪守这条原则——比如他对埃里卡·施坦巴赫（Erika Steinbach）成立的"反驱逐中心"[200]没有表示出丝毫的好感。"驱逐"意味着什么，他对此并没有失去判断力，这一点他在 5 月 8 日的讲话中有坚定的看法。不要将罪犯和受害者、战争的起因和结果相混淆或等同划一，这是他讲话的中心，自那时起这一直是他的路线。

于是不言而喻，他——在施密特之外——很快成了其呼声获得邻国极大尊敬的那些人之一，并且他还敢于说出他对波兰的过度奢靡和倒退迹象有什么样的看法。

他又在柏林不倦地争取对这种非同步性的理解：波兰在 18 世纪末经历了三次被瓜分的命运，数百万人移民到新成立的美利坚合众国，以致他们首先如此捍卫迟来的国家主权，我们德国人难道不正应当对此表示理解吗？

于是，他后来很想说服华沙，他们不应当只是担心国家主权会牺牲在布鲁塞尔的欧盟祭坛上，他们还会由此又赢得欧洲层面上的主权。德国人也应当学会这一点。波兰在道德上并没有声名狼藉，难道不是吗？与德国人不同的是，它在 1989 年

像布拉格的哈维尔一样，他从华沙的波兰朋友中间脱颖而出：塔德乌什·马佐维耶茨基，首位自由选举的总理（1989 年 6 月），作为团结工会的顾问搭建起同联邦德国之间的桥梁，他对德国统一的想法并不感到惊恐。

之前处在异族的统治之下，这不是它自己的责任，就在柏林墙倒塌之前，波兰也自己获得解放！所以，请致以敬意！

当然，在那些对魏茨泽克很是激赏的波兰人当中，有些人也自然会发出诘问。他在对弗里德里希大帝作出评价时始终提到的是一位尽管暴力独裁、却也思想开明倡导自由的君主。显而易见的是，弗里德里希大帝曾挑起西里西亚战争（1740—1744 年）并同时对波兰的分裂负有责任，但其开明形象对魏茨泽克来说并没有因此而黯然失色。他对这一面并不关注，比如弗里德里希的名言：波兰人是欧洲的易洛魁人，是灾难性的原则，是威斯特法伦的和平定律——列强的均势，国家的主权——能够对这些话当耳边风吗？凭什么要在西方与东方之间划定一条界限，使波兰成为它的牺牲品？在这条边界上成立一个波兰国家，不会引起对《凡尔赛条约》的不满吗？

　　说明可以消灭一个"不合理的"国家，这个奇特的逻辑的这些根据并没有真正损害他对老弗里茨形成的印象。在这一点上，他与马里昂·登霍夫存在共识。亚当·柯兹明斯基间或讲述同伯爵夫人进行的一次谈话，她笑着对他说："我们和弗里德里希二世并不能达成一致——我知道，那是瓜分行动，但是……"亚当接着讲道，在他看来，她是"普鲁士的无冕女王"，但不管是她对弗里德里希二世的顶礼膜拜还是对康德（1795年康德著有《永久和平论》（*Zum ewigen Frieden*）[201]，这是献给波兰墓地的"十字架"）的高度评价，都没有影响她在波兰赢得人们的尊敬。

　　这一点也传承到里夏德·冯·魏茨泽克身上，彼此之间衔接得天衣无缝。

　　这种形象只有在以下条件下才堪称完美：当人们又指出，他——像属于这一行列的马里昂·登霍夫、赫尔穆特·施密特或君特·格拉斯一样——铁一般坚定不移地始终把同邻国对话视为自己的义务和本分，为它们做宣传，为它们辩护，甚至即便此外再没有别人这样去做。

最初创办时以发展德法关系为目标的根斯哈根基金会再也找不到比魏茨泽克更合适的代言人，以努力吸纳波兰成为同盟中的第三国。甚至就在卡钦斯基孪生兄弟自 2005 年起在华沙双剑合璧的统治期间，魏茨泽克也一直是那个没有让对话之门关闭的人，另一方面，有人在双边关系上只会不发一言。是的，波兰总统在与这位身无一职的德国客人进行会谈之后，他坦言听闻了许多曾一无所知的有关德国历史的东西。是魏茨泽克在科隆天主教教会宗教会议的一次辩论中一直坚持到最后一分钟。在这次辩论中，对波兰邻人奉行民族保守主义的双头统治掀起怒火，从而引起了轰动。魏茨泽克五年以来始终支持波兰的弗雷亚·冯·摩尔特克（Freya von Moltke）基金会——该基金会本身努力对"克莱稍"和有关纪念馆遗留的记忆进行纪念——，对他来说任何努力都不为过。

这是源自于什么样的精神，对这一点赫尔穆特·施密特或许比魏茨泽克还能更加坦率地谈出自己在卡钦斯基兄弟执政期间的想法——但完全可以肯定的是这反映了他们两人的思想。德国人已经承担的罪责是否是在为华沙首脑兄弟当前的行为做辩解，对于这个问题，施密特言简意赅地回答："不管它有无根据，是否合理，这都是我们必须承受的。他们言谈的方式是符合他们的历史意识的。不仅仅是卡钦斯基兄弟两个，而且还有其他一些波兰人有尽情发挥其民族主义的追补需求。"施密特接着说，不管怎样，应当同他们交谈。起初俄国、奥匈帝国和普鲁士曾经一起瓜分波兰，然后是希特勒和斯大林——德国在最近 35 年中的贡献"并不能抵偿之前 200 年的作为"。这不仅是因为这里面有波兰人的集体记忆，而且——他不忘补充说——也有德国人的集体记忆中"残存的优越感"[202]。

魏茨泽克和施密特就这样互相传接球，配合默契。这时人们又能观察到魏茨泽克如何让公众参与自己的学习认识过程。除了这两者之外，相比较而言大概就只有马里昂·登霍夫对波兰邻居感觉亲近，东普鲁士这位弗里德里希施泰因宫的女主人，曾满怀激情地支持东方政策，但没有勇气陪同施密特签署《华沙条约》（但魏茨泽克协助挽救了条约，这只会使他们之间的友谊更加牢固）。自然也不能忘记君特·格拉斯，这位也曾对勃兰特发出邀请的但泽人，他是他们的同路人。

欧盟的东扩问题，特别是波兰的迅速入盟是魏茨泽克的一桩心事。从第一时间起，人们就发现他站在那些主张波兰尽可能无前提条件地迅速入盟的人一边，这对他来说显得比加入北约还要更加迫切。是他试图向波兰邻居每每提议，劝说其进行新的尝试，开始新的起步，以致德法对反对侯赛因的战争联手说"不"，既没有断绝同盟的连带关系，也不是一种"抗衡政策"，而是欧洲对确定"西方"本身的定义所作出的贡献。不只有美国才可以作出这样的表态。但联邦德国也是积蓄了漫长的时间，才放弃无条件地亦步亦趋，在解放自己的方向上跨出了一大步。

2009 年，魏茨泽克应邀出席波兰人、俄罗斯人和德国人在华沙召开的关于第二次世界大战起因的大会的开幕式，这似乎是为了认证 1945 年以来所走过的漫长道路：当年 9 月 1 日的那个步兵，如今要发挥桥梁的作用。他欣然接受邀请，这是可以理解的。

至于谈到美国，他始终保持同样的基调，即一位坚定的跨大西洋关系支持者、一位出于理智的跨大西洋关系支持者持有的基调。欧洲不应当形成美国的抗衡力量，而应当自信地参与讨论，西方是什么以及政治上想怎样。不要忘记，欧洲对美国来说不再像冷战时期一样是它的利益中心，对巴拉克·奥巴马（Barack Obama）来说，重心尤其向亚洲方面转移。这样一来，欧洲人更有理由让人倾听到同一种声音，在华盛顿露面时相互之间不作为竞争者，若可能则助美国总统一臂之力——如果他像布什的继任者一样有理智的行动。不出头张扬，但也不埋没自己。

2009 年 1 月：一个引人注意的四人组合在《法兰克福汇报》上共同撰文要求发言：《维护一个没有核武器的世界》（*Für eine atomwaffenfreie Welt*）。作者是：赫尔穆特·施密特、埃贡·巴尔、汉斯－迪特里希·根舍和里夏德·冯·魏茨泽克。这篇呼吁书的初衷乃是声援四位著名的美国前政治家亨利·基辛格、乔治·舒尔茨（George Shultz）、威廉·培利（William Perry）和山姆·纳恩（Sam Nunn）发起的一个相应的倡议，该呼吁书的目的是"使里根和戈尔巴乔夫在雷克雅未克提出的一个没有核威胁的世界幻景重获新生"。这四个人之所以明确表示想在这方面进行干预，是因为到那时为止还没有欧洲政府支持这样的呼吁书。文中写道，尽管美国和俄国应当走在前面，首先大力削减它们的核武器的数量，以便能争取其他国家加入进来，加强核不扩散条约的约束力，但是他们需要协助。合作的原则越过一切界限而经受住了考验，它是"我们这个世纪的关键词"。

这绝不只是说空话：比如，这四位作者坚信，只有大国走在前面，亲自迈出裁军的新步伐，才会因此能够在有关本国的核武器生产的争端中促使伊朗采取让步。所以，他们对北约和俄罗斯同样地提出很具体的敦促：放弃还照样适用的首先使用核武器的条文，签订一份普遍有效的**"不首先使用核武器"**的条约。他们提议，接受俄罗斯提出的建立整个欧洲的一个新的安全结构的考虑。最后，他们断然反对北约在东部边缘的波兰和捷克共和国部署防御导弹和新的雷达体系。呼吁书中写道，这对他们来说无异于"倒退到对抗的时期"[203]。几个月之后，美国总统巴拉克·奥巴马宣布放弃部署导弹防御体系。

魏茨泽克始终保持超党派的立场，这本来也迎合他的本性。尽管如此，这绝没有妨碍他表明自己的政治定位，相反地，他在卸任之后更加自由地发表观点。

首先他流露出克服一切危机的自信的基调，如同他阐释"欧洲"时所表现的那样。1999 年秋，他作为除比利时人让 - 吕克·德阿讷(Jean-Luc Dehaene)[204] 和英国人戴维·西蒙(David Simon) 勋爵之外的"三贤"之一，拟定欧盟的改革建议。他们一如既往地想使欧盟这个团体在制度上做好准备，扩展到 30 个成员国这一新的数量级。在欧盟的改革建议中，尽最大可能地对一切做出了预设，在几年之后的欧洲宪法草案中顺便提及了这一点。这三个人写道，他们所要求欧盟实现的是一个"巨大的任务"，而欧盟的扩编就是一个雄心勃勃的目标，欧盟应当在这个关键时刻保持发展势头，"不低于他们提出的要求"。[205]

魏茨泽克认为，"欧洲"越来越构成他的"遗嘱"的核心，这一点在他那里或许甚至比卸任总理表现得还要强烈，当然也体现出与马里昂·登霍夫不同的思考侧重点，他的全部人生主题都在这里交融汇合。

里夏德·冯·魏茨泽克以自己对欧洲大陆的印象为他的《通向统一之路》（*Weg zur Einheit*）一书作结尾，欧洲大陆"在中央四分五裂"，又"从中央开始重新聚合共同生长"。[206] 他甚至这样夸张地说："我们寻求欧洲之国。"[207] 不是星期三协会的所有朋友都便于启齿而说出这句话的。

是欧洲的一体化才使他父亲曾想阻止而徒劳未果的"大战"变得令人难以置信。欧洲好比可以实现的乌托邦：丘吉尔于 1946 年 9 月 26 日发表了传奇式的欧洲演说，继其 60 年之后，魏茨泽克在苏黎世大学又发表了讲话，该讲话凝结了他的信念。他总结道，仔细观察便知，丘吉尔是"第二次世界大战真正的胜利者"。希特勒被战胜，1945 年 7 月召开的波茨坦会议证明，当时美国和苏联统治着欧洲，欧洲大陆几乎只剩下一个缓冲区的职能。

对欧洲的悲剧感到忧心的丘吉尔，却想克服"战胜者中的骚动和战败者中的绝望"。因此，他号召青年创造欧洲的合众国，建立一个"欧洲的大家庭"。尽管欧洲在丘吉尔所勾勒的道路上已经走了很远，但一定也只学到唯一可能的全球化的答案——即用一种调子讲话。这是魏茨泽克的信条。

丘吉尔的建立欧洲合众国的乌托邦让他感觉出，这似乎已经为时不远。这是一个用一种调子讲话的欧洲之国。是的，他想在周年纪念日的时候继续传达这种自信。

从经济联盟到政治联盟实现向前大跃进的思想，不是源自德国人，而是源自一个法国人，雅克·德洛尔。魏茨泽克认为，政治家就应当像他，像这位伟大的欧洲人和法国社会主义者那样发挥作用：头脑中装着一个伟大的思想，去争取一致意见，去扫清路上的障碍，并敢于付诸实施。将世界当作意志和设想，一切政治都是由此开始。

魏茨泽克早就坚定地相信，如果说有人由于为欧洲统一作出贡献而应得诺贝尔和平奖，那么这个人选对他来说首推德洛尔。他最终把这个法国人看作志同道合者，这也是因为德洛尔对欧洲有一个政治概念，在这一点上德洛尔和他有同感。是的，因此要实现"欧洲的欧洲化"，不是靠欧盟委员会对牛奶限额问题彻夜召开会议而取得的成果，而只有欧洲被看作多极化世界中独立的一极，这个目标才能实现。

他完全认为，对此达成共识的联盟是一种模式。不必放弃民族国家，但同时产生——用尤尔根·哈贝马斯的话来说——比如"后民族格局"的某种东西。这个新欧洲尤其能令人信服，这是因为它坚持某种福利国家式的性质，这在经济全球化的海洋中可望有最低限度的保障。他曾经在 20 世纪 50 年代的曼内斯曼公司那里寻求，如何使私有制与社会福利负责制产生反向的联系。在更高的层面上——欧洲——找到了这个问题的答案。

如果有人要追问，究竟是什么把一切力量独一无二地统一起来，导致苏联的内爆和"1989 年革命"，那么从魏茨泽克那里会得到一个答复，很少有人如此坚决地给出这样的回答：东方政策、1975 年赫尔辛基会议、团结工会、波兰教皇、米哈伊尔·戈尔巴乔夫、雷克雅未克的俄美峰会——他大概很想窥探这次峰会的内容，"因为那里正书写世界史"——，所有这一切的分量都一定不能低估。他总结道，最后的一个动因是这个正在运转、正在繁荣兴旺的西欧的吸力，苏联再也不能拿什么与西欧相对抗。

欧洲不是乌托邦，欧洲正在发展正在兴起。魏茨泽克把这一点也看作是他自己的蓝图。当他谈起欧洲的时候，他还很年轻，很积极地在忙碌。偏偏卡尔斯鲁厄立法院通过对里斯本条约作出判决而对"欧洲的欧洲化"加以限制，并依据《议会法》遏制欧盟扩充的脚步，这打乱了他的基本思路。这些法律论据对他来说是非常熟悉的——尤其是，欧洲的司法在应用到德国的司法中时具有局限性。这不是对民族国家"不利的层面"，这正合所愿。可能不久会有另外 26 个地方法院藏在德国最高法院的背后，并且都坚持说，它们也应当得到同样的否决权。他曾经常地赞扬立法院是多么坚固的堡垒——尽管大概并非所有的判决都当得起这句赞语——，这是对这个机构的信任。可现在呢？如果我理解正确的话，他认为这是卡尔斯鲁厄作出的第一例意识形态上的判决。它与下述思想背道而驰：民族国家没有失败，它在另一个层面上把表决权赢回来。"我们在欧洲内部寻找国家"，很明显，八个法官并不赞同他的这句话。

很少有人像他这样流露出对这个问题的这种热情。欧洲筋疲力尽了吗？在库普费格拉本大街的谈话中经常有人问他这样的问题，大多是对这个计划是否还有前途充满疑虑。我最满意他对这个问题作出的如下精辟回答：他可不是"奥斯瓦尔德·斯宾格勒（Oswald Spengler)"[208]，欧洲处在一个漫长时期的末尾，处在一个崭新篇章的开端，德国"置身其间"[209]。

　　但这可能有这样的危险，他这样的说教会让听众感觉厌烦：魏茨泽克了解，政治家必须完全坚持他们的信条，可是他们通常做不到足够经常地重复自己的信条。学习需要时间。因此，他特别批判性地看待柏林在欧洲的缄默态度，对安格拉·默克尔的"低调隐身"也正是颇有微词。德国人肯定不能"领导"欧洲，但他们不应当像赫尔穆特·施密特一样找到一条施加影响的道路吗？——施密特始终让他的朋友吉斯卡尔·德斯坦做先锋，和他一起推进一体化的进程。

　　魏茨泽克说，他和赫尔穆特·施密特不同，他没有"遗嘱"，这话是不是带有讽刺的意味？不管人们叫它什么——年轻一任由欧洲统一大业拖着沉重的身体"步履蹒跚"，这种漠不关心的态度无论如何都让他感到急躁不安。

十、老弗里茨，新世界

　　我们必须回想一下，里夏德·冯·魏茨泽克是来自何方。他最初的生命年轮长入魏玛共和国时期的大树里。1923 年 10 月，共和国处于风雨飘摇中，法国军队占领鲁尔区，偿还战争赔款压得人喘不过气来，通货膨胀不可遏制。父亲在日记中坚持认为，德国"只能作为整体而不是成齑粉状获得它作为国家面对日耳曼种族及其使命所担负的职责"。这位**种族论的观察员**尽管在外交政策方面是危险的，但从内政方面讲，听到他如此仗义执言地斥骂是一种"救赎"[210]。

　　1932 年，恩斯特·冯·魏茨泽克——这时被擢升为奥斯陆一级特使——在给母亲的一封信中写道，民主走上末路，一个依靠公众意见生存的政府是无能为力的。汉斯-尤尔根·德舍尔（Hans-Jürgen Döscher）凭借手里掌握的证据评述道，这位日后的国务秘书，在官场中属于这样一些人中的一员：他们每个人抓住各自的"荣誉的领带"，辩称正是在现在以最后的顽强捍卫官员在威廉大街的阵地，这是"爱国主义的职责"。[211] 不论人们对此作出怎样详细的评价——世界立身于今昔之间。

　　如果我们这样说：公民和民主是格格不入的。儿子里夏德·冯·魏茨泽克则成功地现身说法，证明这两者是怎样共同生长而结合在一起的。因此，他不是简单地搞"新瓶装旧酒"的把戏，他不割断前半截的生活。比如，——再回头谈谈这一点——，他为何会如此不加掩饰地维护他对"老弗里茨"的热爱呢？父亲已经对"老弗里茨"无上崇敬，儿子也一样如此看待。这个普鲁士的角落，令人生出一种特别态度的神话，让人想起马里昂·登霍夫对卡尔·雅各布·布克哈特的无限尊敬。她没有向她所生活于其间的新世界的任何人展示要他们了解的东西，她想要保留一段这个旧世界的足迹，把昔日只留给自己。她试图将昨日的世界尘封起来，哪怕是在书信中也缄口不提，似乎只有以这种方式才能使它完好无损。或许事实就是这样的。

我想在这里再谈一谈老弗里茨。里夏德·冯·魏茨泽克不像马里昂·登霍夫那样如此隐秘，对过去的倾慕秘而不宣。大概这位普鲁士国王在他眼中的地位正如布克哈特在马里昂·登霍夫心目中所占的位置。不过，他始终乐于让人了解到这种偏爱的感情。

魏茨泽克在一次讲话中警醒道，不要将老弗里茨神化，"他的本性的极点"表露无遗，没有这些极点，这个神话就根本不可能产生。但是他觉得正是这些重重矛盾令人着迷，"忠诚和背叛、人道和残酷、忠于职守和轻慢懈怠"相互交织。尽管在希特勒的办公室——魏茨泽克本人指明这一点——甚至在这位帝国元首的地下掩体内悬挂着这位普鲁士国王的一幅肖像，魏茨泽克也毫不因此减弱这种敬仰之情。

1986 年 8 月 16 日，这位当时还是总统的讲演者，在夏洛特堡宫举行的弗里德里希大帝 200 周年忌辰纪念活动之际坚持认为，这位普鲁士国王对同时代人来说是一个"谜"。他在他身上看到一位富于智慧的摄政王形象，他从宪法上确保宗教和信仰的自由，而他首先是"他的国家的第一位公仆"。他认为，"带有更多一点弗里德里希味道的普鲁士"根本不是什么坏事，因为——如同他曾用文化批判性态度评说的那样——如今每一种对国家应尽的职责倒被加以否定。

这带有某种理想化的东西，里夏德·冯·魏茨泽克恐怕对此也几乎没有异议，弗里德里希大帝对他来说体现着一种无条件性，一种绝对性。他对它一边嗟叹一边赞赏。

当然，"老弗里茨"同这个时代是脱节的，他对这一点视而不见。与时代脱节，里夏德·冯·魏茨泽克肯定不想这样。那么区别何在？他对这位普鲁士国王的钦敬之情和没落帝国中的市民阶级及魏玛时期的市民阶级带给他的或是父亲带给他的那种钦敬之情有何不同呢？

是的，老弗里茨在他自己的想象世界中站在一个很高的平台上。里夏德·冯·魏茨泽克的这种崇敬之情以奇特的方式与一种对崭新的、打破禁忌的、或许甚至乌托邦式的东西怀有的激情相伴相生。应当为上述东西树立一座纪念碑。

这座纪念碑上有名字吗？是的，有很多人的名字。莱比锡的"星期一示威游行"[212] 活动的反对派将位列其中，还有勇敢的纳粹集权批判者、塔德乌什·马佐维耶茨基和布罗尼斯瓦夫·盖莱梅克领导下的但泽团结工会，尤其是瓦茨拉夫·哈维尔。他们全都位列这个想象的平台上。

他的密友之一哈尔穆特·冯·亨蒂希在回忆录中评价道，

哈尔穆特·冯·亨蒂希，魏茨泽克大学时代的密友之一，没有进入政界；作为共和国的主要教育家之一，他是那些期望从解放了的公民性当中产生另一个德国的人之一。

魏茨泽克始终力求精练、明朗。他见识过魏茨泽克"求得差异化的才能"，这既值得钦佩又不可传承。亨蒂希接着写道："当我读了他最喜爱的小说、司汤达的《帕尔马修道院》（*La Chartreuse de Parme*）之后，我终归能明白是什么需求促使他这样做；那时我在几个星期当中都沉浸于他的世界：非常错综复杂的、变换着的关系，从未应验的幸福，'一切都完完全全不同'的情形不断出现。"[213]

总的来看，他可曾"自己在内心深处追问他的纠结所在"，如同他在 1985 年的讲话中忠告每个人的那样？他可曾"敢于正视真相"？我想，他把自己自 1945 年起的生活视为这样的追

赫尔穆特·贝克尔是纽伦堡审判案中父亲的辩护律师。自那时起，他也算做里夏德·冯·魏茨泽克最亲密的朋友圈中的一个。贝克尔在柏林成立了马克斯－普朗克教育研究所（Max-Planck-Institut für Bildungs-forschung），他与亨蒂希和大多数朋友一样也决定不从政。他想以别的方式为共和国的教育作出贡献。这个朋友圈子中只有一位投身政坛：里夏德·冯·魏茨泽克。

寻过程。他想向自己提出这些批判性的问题。

他用他的讲话对每个人应当如何行动这个问题给出了一个一般性的答案。他的讲话对联邦德国来说意义重大，对把握里夏德·冯·魏茨泽克其人也是如此。

然而，对他来说，在特有的、个人的生活主题方面并没有因此而发生什么变化，或者这个主题应当叫作"生活伤痕"？也就是对任职期间的父亲的追问和另外一个关于他所在的第九步兵团的问题。他习惯这样说，人们在 1933 年和 1934 年对接下来要发生的事情"本来应当一切尽知"，这如今是一种正常的态度，但是人们不了解这一点。种种问题没有改变，种种答案亦然。

倘若他无论如何都不肯写下他的人生回忆，**那么我也不会写**，这一点是显然的。这是一条事关忠实的戒律，这是再明白不过的了！他为父亲辩护，但他并不想发布为旧时的平民世界恢复名誉的声明。当他开始寻觅"另外一个德国"时，他首先就在近旁发现了它——阿克瑟尔·冯·德·布舍和他所钦佩的朋友们。后来还有许多人也加进来。这里只提两位：西部的安特耶·福尔默和东部的延斯·莱希。

他将一直坚持：如果有人给他出这样的选择题——他是出于父子之情还是出于信念而为父亲辩护，那么他将回答是出于信念。有人这样说，他会说如果是出于父子之情，如果他并没有坚定的信念，那么他在父亲去世后早就不再支持他了。总之，人们不能将问题压缩成一道选择题。

至于亨蒂希衡量品性的标准——他在朋友里夏德·冯·魏茨泽克那里注意到一种追求明朗同时求得差异化的需求——在我看来，这恰恰表明魏茨泽克身上交汇着特有的、无法比拟的复合特质，他自 1969 年起凭着这一点公开活动于政治舞台上。

像共和国本身一样，他早就是个"学徒"。他愿意接受这场洗礼。这随着 1985 年 5 月 8 日变得不同。这位 48 岁的男子因为讲出"国家在欧洲内部寻找自己"这句话而超前于很多人。

里夏德·冯·魏茨泽克怎样评价联邦德国学习了什么：政府忽而遗忘权力，忽而萌发自我意识、忽而含糊不明——像"施密特"这样的复合型执政策略太少见了。但德国已变得自由化、变得民主化，东德人显著地参与其中。

他将会多么轻而易举地以此反驳托马斯·曼（Thomas Mann）——1945 年，后者在华盛顿国会图书馆总结道，德国从未有过一场成功地"将国家的概念同自由合而为一"[214] 的革命。这是没有觉醒的公民社会吗？德国人永远蛰伏于内心深处，没有想过发起一场自由的革命吗？

德国人并不是如年轻的托马斯·曼本人一般如此没有政治意识和老套落后，不，市民阶级不是永远没落！里夏德·冯·魏茨泽克说，不管这位作家究竟有多么"极度地被自己本人打动"，让他感兴趣的不是政治，而"只是他同它的关系"。哥哥亨利希·曼则完全不同，他是一个真正的国民！

他巴不得想喊道，托马斯·曼搞错了！不仅仅是 1989 年使两个"半边国家"又聚合到一起；我们还要将这归功于突然见于大街上和教堂里的这个公民社会。1968 年，西部也经历某些这样的事情。它们相互交织在一起，这些事件"捆束打包"而形成 1989 年的事态规模。"德国问题"得到回答，而历史又是一个轮回。

他如今仍然继续展开关于政治的生活主题——这也是共和国的生活主题——的内心对话，正如 1969 年人们结识他时的情景。欧洲、欧洲、欧洲，其中掺杂着德国人的声音。

1939 年 9 月 1 日那一天关系到波兰应当从中再次消失的一个欧洲。要澄清一点，自 1989 年起的情形是，欧洲若没有波兰是无法想象的。魏茨泽克如今对这一点表示赞同。

他所说的话各有差异，这种不同的表述顺序在质疑声中也是清晰的。在纽伦堡法庭上的恩斯特·冯·魏茨泽克，一直不是最后的陈述。人们从你言我语中听出儿子里夏德的声音。这不仅是指 1985 年 5 月 8 日，这是针对一般情形而言。在"**魏玛遗老**"阿登纳还曾为之奔忙的倒向法国的政策之后，出现毫不动摇地、坚定不移地倒向波兰的策略，除勃兰特和巴尔、登霍夫和施密特之外，人们把它特别与里夏德·冯·魏茨泽克联系在一起。

尽管非常热衷于批评——他觉得国家完成了学习和自省的课程。这位已过 90 岁高龄的"读报人"将毫不迟疑地加上一句：但他也同国家一道完成了自省和学习的过程，为的是此后仍旧怀着好奇心翻阅每日的晨报。

注　释

1.《国际先驱论坛报》(*International Herald Tribune*)是《纽约时报》全资拥有的一份英文国际性报纸,总部设在巴黎。——译者注

2. 1997 年 9 月 8 日《明镜》周刊。

3. 这个讲话是第二次世界大战结束 40 周年("解放日")之际发表的一篇有决定意义的反对遗忘的演说,参见本书第 7 章。

4.《里夏德·冯·魏茨泽克对扬·罗斯的谈话:我们想要一个怎样的世界?》(*Richard von Weizsäcker im Gespräch mit Jan Roß: Was für eine Welt wollen wir?*) 2005 年赖恩贝克版第 28 页。

5. "公民性"是公民社会的内在属性,它是超越阶级、党派、地域、血缘群族、性别、种族、宗教信仰等的界限而关怀社会整体福祉的态度,表现为共同体成员自身所拥有的"良好风尚",是个人的自我意识被集体性自我意识部分取代时的一种行为。——译者注

6. 与此相关的内容,参见《长别市民阶级。约阿希姆·费斯特和沃尔夫·约布斯特·基德勒对弗兰克·A. 迈耶尔的谈话》(*Der lange Abschied vom Bürgertum. Joachim Fest und Wolf Jobst*

Siedler im Gespräch mit Frank A. Meyer）2005 年柏林版第 16 页。基德勒与弗兰克·A. 迈耶尔进一步就这个争端进行评述："德国民主在一切可能的方向上都失败了，但是在市民世界并没有失败。"

7. 托马斯·劳《德国家庭中的魏茨泽克氏。从俾斯麦到魏茨泽克的历史肖像》（*Die Weizsäckers, in Deutsche Familien. Historische Portraits von Bismarck bis Weizsäcker*）2005 年慕尼黑版第 307—308 页。

8. 博西斯，弗里吉亚的一位农妇，她和其丈夫腓力门热情款待了乔装下凡的宙斯和赫耳墨斯而因此获得好报。——译者注

9.《里夏德·冯·魏茨泽克对扬·罗斯的谈话：我们想要一个怎样的世界?》2005 年赖恩贝克版第 114 页。

10. 死亡舞蹈，死神之舞，源于法语的 "Danse macabre"，指的是象征死亡的舞蹈，尤指中世纪绘画中出现的象征死亡的骷髅带领人们走向坟墓的舞蹈。它是 14 世纪出现的阐明死亡有掌控人生活的力量的成组艺术作品，在有关的绘画和舞蹈作品中大多可以同时看到舞蹈和死亡这两个元素。——译者注

11. "吗哪"是宗教用语，指基督教《圣经》中记载的以色列人经过旷野时获得的神赐食物。——译者注

12. 2008 年 9 月 8 日《里夏德·冯·魏茨泽克对〈斯图加特报〉的谈话》（*Richard von Weizsäcker im Gespräch mit der Stuttgarter Zeitung*）。

13.《里夏德·冯·魏茨泽克对扬·罗斯的谈话：我们想要一个怎样的世界》2005 年赖恩贝克版第 181 页。

14. 里夏德·冯·魏茨泽克《四个时期。回忆录》(*Vier Zeiten. Erinnerungen*) 1997 年柏林版第 20—21 页。

15. 同上书,第 24 页。

16. 刀刺在背传说 (Dolchstoßlegende),又译为"匕首传说"或"背后一刀传说",是第一次世界大战后在德国流行的传言,具有政治宣传的作用。由于德国战败,不少德国民族主义者怀恨在心,就用这个传说谴责外国人与非民族主义者出卖德国。——译者注

17. 里夏德·冯·魏茨泽克《四个时期。回忆录》1997 年柏林版第 32 页。

18. 这些专门的或附带进行的相关研究的数量大大增加。里夏德·冯·魏茨泽克本人也撰写著作详细研究父亲,如里夏德·冯·魏茨泽克《四个时期。回忆录》1997 年柏林版第 38 页以及以下几页。其他相关著作有:马丁·魏恩《魏茨泽克氏。一个德国家族的历史》(*Die Weizsäckers. Geschichte einer deutschen Familie*) 1988 年斯图加特版第 204 页以及以下几页;维尔讷·斐尔默和黑里伯特·施万 (Werner Filmer/Heribert Schwan)《里夏德·冯·魏茨泽克》(*Richard von Weizsäcker*) 1994 年杜塞尔多夫版第 249 页以及以下几页;乌尔里希·福尔克赖恩《魏茨泽克氏》(*Die Weizsäckers*) 2004 年慕尼黑版第 43 页以及以下几页。一个包括埃卡特·康策 (Eckart Conze) 和诺伯特·弗莱 (Norbert Frei) 的史学家委员会已完成他们关于希特勒时期外交部的外交官的研究著述——本书完稿时他们的著述还没有出版。汉斯－尤尔根·德舍尔在他的《第三帝国的党卫队与外交部》(*SS und Auswärtiges Amt im Dritten Reich*) 一书中对恩斯

特·冯·魏茨泽克进行了更为详尽的研究。在书中，恩斯特只是遵循官场道路的众多高级官员之一。德舍尔首先探讨这样一个问题：如果恩斯特·冯·魏茨泽克真的想接任外交部国务秘书的要职，那么他是否不得不接受党卫队元首的头衔。总之，他得出一个与其他考证性工作结果一致的结论："魏茨泽克抱着从外交上采取阻挠手段这个自己明确设定的目的而接任国务秘书一职的决心，总的来说源于一种错误估计，即高估自身的力量和外交部影响外交决策的可能性以及低估希特勒及里宾特洛甫的外交政策的动力和后果。"汉斯－尤尔根·德舍尔《第三帝国的党卫队与外交部。"最终解决"阴影下的外交》（*SS und Auswärtiges Amt im Dritten Reich. Diplomatie im Schatten der Endlösung*）1991 年美因河畔法兰克福、柏林版第 190 页。

19. 马丁·魏恩《魏茨泽克氏。一个德国家族的历史》1988 年斯图加特版第 204 页以及以下几页。

20. 同上书，第 231—232 页。

21. 参看乌尔里希·劳尔夫（Ulrich Raulff）《没有师傅的圈子。施特凡·格奥尔格在后代记忆中长存》（*Kreis ohne Meister. Stefan Georges Nachleben*）2009 年慕尼黑版第 461 页。

22. 里夏德·冯·魏茨泽克《四个时期。回忆录》1997 年柏林版第 34 页。

23. 马丁·魏恩《魏茨泽克氏。一个德国家族的历史》1988 年斯图加特版第 234 页。

24. 同上书，第 258 页。

25. 同上。

26. 德国国家社会主义工人党，简称"国社党"，贬称"纳

粹党"。——译者注

27. 马丁·魏恩《魏茨泽克氏。一个德国家族的历史》1988 年斯图加特版第 262 页以及以下几页。

28. 娜美西丝是希腊神话中的复仇女神、报应女神。复仇的娜美西丝意指公正的惩罚、报应。——译者注

29. 里夏德·冯·魏茨泽克《四个时期。回忆录》1997 年柏林版第 72 页。

30. 塞巴斯蒂安·哈夫讷《一个德国人的历史。1914—1933 年回忆录》(*Geschichte eines Deutschen. Die Erinnerungen 1914 bis 1933*) 2000 年慕尼黑版第 104 页。

31. 同上书,第 81、89 页。

32. 马丁·魏恩《魏茨泽克氏。一个德国家族的历史》1988 年斯图加特版第 258—259 页。

33. 同上书,第 279 页。

34. 马里昂·登霍夫《为了名誉》(*Um der Ehre willen*) 1994 年柏林版第 61 页。

35. 同上书,第 68 页。

36. 古斯塔夫·塞伯特《险路》(*Weg in der Gefahr*),载于 2002 年 2 月 11 日《南德意志报》(*Süddeutsche Zeitung*)。

37. 见 2002 年 2 月 20 日《南德意志报》。

38. 见 1986 年 6 月 22 日里夏德·冯·魏茨泽克在第 49 届国际笔会召开之前的讲话。

39. 阿哥拉 (Agora),原意为市集,泛指古希腊以及古罗马城市中经济、社交、文化的中心。阿哥拉通常地处城市中心,为露天广场。城市男性居民聚集在那里进行商业交易。除

此以外，阿哥拉还是居民谈论政治、哲学以及相互结识的场所，以至于古罗马时期阿哥拉被称为 Forum（论坛、集会的公共场所）。——译者注

40.《关于爱国主义的思考》（*Nachdenken über Patriotismus*）：1987 年 11 月 6 日，里夏德·冯·魏茨泽克在道尔夫·斯坦贝格 80 大寿之际以此为题为海德堡大学的一个研讨会撰写文章。魏茨泽克说，德国人在建设一个民族政府方面是滞后了，他们晚了很长时间才获得民主的宪政政府。他们由此为自己奠定了"启蒙爱国主义"的基础。载于里夏德·冯·魏茨泽克《演说和访谈》（*Reden und Interviews*）第 4 卷第 127 页。斯坦贝格把泰奥多尔·蒙森(Theodor Mommsen) 的话"我愿做一个公民(ich wünschte ein Bürger zu sein)"当作一本书的书名和题材，这本书于 1967 年在美因河畔的法兰克福出版。斯坦贝格提出的"公民"的概念已经同他对充满生命力的法制的理解相契合，人们能够从这种活生生的法制中重新认识自我（取代"民族"同一性的提议）。

41.《里夏德·冯·魏茨泽克对扬·罗斯的谈话：我们想要一个怎样的世界?》2005 年赖恩贝克版第 197 页。

42. 2007 年 9 月 3 日《世界》（*Die Welt*）德文采访稿。

43. 哈尔穆特·索埃尔《赫尔穆特·施密特。理智与激情》（*Helmut Schmidt. Vernunft und Leidenschaft*）2003 年慕尼黑版第 1 卷第 18 页以及以下几页。

44. 恩斯特·荣格尔（1895—1998 年），德国最长寿的作家和思想家，参加过两次世界大战。他的文学作品因美化战争、宣扬军人的英雄主义而颇受纳粹集权的推崇。他的作品对 20

世纪的德国文学产生过巨大影响，在西方各国甚为流行。著有日记体小说《钢铁的暴风雨》（1920 年），该作品记叙了他在第一次世界大战中的经历。——译者注

45. 2009 年 8 月 24 日《明镜》周刊第 35 期。

46. 1941 年 6 月 6 日德国下达的关于处理（苏联红军）政治委员的方针。——译者注

47. 迈因哈特·冯·内豪斯《在顺从与良知之间。里夏德·冯·魏茨泽克和第九步兵团》（*Zwischen Gehorsam und Gewissen. Richard von Weizsäcker und das Infanterieregiment 9*）1994 年贝尔吉施 – 格拉德巴赫版第 146 页。

48. 2009 年 8 月 24 日《明镜》周刊第 35 期。

49. 关于舒伦堡的介绍主要参看马里昂·登霍夫伯爵夫人《"为了名誉"。忆 7 月 20 日行动的友人们》（*„Um der Ehre willen". Erinnerungen an die Freunde vom 20. Juli*）1994 年柏林版第 80 页以及以下几页。

50. 1944 年，马里昂·登霍夫伯爵夫人写了她的第一本回忆录，书名叫作《纪念记忆中的朋友们》（*In Memoriam-den Freunden zum Gedächtnis*），1945 年作为私人印刷品在汉堡出版。与此有关的内容参看豪克·冯·库恩海姆（Haug von Kuenheim）《马里昂·登霍夫》（*Marion Dönhoff*）1999 年汉堡版第 34—36 页；马里昂·登霍夫伯爵夫人《书信里的一生》（*Ein Leben in Briefen*）2009 年汉堡版第 95—96 页。

51. 里夏德·冯·魏茨泽克《德国的历史在继续》（*Die deutsche Geschichte geht weiter*）1983 年柏林版第 30 页。

52. "白玫瑰"，纳粹德国时期一个知名的非暴力反抗组

织。——译者注

53. 克莱稍集团（Kreisauer Kreis），又被称为克莱稍团体，是纳粹期间德国高层的一个秘密反叛组织，曾密谋推翻希特勒，其成员参与了 1944 年 7 月 20 日的密谋案试图暗杀希特勒未果。该组织后来被纳粹镇压，因其常在西里西亚的克莱稍村聚会，所以盖世太保称其为"克莱稍集团"。——译者注

54. "水晶之夜"，或译作碎玻璃之夜，是指 1938 年 11 月 9 日至 10 日凌晨，纳粹党员与党卫队袭击德国全境犹太人的事件。——译者注

55. 马里昂·登霍夫、赫尔穆特·施密特和里夏德·冯·魏茨泽克《以道德的名义》（*Im Namen der Moral*），载于 1994 年 7 月 15 日《时代》周报第 29 期。

56. 这里的"人民法庭（Volksgerichtshof）"，指的是德国纳粹时期的特别法庭，由于其毫无人性的判决而使人们受到震慑。——译者注

57. "在错误的生活中不存在正确的生活"是德国著名哲学家特奥多尔·W. 阿多诺的流亡著作《最低限度的道德》（*Minima Moralia*）中的一句话。在奥斯维辛事件后，阿多诺对这样的哲学问题有更急迫的反思，1963 年 5 月 7 日，阿多诺就把问题提出来："人们会以这样的形式提出这个问题：这样一种正确的生活在今天是否还是可能的，或者说，正确的生活是否必须如同我在那本书里所概括的那句话一样，那句话是说'在错误的生活中不存在正确的生活'。"阿多诺用这句话强调指出"正确"与"错误"的差异和坚持"正确"的意义的重要性。这里把阿多诺的原话变通了一下，指从现实生活和道德良知两个方

面讲，人是存在两面性的。——译者注

58. 托马斯·劳《德国家庭中的魏茨泽克氏。从俾斯麦到魏茨泽克的历史肖像》，载于福尔克尔·赖因哈特（Volker Reinhardt）《德意志家族》（*Deutsche Familien*）第 326 页。

59. 卡尔·卡斯滕斯 1979 年当选总统，1984 年卸任。

60. 卡珊德拉（Cassandra）是希腊神话中的人物，能预知祸事，引申为不为人所信的凶事预言家。——译者注

61. 卡尔·弗里德里希·冯·魏茨泽克《被威胁的和平》（*Der bedrohte Frieden*）1981 年版第 17—18 页。

62.《广岛是个强烈的刺激：卡尔·弗里德里希·冯·魏茨泽克—贝恩特·W．库毕希书面采访》（*Hiroshima war ein tiefer Schock: Carl Friedrich von Weizsäcker—Bernd W. Kubbig, ein schriftlich geführtes Interview*），www.uni-muenster.de，1995 年。

63. 1996 年 3 月 7 日在施塔恩贝格对卡尔·弗里德里希·冯·魏茨泽克和米夏埃尔·沙夫以及哈特维希·施皮策的谈话，转引自 2006 年《我们时代的物理学》（*Physik in unserer Zeit*）第 39 卷。

64. 马里昂·登霍夫《为了名誉》（*Um der Ehre willen*）1994 年柏林版第 79 页。

65. 赫尔曼·普里勃《关乎存亡的会面》（*Eine lebensentscheidende Begegnung*），载于斐尔默和施万（Filmer/Schwan）《里夏德·冯·魏茨泽克》（*Richard von Weizsäcker*）1994 年杜塞尔多夫版第 47 页以及以下几页。

66. 马里昂·登霍夫《记反对不公正的谋反者》（*Verschwörer gegen das Unrecht*），载于 1984 年 7 月 20 日《时代》周报第 20 期。

67. 古斯塔夫·海涅曼，德国政治家，曾在 1969—1974 年期间任联邦德国第三任总统。——译者注

68. "汉巴赫节"表明德国民主的诞生时刻。1832 年，三万市民在汉巴赫宫（Hambacher Schloss）游行集会，争取德国的统一和自由。——译者注

69. 在 1848 年欧洲革命中，德国人民自上而下要求统一，并在法兰克福的保罗教堂起草了日耳曼历史上的第一部民主宪法。由于革命失败，该宪法未生效，但这成为近代德国民主宪政的开端。——译者注

70. 即如今俄罗斯加里宁格勒州首府加里宁格勒，也就是原属德国的柯尼斯堡。柯尼斯堡曾是德国文化中心之一。第二次世界大战期间，柯尼斯堡遭受盟军轰炸而损失惨重。1945 年柯尼斯堡战役后，苏联红军占领城市。战后，根据《波茨坦协定》，柯尼斯堡成为苏联领土。1946 年，为纪念刚逝世的苏联共产党和苏维埃国家领导人米哈伊尔·加里宁，柯尼斯堡更名为加里宁格勒。——译者注

71. 里夏德·冯·魏茨泽克《四个时期。回忆录》1997 年柏林版第 114—115 页。

72. 《纽伦堡军事法庭上的战犯审判案》（*Trials of War Criminals before the Nürnberg military Tribunals*）第 12 卷宗第 3—4 页。

73. 同上书，第 236 页。

74. 转引自赖讷·A. 布拉修斯（Rainer A. Blasius）的话，载于斐尔默和施万《里夏德·冯·魏茨泽克》1994 年杜塞尔多夫版第 274 页。

75. 见 2004 年 11 月 26 日《法兰克福汇报》。

76. 恩斯特·冯·魏茨泽克《回忆录》（*Erinnerungen*）1952年柏林版第50页。

77. 同上书，第126页。

78. 同上书，第96页。

79. 同上书，第115页。

80. 前文提到，魏茨泽克家族最后在霍恩洛厄侯国安家落户，霍恩洛厄后来被划给符腾堡州，魏茨泽克是"流亡中的施瓦本人"。以新教为传统的前符腾堡王国构成了历史悠久的施瓦本的绝大部分，施瓦本曾是早期的神圣罗马帝国的主要角色，而符腾堡的中心内卡河河谷是神圣罗马帝国的心脏地带。——译者注

81. 罗伯特·W.凯普讷《主诉检察官》（*Hauptankläger*），载于斐尔默和施万《里夏德·冯·魏茨泽克》1994年杜塞尔多夫版第68页及以下几页。

82. 转引自哈拉德·史蒂芬《里夏德·冯·魏茨泽克》1988年斯图加特版第52页；里夏德·冯·魏茨泽克《四个时期。回忆录》1997年柏林版第119页。

83. 他（魏茨泽克的父亲）通过接触其他国家的外交官，采用非常有限的手段试图做有利于阻止暴行的事情。这种行为"从法律上来判定处于叛国的边缘"。

84. 马丁·魏恩《魏茨泽克氏》1988年斯图加特版第305页。

85. 古斯塔夫·施特雷泽曼，曾在德国魏玛共和国时期当了百日总理（1923年）和六年外交部长（1924—1929年）。——译者注

86. 里夏德·冯·魏茨泽克《三度现零时刻？1949—

1969—1989 年》（*Drei Mal Stunde Null? 1949–1969–1989*）2001 年柏林版第 22 页。

87. 里夏德·冯·魏茨泽克《四个时期。回忆录》1997 年柏林版第 118 页。

88. 转引自哈拉德·史蒂芬《里夏德·冯·魏茨泽克》1991 年赖恩贝克版第 50 页。

89. 赫尔穆特·贝克尔和弗里特尤夫·哈格尔（Hellmut Becker/Frithjof Hager）《启蒙作为职业。关于教育和政治的谈话》（*Aufklärung als Beruf. Gespräche über Bildung und Politik*）1992 年慕尼黑版第 42 页。

90. 必须要特别感谢劳尔夫对贝克尔所作的这一说明，因为迄今为止还没有出版对贝克尔双重生活加以详尽介绍的传记。

91. 马里昂·登霍夫和里夏德·冯·魏茨泽克《反击后辈的自以为是。德国国防军的罪行与 7 月 20 日反叛行动中的男人们》（*Wider die Selbstgerechtigkeit der Nachgeborenen. Wehr-machtsverbrechen und die Männer des 20. Juli*），载于 1996 年 3 月 8 日《时代》周报第 11 期。

92. 2006 年，亨利希·森福特（Heinrich Senfft）既对魏茨泽克所属步兵团的纯洁性，又对其父在透露纳粹罪行方面的诚实度提出尖锐质疑，他的目光比很多人更加犀利，他的口吻比很多人更加强硬。这被认为是对《法兰克福汇报》（*FAZ*）于 2005 年 3 月对话魏茨泽克就他的生活进行的访谈作出的回应。这次访谈前文已经提到过。2008 年 4 月 25 日，《星期五》转载了森福特的文章。文章的作者森福特是一名学识渊博的出色的律师，他收集了许多有关纳粹行径的经历，他在文中主要提到乌尔里希·福尔克赖恩所著的《魏茨泽克氏》（*Die Weizsäckers*）一书。至于魏茨泽克以某种形式直接获悉的有关其部队的情况，并不是从乌尔里希的书中节选的。对此，乌尔里希·福尔克赖恩在谈话中也予以证实。1991 年，《星报》（*Der Stern*）委托乌尔里希·福尔克赖恩就第九步兵团穿越波兰和苏联所走的道路写一篇报告文学，计划在战争结束 50 周年纪念日之际发表。然而，当时《星报》只刊登了这篇报告文学的图片，文章后来发表于《每周晨报》（*Die Wochenpost*），收录在他的下述著作中：《魏茨泽克氏。权力与道德——一个德国家族的肖像》（*Die Weizsäckers. Macht und Moral — Porträt einer deutschen Familie*）2004 年慕尼黑版。

93. 斐尔默和施万《里夏德·冯·魏茨泽克》1994 年杜塞尔多夫版第 228—229 页。

94. 同上书，第 229 页。

95. 魏茨泽克认为，理由不可能是"第三帝国"带来的政治包袱，主管法庭证明他的情况"不令人担心"，注明他"没有受到"《去纳粹化法》的"处置"。见里夏德·冯·魏茨泽克《四个时期。回忆录》1997 年柏林版第 136—137 页。

96. 1950 年，在德国发起了一场旨在反对重建军备的和平主义运动，因为喊出"无我！"的口号，所以又被称作"无我运动"。这个口号也常常同一般性地拒绝履行公民义务联系在一起。——译者注

97. 赫尔穆特·贝克尔和弗里特尤夫·哈格尔《启蒙作为职业。关于教育和政治的谈话》1992 年慕尼黑版第 26—27 页。

98. 里夏德·冯·魏茨泽克《四个时期。回忆录》1997 年柏林版第 149 页。

99. 埃贡·巴尔是联邦德国勃兰特政府的国务秘书，德国社会民主党的元老，曾主持东西德缓和政策。——译者注

100. 1969 年联邦议院进行大选，由社民党和自民党组成的联合政府取代了大联合政府。这届政府对内外政策进行了大调整。首先是废除"哈尔斯坦主义"的三不政策（不承认、不接触、不谈判），反其道而行之，推行"新东方"政策（Neue Ostpolitik），把外交政策转向东欧和苏联等社会主义国家。其口号是"接近以促其转变（Wandel durch Annäherung）"，即用潜移默化的手法使社会主义国家和平演变。——译者注

101. 见 1962 年 8 月 3 日《时代》周报第 31 期。

102. 1945 年，两颗原子弹在日本爆炸，造成数十万无辜平民伤亡，引起爱因斯坦等著名科学家的不安，反对使用核武器的国际和平运动开始兴起。1955 年，《罗素 – 爱因斯坦宣言》发表，再次呼吁"学会用新的方式来思考"，用和平办法解决争端。此后，一些著名科学家和知名人士定期在加拿大普格瓦什村集会，推动裁军和禁止使用核武器的事业，产生了广泛而深远的影响。这种定期的集会因此被称作"普格瓦什运动"。——译者注

103. "哈尔斯坦主义"是德意志联邦共和国阿登纳政府推行的一项对外政策。1955 年 9 月由外交部国务秘书哈尔斯坦建议制定。该政策声称德意志联邦共和国政府单独代表整个德国，不承认德意志民主共和国，拒绝与德意志民主共和国建交的任何国家（作为四个战胜国之一而对德国统一负有责任的苏

联除外）建立或保持外交关系。——译者注

104. 1963 年 12 月中旬，两德首次签订有关保障西德人民赴东柏林探亲权益的"通行证协定（Passierscheinabkommen）"，成为分裂的德国双方签订的第一个官方条约，它也为两德日后相互间的政治定位，找到了一条可行路径。——译者注

105. 1955 年 5 月 14 日，苏联、捷克斯洛伐克、保加利亚、匈牙利、民主德国、波兰、罗马尼亚、阿尔巴尼亚八国针对美、英、法决定吸收联邦德国加入北约一事，在华沙签订了《友好互助合作条约》，即《华沙条约》，同年 6 月条约生效时正式成立了军事政治同盟——华沙条约组织，简称华约。总部设在莫斯科。——译者注

106. 俗士运动，指的是普通教徒们坚定而积极地从事运动的组织。在基督教中，俗士运动主要存在于罗马天主教会，因为在那里，神职人员和普通教徒之间的对立显得最为鲜明。——译者注

107. 转引自 1999 年柏林联邦新闻与信息局（BPA）《1949—1999 年的德国联邦议会》（*Deutscher Bundestag 1949 bis 1999*）第 242 页。

108. "遏制（containment）"策略指全方位围堵对手影响力的扩张。——译者注

109. "推回（roll back）"策略指运用硬实力将对手已取得的进展推回。——译者注

110. 那边，东德或西德用于指另一部分德国。——译者注

111. 里夏德·冯·魏茨泽克《德国联邦议会第 172 次会议记录》（*Protokolle Deutscher Bundestag, 172. Sitzung*），1972 年 2

月 24 日星期四。

112. 里夏德·冯·魏茨泽克《四个时期。回忆录》1997 年柏林版第 205 页。

113. 1971 年，美、英、法、苏四国签订了《西柏林协定》，主要内容有：西柏林不是联邦德国的组成部分，今后也不属联邦德国管辖，但可"维持和发展柏林西区与德意志联邦共和国之间的联系"，联邦德国有权对在国外的西柏林人"提供领事服务"，并可"在国际组织和国际会议中代表西柏林的利益"，联邦德国签订的国际协定"可扩大应用于柏林西区"等。自有协定以来，有关各方对协定条文均按自己的理解进行解释，因此几方仍不时发生争执。到德国统一之前，西柏林一直处于美、英、法三国的军事占领之下。——译者注

114. 1972 年 12 月 21 日，西德和东德签署《两国关系基础条约》，确定东、西德在平等的基础上建立相互之间的正常的睦邻关系，"互设常驻代表机构"等。——译者注

115. 里夏德·冯·魏茨泽克《四个时期。回忆录》1997 年柏林版第 219 页。

116. 同上书，第 220 页。

117. 这里涉及美国俗语"loose cannon"的来历。美国经常会说某个我行我素、无法控制的人是一个"loose cannon"。"loose"是松散的意思，而"cannon"是指大炮。"loose cannon"的来历是这样的：几百年前当人们在海上作战时，他们往往在船上放好些大炮，每一座大炮放在一个带四个轮子的平台上。在战争间隙的时候，船员们用很粗的绳子把这些大炮拴住，不让它们随便移动。可是，当风暴来临，这些绳子在风浪的冲击

下断了以后，大炮就会在船甲板上到处滚动，会把那些不幸就在大炮旁边的船员轧死，这比真正的敌人还要危险。——译者注

118. 这是源于德语里的一个谚语："大山阵痛，分娩老鼠 (Es kreißt der Berg, und dann gebiert er eine Maus)"，典出于《伊索寓言》里的一个故事。大意是：古时有一座大山响起巨大的隆隆声。观看的人们做了许多猜测，说大山怀孕了，会产下什么巨大的非凡的东西，结果从里边钻出一只小老鼠来。主要用来比喻费力大，收效小。——译者注

119.《讲话与文稿》（Reden und Texte）1989 年波恩版第 5 卷第 161 页以及以下几页，由联邦政府新闻与信息局出版。亦参看弗里德伯特·普弗吕格（Friedbert Pflüger）《里夏德·冯·魏茨泽克。一幅近距离的肖像》（Richard von Weizsäcker. Ein Portrait aus der Nähe）1990 年斯图加特版第 431—432 页。

120. 里夏德·冯·魏茨泽克《四个时期。回忆录》1997 年柏林版第 212 页。

121. 转引自埃德加·沃尔弗鲁姆（Edgar Wolfrum）《如愿以偿的民主》（Die geglückte Demokratie）2006 年斯图加特版第 290 页。

122. 彼得·本德尔《德国的"平行线"》（Deutsche Parallelen）1989 年柏林版第 52 页。

123. 指勃兰特在访问波兰原犹太人居住区时在犹太人纪念碑前下跪的举动。——译者注

124. 彼得·本德尔《德国的"平行线"》1989 年柏林版第 53 页。

125. 2008 年 2 月 20 日在德国历史博物馆（DHM）书籍推

介会上的录音。

126. 罗伯特·安东尼·艾登（Robert Anthony Eden），英国政治家、外交家。第二次世界大战时期曾任英国国防委员会委员、陆军大臣、外交大臣和副首相等职。——译者注

127. 1930 年，不到 17 岁的勃兰特被德国社民党破例吸收为党员。一年后，因与党的领导人发生了意见分歧，转而参加从社民党分裂出来的社会主义工人党，并担任该党青年组织的领导人。面对希特勒法西斯统治，社会主义工人党的活动部分转入地下，部分转向国外发展。1933 年 4 月初，勃兰特被派往挪威。挪威工人党机关报《工人报》特辟专栏，由他撰稿揭露希特勒统治下德国的真相。——译者注

128. 维利·勃兰特《罪犯与另外的德国人。1946 年德国纪实》（*Verbrecher und andere Deutsche. Ein Bericht aus Deutschland 1946*）维利 – 勃兰特卷宗 2008 年波恩版第 1 卷第 165—166 页。勃兰特对恩斯特·冯·魏茨泽克不做任何深入细致的评价。在他的回忆录中，这位外交官只是在谈到如下问题时曾简短地提到过：巴黎、伦敦、罗马和柏林何以最终容忍佛朗哥在西班牙内战中取得的胜利或者甚至希望出现这种局面。正在间或参加反对长枪党（西班牙佛朗哥时代的法西斯政党——译者注）的斗争的勃兰特说，他对恩斯特·冯·魏茨泽克在 1936 年所作的如下评价感到震惊：佛朗哥没有能力运用自己的手段赢得对西班牙的统治。"西方大国的肩负责任的人们怎么能冒出这么盲目无知的念头呢？"载于：维利·勃兰特《左派与自由。我在 1930—1950 年的道路》（*links und frei. Mein Weg 1930—1950*）1982 年汉堡版第 224 页。

129. 指 1966—1969 年德国社会民主党和德国基督教社会联盟组成的联合政府。——译者注

130. 1975 年 7 月 30 日至 8 月 1 日，欧洲 33 国及美国、加拿大等国国家首脑、政府首脑或他们的代表在赫尔辛基举行会议，签署了《欧洲安全与合作最后文件》。文件包括四个部分，也叫"四个篮子"。——译者注

131. 1974 年，德国总理维利·勃兰特的私人顾问吉永是东德间谍一事曝光，导致维利·勃兰特被迫辞去总理职务。——译者注

132. 基民盟缩写中的第一个字母，指基督教精神。——译者注

133. 此处用了"飞入（einfliegen）"一词，是因为"Vogel"这个姓氏作为普通德语词意思是"鸟"。这里有调侃之意。——译者注

134. 指 1979 年 12 月末，苏联武装入侵阿富汗，与阿武装力量之间展开的一场侵略与反侵略战争。亦称阿富汗战争。——译者注

135. "鹰派"，指主张用武力打击对手解决争端的一派。——译者注

136. 里夏德·冯·魏茨泽克《德国的历史在继续》（*Die deutsche Geschichte geht weiter*）1983 年柏林版第 9 页。

137. 同上书，第 10 页。

138. 同上书，第 13 页。

139. 指在柏林的土耳其人聚居地。——译者注

140. 菲利普·梅兰希顿（Philipp Melanchthon，又译作墨兰

顿），德国语言学家、哲学家、人类学家、神学家、教科书作家和新拉丁语诗人，被誉为"德国的老师"，他是德国和欧洲宗教改革中除马丁·路德外的另一个代表人物。——译者注

141. 1967 年 12 月，北约防务计划委员会在通过灵活反应战略、提出北约要继续加强防务外，还要寻求与东方关系的稳定，推行"双重任务"，即"防务＋缓和"。紧接着，北约部长理事会通过比利时外长哈默尔提出的《联盟的未来任务》（又称《哈默尔报告》）。报告宣称北约"作为一个维持持久和平的因素"，要积极推行缓和政策。《哈默尔报告》的中心思想是探索北约将来的发展方向。——译者注

142. 埃里希·昂纳克，曾任民主德国统一社会党总书记、德意志民主共和国国务委员会主席，也是最后一位正式的东德领导人。——译者注

143. 赫尔穆特·科尔《1930—1982 年回忆录》（*Erinnerungen 1930—1982*）2004 年慕尼黑版第 587—588 页。

144. 同上书，第 250 页以及以下几页。

145. 同上书，第 561—562 页。他记不起，魏茨泽克在柏林墙被推倒之后也只用过一次"统一"这个概念，他完全上了这位来自教会的对话伙伴的当。最终：魏茨泽克（和根舍）促成了边境条约的签订，该条约于 1990 年 11 月 14 日终于在华沙由外交部长克尔泽施托夫·斯库比斯泽夫斯基（Krzysztof Skubiszewski）和汉斯—迪特里希·根舍签署。科尔认为，魏茨泽克缺少在一个错误的时间点进行边界认定"并由此拿基民盟的未来希望做赌注"的任何决心。还有："就是有比如像里夏德·冯·魏茨泽克这样的同时代的人，他们只是凭借在基民

盟与基社盟两个联盟党中的选举成果而获取职位和尊严，由此也从流离失所的被驱逐者所投的许多选票中获利，但是他们丝毫不关心联盟党选民们的意见。我不能也不想容许有这样的爱国主义思想存在。"

146. 哈默施密特别墅（Die Villa Hammerschmidt），两德统一之前为联邦德国总统的官邸，也被称为"莱茵河畔的白宫"。——译者注

147. 赫尔穆特·科尔《1990—1994 年回忆录》（*Erinnerungen 1990—1994*）2007 年慕尼黑版第 492—493 页。

148. "2+4 谈判"，指由华盛顿政府组织的、涉及两德代表和其余四股势力（美、英、法、苏）的一次关于"德国未来"的封闭式会议。——译者注

149. 海因里希·吕布克（Heinrich Lübke），1959—1969 年任德国联邦总统。——译者注

150. 有一刻，似乎这位上任的新官迎面遇到强烈的顶风。1984 年，在他当选的那一年，有证据向他证实，英格尔海姆的 C.H. 勃林格（C.H. Böhringer）化学公司至少在 1962—1965 年，也就是他在那里工作期间，向美国陶氏化学公司提供用于生产橙剂（即落叶剂，一种含有毒药二恶英的除草剂，在越南战争中被用来使森林地区的树木落叶——译者注）的药物和工艺。这家美国公司因提供一种剧毒的热带丛林落叶剂而在越南战争中牟得暴利。一位总统发言人当时驳回这种指控说，魏茨泽克对此事毫不知情，而且这件事情也不是经他负责的。1992 年，魏茨泽克还在任，因为该公司在英格尔海姆生产二恶英，《明镜》周刊再度抓住这些谴责声。魏茨泽克表明，他对于公

司的这类产品和交易没有详细的了解。事情就此了结。他摆脱不了这样的批评，这一定也让他不堪其扰，因为这最终关系到他的个人公信度。通常对此事的攻击容易来自右翼。没有证据证明，魏茨泽克确实了解有关可疑的交易的哪些情况。他的兴趣当时已经完全指向另外一个方向，这仍然是显而易见的：在勃林格公司工作时，他就提出条件：将他三分之一的时间用于自由支配。他想投入更多的精力忙于基督新教教会宗教会议的事务。这一点甚至在他的工作协议中都得到了保障。

151. 1984 年 1 月 24 日，科尔在以色列国会引用君特·高斯（Günter Gaus, 著名记者，曾为勃兰特政府的高官）的一句话："宽恕这些后代（Gnade der Späten Geburt）"。——译者注

152. 赫尔穆特·杜比尔《没有人能逃脱历史。德国议会辩论中的国家社会主义统治》（*Niemand ist frei von der Geschichte. Die nationalsozialistische Herrschaft in den Debatten des Bundestags*）1999 年慕尼黑版第 207 页。

153.《里夏德·冯·魏茨泽克对扬·罗斯的谈话：我们想要一个怎样的世界?》2005 年赖恩贝克版第 15—16 页。

154. 新岗亭（Neue Wache），原为普鲁士兵营，现在是联邦德国中央纪念馆，用以纪念在战争中和暴虐下的受难者。——译者注

155. 只是围绕着被强制服役的苦力和逃兵，当时由于赔偿问题还发生过一场激烈的争讼，他在这里没有列举出这类人。

156. 犹太星（Judenstern），俗称"黄星"，是在纳粹德国统治期间，在纳粹影响下的欧洲国家内的犹太人被逼而戴上的识别标记。犹太星的星形根据"大卫之星（Star of David）"设

计，是代表犹太人的符号。传统上，它代表了对犹太人的灭绝。——译者注

157. 里夏德·冯·魏茨泽克《四个时期。回忆录》1997 年柏林版第 323 页。

158. 亦参看弗里德伯特·普弗吕格《里夏德·冯·魏茨泽克。一幅近距离的肖像》(*Richard von Weizsäcker. Ein Portrait aus der Nähe*) 1990 年斯图加特版第 369 页以及以下几页。人们不难推测出，正是鲁道夫·海斯这个名字导致一场争论，直至引发这样一个问题：作为魏茨泽克的父亲从政治处处长被提拔为国务秘书这件事的背景，莫非鲁道夫·海斯也至少间接地起到了作用？后来曾顺带探讨这个方面的有：汉斯－尤尔根·德舍尔《第三帝国的党卫队与外交部。"最终解决"阴影下的外交》1991 年美因河畔法兰克福、柏林版第 184 页。

159. 赫尔穆特·杜比尔《没有人能逃脱历史。德国议会辩论中的国家社会主义统治》(*Niemand ist frei von der Geschichte. Die nationalsozialistische Herrschaft in den Debatten des Deutschen Bundestags*) 1999 年慕尼黑版第 208—209 页。

160. 同上书，第 211 页。

161. 转引自贡特·霍夫曼 (Gunter Hofmann)《令人厌烦的榜样》(*Das lästige Leitbild*)，载于 1986 年 12 月 5 日《时代》周报。

162. 转引自《里夏德·冯·魏茨泽克对贡特·霍夫曼和维尔讷·A. 佩尔格的谈话》(*Richard von Weizsäcker im Gespräch mit Gunter Hofmann und Werner A. Perger*)1992 年法兰克福版第 76 页。

163. 库尔特·瓦尔德海姆，奥地利前总统，曾任联合国第四任秘书长，第二次世界大战期间曾应征参加德国军队，先后

担任翻译和传令官。——译者注

164. 1987 年 6 月 21 日《芝加哥太阳时报》(*Chicago Sun Times*)。

165. 1987 年 9 月 6 日哈佛校刊《不应得的荣誉》(*An undeserved Honor*)。

166. 哈拉尔德·史蒂芬《里夏德·冯·魏茨泽克的自述和图片文献》(*Richard von Weizsäcker mit Selbstzeugnissen und Bilddokumenten*) 1991 年赖恩贝克版第 73—74 页。

167. 同上书，第 76 页。

168. 戈培尔 (Göbbel)，纳粹党宣传部部长，纳粹德国国民教育与宣传部部长，被认为是"创造希特勒的人"。——译者注

169. 1987 年，里根和戈尔巴乔夫在白宫会晤，签署了一项有重大历史意义的协议。戈尔巴乔夫接受了里根的"零选择方案"，即双方都从欧洲撤出中远程核导弹。——译者注

170. 雅尔塔体系，是对 1945—1991 年间国际政治格局的称呼，得名于 1945 年初美、英、苏三国政府首脑罗斯福、丘吉尔、斯大林在苏联雅尔塔（今属乌克兰）举行的雅尔塔会议。其特点是：以美国和苏联两极为中心，在全球范围内进行争夺霸权的冷战，但不排除局部地区由两个超级大国直接或间接参与的战争（如朝鲜战争、越南战争、阿富汗战争等）。1989 年的东欧剧变和 1991 年的苏联解体，标志着雅尔塔体系最终瓦解。——译者注

171. 里夏德·冯·魏茨泽克《四个时期。回忆录》1997 年柏林版第 341 页。

172. 莱赫·瓦文萨，波兰共和国总统（1990—1995 年）。——译者注

173. 塔德乌什·马佐维耶茨基，波兰团结工会早期成员之一，1945 年以来第一个非共产党员的波兰总理。——译者注

174. 1989 年 11 月 27 日，德国联邦总理科尔在联邦议会上提出了德国统一的"十点计划"：成立两国间的谈判组织、创建联邦机构、建立联邦等。——译者注

175. 尤尔根·哈贝马斯，德国哲学家、社会学家，法兰克福学派的第二代旗手。他认为，战后德国宪法，即"基本法（Grundgesetz）"，体现了理性的民主政治文化的精神，因此必须将其确立为两德统一的基础。宪法爱国主义和民主政治文化是尤尔根·哈贝马斯宪政观的两个核心思想。这二者也是他在思考东、西两德国家统一所产生的民族认同和公民身份问题时的基本着眼点。——译者注

176. 延斯·莱希，民主德国时期的公民权维权斗士。——译者注

177. 弗里德里希·绍尔莱默尔，著名神学家，倡导和平运动。——译者注

178. 1989 年 12 月 19 日，科尔在德累斯顿同 11 月起担任民主德国总理的汉斯·莫德罗（Hans Modrow）举行会晤，并在圣母教堂遗址前发表讲话。——译者注

179. "负担平衡"，指对战时和战后财产受损害者从税收中支付赔偿费。——译者注

180. 瓦茨拉夫·哈维尔，捷克剧作家与持异议人士，于 1993—2002 年担任捷克共和国总统。——译者注

181. CARE，全称为 Cooperative for American Relief Every-where, Inc.，指美国海外救济物资寄送协会，1945 年为救济受到战争破坏的欧洲国家而成立，美国社会宗教慈善团体的联合组织，当时称"美国援助欧洲汇款合作组织"。——译者注

182. 哈尔穆特·冯·亨蒂希的话，转引自维尔讷·斐尔默和黑里伯特·施万《里夏德·冯·魏茨泽克》1994 年杜塞尔多夫版第 226—227 页。

183. 转引自弗里德伯特·普弗吕格《里夏德·冯·魏茨泽克。一幅近距离的肖像》1990 年斯图加特版第 55 页。

184. 同上。

185. 斐尔默和施万《里夏德·冯·魏茨泽克》1994 年杜塞尔多夫版第 255 页。

186. "七七宪章（Charta 77）"是捷克斯洛伐克反体制运动的象征性文件，在 1977 年公布。发起人包括哈维尔、雅恩·帕托什卡、伊希·哈耶克、巴韦尔·兰道夫斯基和德维克·瓦楚里克等人。"七七宪章"的主要内容是要求捷克斯洛伐克政府遵守赫尔辛基协约中的人权条款、公民权和人权尊严，"促进每个捷克洛伐克公民作为自由人生活和工作的可能性的实现"。——译者注

187. 即圣保罗教堂，坐落于德国法兰克福，始建于 1787 年，是一座椭圆形的基督新教教堂，是德国重要的政治象征符号。——译者注

188. 《里夏德·冯·魏茨泽克对贡特·霍夫曼和维尔讷·A. 佩尔格的谈话》1992 年法兰克福版第 21 页。

189. 1994 年 7 月 1 日《时代》周报第 27 期。

190. 里夏德·冯·魏茨泽克接受《时代》周报的一次采访，2009 年 10 月 29 日《时代》周报第 45 期。

191. 桑德拉·迈施贝格，德国国家电视一台政治访谈节目的女主持人。——译者注

192. "红军旅"（全称 Rote Armee Fraktion，简称 RAF），又名"巴德尔－梅茵霍芙帮"，德国左翼恐怖组织，发端于 20 世纪 60 年代晚期的联邦德国，最初由反越战的学生运动发展而来。这个组织的宗旨就是要通过制造爆炸、绑架和枪杀当权派成员等手段，摧毁战后繁荣的德国社会。——译者注

193. "红军旅"在 28 年的武装斗争中，共谋杀了 34 人。1977 年，它的恐怖行动达到了高峰。特别给人留下记忆的是 1977 年 9 月 5 日至 10 月 19 日绑架及杀害雇主联合会主席施莱尔的 44 天。这段历史被称作"德国之秋"。——译者注

194. "第五纵队"是 1936 — 1939 年西班牙内战期间在共和国后方活动的叛徒、间谍和破坏分子等反革命分子的总称，后即成为帝国主义在他国进行颠覆活动时收买的叛徒和派入的间谍的通称。——译者注

195. 图斯克（Tusk），波兰总理。——译者注

196. 里夏德·冯·魏茨泽克访谈录，载于 1995 年 6 月 23 日《时代》周报第 26 期。

197. 哈尔茨（Hartz）是德国大众公司的副总裁，他受施罗德政府的委托，草拟了一系列关于就业和社会保障的改革方案，因此，这些方案就被命名为"哈尔茨方案"。"哈尔茨 IV"指的是"哈尔茨第四阶段就业改革方案"，重点对失业保险和社会救济进行改革。——译者注

198. 2009 年 10 月 29 日《时代》周报第 45 期。

199. 1995 年 3 月 10 日《时代》周报第 11 期。

200. 德国的"被驱逐者联盟"主席、基民盟议员埃里卡·施坦巴赫发出一项倡议，在柏林建立一个"反驱逐中心"，作为整个欧洲对历史上发生的种族清洗问题的一个资料中心和研究机构。此议一出，激起欧洲许多人相当强烈的反感。——译者注

201.《永久和平论》，又译《论永久和平》，是德国哲学家康德的一篇著名论文。论文分为两个部分，阐述了康德关于国际社会如何保持和平的法哲学理论。——译者注

202.《和赫尔穆特·施密特一起抽支烟》（*Auf eine Zigarette mit Helmut Schmidt*），载于《时代》周报第 32 期第 54 页。

203. 2009 年 1 月 9 日《法兰克福汇报》。

204. 让－吕克·德阿讷，比利时前首相。——译者注

205. 该声明的原文发表在 1999 年 10 月 20 日《法兰克福汇报》上。

206. 里夏德·冯·魏茨泽克《通向统一之路》（*Weg zur Einheit*）2009 年慕尼黑版第 175 页。

207. 同上书，第 193 页。

208. 奥斯瓦尔德·斯宾格勒，德国著名的现代历史学家、文化学家和哲学家。——译者注

209.《里夏德·冯·魏茨泽克对扬·罗斯的谈话：我们想要一个怎样的世界？》2005 年赖恩贝克版第 80 页。

210. 莱奥尼达斯·希尔《魏茨泽克氏》（*Die Weizsäckers*）1988 年斯图加特版第 360 页，1923 年 10 月 23 日笔记。

211. 汉斯－尤尔根·德舍尔《第三帝国的党卫队与外交部。"最终解决"阴影下的外交》1991 年美因河畔法兰克福、柏林版第 68 页。

212. 1989 年 10 月 9 日星期一下午 5 点，圣尼古拉教堂内涌进大批民众，参与"和平祷告"。祷告结束后，每人手持象征和平的烛火鱼贯走出，莱比锡的市民也自发加入，走上街头的老百姓高达七万人，军警未发一枪，示威最后以和平收场，这次活动在历史上被称为民主德国的"星期一示威游行"。——译者注

213. 哈尔穆特·冯·亨蒂希《我这一辈子》（*Mein Leben*）2007 年慕尼黑版第 I 卷第 265 页。

214. 参看亦里夏德·冯·魏茨泽克《通向统一之路》2009 年慕尼黑版第 192 页。

人名译名对照表

A

Adenauer, Konrad 阿登纳，康拉德

Adorno, Theodor 阿多诺，泰奥多尔

Albrecht, Ernst 阿尔布莱希特，恩斯特

Attolico, Bernardo 阿托利克，贝尔纳多

Augstein, Rudolf 奥格斯坦，鲁道夫

B

Bahr, Egon 巴尔，埃贡

Barth, Karl 巴尔特，卡尔

Barzel, Rainer 巴泽尔，赖讷

Bassermann, Familie 巴塞曼，法米利埃

Beck, Ludwig 贝克，路德维希

Becker, Hellmut 贝克尔，赫尔穆特

Beckmann, D.Joachim 贝克尔曼，D. 约
阿希姆

Bender, Peter 本德尔，彼得

Bene, Edvard 贝讷，爱德华

Berggrav, Eivind 贝尔格拉夫，艾温德

Biedenkopf, Kurt 比登考普夫，库尔特

Birthler, Marianne 比尔特勒，玛丽安娜

Bismarck, Klaus von 俾斯麦，克劳
斯·冯

Blair, Tony 布莱尔，托尼

Blüm, Norbert 布吕姆，诺伯特

Blumenfeld, Erik 布鲁门费尔德，埃里克

Boehringer, Ernst 勃林格，恩斯特

Bohr, Niels 波尔，尼尔斯

Bok, Derek 伯克，德瑞克

Bonhoeffer, Dietrich 伯恩霍弗尔，迪
特里希

Bosch, Robert 波什，罗伯特

Ghali, Boutros 加利，布特罗斯

Boveri, Margret 鲍威利，玛格丽特

Brandt, Willy 勃兰特，维利

Braun, Lily 布劳恩，莉莉

Braun, Sigismund von 布劳恩，西吉斯
蒙德·冯

Brecht, Bertolt 布莱希特，贝托尔德

Breschnew, Leonid Iljitsch 勃列日涅夫，
列昂尼德·伊里奇

哈伊尔

Göring, Hermann 戈林，赫尔曼

Gradl, Johann Baptist 格莱德，约翰·巴普蒂斯特

Grass, Günter 格拉斯，君特

Grynszpan, Herschel 格吕恩茨潘，赫尔舍尔

H

Habermas, Jürgen 哈贝马斯，尤尔根

Haffner, Sebastian 哈夫讷，塞巴斯蒂安

Hahn, Otto 哈恩，奥托

Halder, Franz 哈德尔，弗兰茨

Hallstein, Walter 哈尔斯坦，瓦尔特

Hassell, Ulrich von 哈塞尔，乌尔里希·冯

Havel, Vaclav 哈维尔，瓦茨拉夫

Heck, Bruno 赫克，布鲁诺

Heinemann, Gustav 海涅曼，古斯塔夫

Heisenberg, Werner 海森贝格，维尔讷

Heitmann, Stefen 海特曼，施泰芬

Hennis, Wilhelm 海尼斯，威廉

Hentig, Hartmut von 亨蒂希，哈尔穆特·冯

Hermann, Ludolf 赫尔曼，鲁道夫

Herzog, Roman 赫尔佐格，罗曼

Heß, Rudolf 海斯，鲁道夫

Heuss, Theodor 豪斯，泰奥多尔

Heydrich, Reinhard 海德里希，莱因哈德

Hill, Leonidas E. 希尔，莱奥尼达斯·E.

Hindenburg, Paul von 兴登堡，保尔·冯

Hitler, Adolf 希特勒，阿道夫

Honecker, Erich 昂纳克，埃里希

Howe, Günter 霍沃，君特

Hussein, Saddam 侯赛因，萨达姆

J

Jaruzelski, Wojciech 雅鲁泽尔斯基，沃伊齐希

Jaspers, Karl 雅斯贝尔斯，卡尔

Jens, Inge 延斯，英格

Jens, Walter 延斯，瓦尔特

Jüngel, Eberhard 云格尔，埃伯哈德

Jünger, Ernst 荣格尔，恩斯特

K

Kaczyński,Jaroslaw 卡钦斯基，雅罗斯拉夫

Kaczyński,Lech 卡钦斯基，莱希

Kaltenbrunner, Ernst 卡滕布鲁讷，恩斯特

Katzer, Hans 卡策尔，汉斯

Kempner, Robert 凯普讷，罗伯特

Kennan, Geoger F. 凯南，乔治·F.

Kennedy, John F. 肯尼迪，约翰

Kessel, Albrecht von 凯瑟尔，阿尔布莱希特·冯

Kiep, Walter Leisler 奇普，瓦尔特·赖斯勒

Kiesinger, Kurt-Georg 基辛格，库尔特－格奥尔格

Kissinger, Henry 基辛格，亨利

Koeppen, Wolfgang 科彭，沃尔弗冈

Koerfer, Daniel 库尔福尔，达尼尔

Perry, William 培利，威廉

Picaper, Jean-Paul 皮卡佩尔，让 - 保尔

Picht, Georg 皮希特，格奥尔格

Pinger, Winfried 平格尔，温弗里德

Planck, Max 普朗克，马克斯

Pompidou, Georges 蓬皮杜，乔治

Popper, Karl 波普尔，卡尔

Priebe, Hermann 普里勃，赫尔曼

Putin, Wladimir 普京，弗拉基米尔

Q

Qureshi, Moeen 库雷希，莫因

R

Raiser, Ludwig 赖泽尔，路德维希

Rakowski, Mieczyslaw 拉科夫斯基，米奇斯拉夫

Rath, Ernst vom 拉特，恩斯特·冯

Raulff, Ulrich 劳尔夫，乌尔里希

Reagan, Ronald 里根，罗纳德

Reich, Jens 莱希，延斯

Reich-Ranicki, Marcel 莱希 - 拉尼茨基，马塞尔

Reuter, Ernst 罗伊特，恩斯特

Ribbentrop, Joachim von 里宾特洛甫，约阿希姆·冯

Ritter, Klaus 里特尔，克劳斯

Roosevelt, Franklin D. 罗斯福，富兰克林·D.

Rosovsky, Henry 罗索夫斯基，亨利

Roß, Jan 罗斯，扬

Russell, Bertrand 罗素，伯特兰

S

Sacharow, Andrei 萨哈洛夫，安德烈

Salin, Edgar 萨林，埃德加

Sarkozy, Nicolas 萨科齐，尼古拉

Sartre, Jean Paul 萨特，让·保尔

Schabowski, Günter 沙波夫斯基，君特

Schadow, Johann Gottfried 沙多夫，约翰·哥特弗里德

Scharf, Kurt 沙尔夫，库尔特

Schäuble, Wolfgang 朔伊布勒，沃尔弗冈

Scheel, Walter 歇尔，瓦尔特

Schmidt, Helmut 施密特，赫尔穆特

Schmidt, Loki 施密特，洛奇

Schorlemmer, Friedrich 绍尔莱默尔，弗里德里希

Schröder, Gerhard 施罗德，格哈德

Schulenburg, Fritz-Dietlof Graf von der 舒伦堡，弗里茨 - 迪特劳福伯爵·冯·德

Seebacher-Brandt, Brigitte 赛巴赫 - 勃兰特，布里吉特

Seibt, Gustav 赛博特，古斯塔夫

Shultz, George 舒尔茨，乔治

Siedler, Wolf Jobst 基德勒，沃尔弗·约布斯特

Simon, David Lord 西蒙，戴维勋爵

Soares, Mario 苏亚雷斯，马里奥

Soell, Hartmut 索埃尔，哈尔穆特

Sorsa, Kalevi 索尔萨，卡莱维

Späth, Lothar 施佩特，洛塔尔

妮·冯（娘家姓格莱维尼茨）

Weizsäcker, Marianne von（geb. von Kretschmann）魏茨泽克，玛丽安妮·冯（娘家姓克莱彻曼）

Weizsäcker, Viktor von 魏茨泽克，维克多·冯

Wilder, Thornton 怀尔顿，桑特

Winkler, Heinrich August 温克勒，亨

利希·奥古斯特

Wirmer, Joseph 威尔默，约瑟夫

Wolf, Christa 沃尔弗，克里斯塔

Wrangel, Olaf von 弗兰格尔，奥拉夫·冯

Z

Zyli ski,Leszek 屈灵斯基，列斯谢克

原书图片说明

责任编辑：刘可扬
装帧设计：刘　盼
版式设计：安宏川
责任校对：张杰利

图书在版编目（CIP）数据

里夏德·冯·魏茨泽克传：契合德国人特质的一生／（德）霍夫曼（Hofmann，
　　G.）著；李莉娜译 .－北京：东方出版社，2014.1
ISBN 978－7－5060－6761－4

I. ①里… 　II. ①霍…②李… 　III. ①魏茨泽克－传记 　IV. ① K835.167=5

中国版本图书馆 CIP 数据核字（2013）第 195833 号
北京市出版外国图书合同登记号：01–2011–0929

Richard von Weizsäcker von Gunter Hofmann©Verlag C.H.Beck OHG,München 2010

里夏德·冯·魏茨泽克传
LIXIADE FENG WEICIZEKE ZHUAN
——契合德国人特质的一生

[德] 贡特·霍夫曼 著 李莉娜 译

东方出版社 出版发行
（100706　北京市东城区朝阳门内大街 166 号）

北京中科印刷有限公司印刷　新华书店经销

2014 年 1 月第 1 版　2014 年 1 月北京第 1 次印刷
开本：880 毫米 ×1230 毫米 1/32　印张：9.625
字数：245 千字

ISBN 978－7－5060－6761－4　定价：28.00 元

邮购地址 100706　北京市东城区朝阳门内大街 166 号
发行电话：（010）65257256　65245857　65276861